教育部人文社科青年基金项目中期研究成果
绵阳师范学院科研启动项目最终研究成果
绵阳师范学院学术著作出版基金资助项目

U0581046

学科教学论教师的
专业身份研究

Research on Disciplinary Pedagogy Teachers' Professional Identity

侯小兵 著

科学出版社

北 京

内 容 简 介

为打造一支专业的教师教育者队伍,高等院校应当高度重视学科教学论教师的专业发展。学科教学论教师负责指导中小学职前教师和在职教师建构学科教学知识、发展学科教学能力、培养学科教学智慧。他们是专业的教师教育者,是推进教师教育专业化的中坚力量。

本书从专业身份的研究视角切入,探讨学科教学论教师的专业发展问题。全书从学科教学论教师专业身份的理论和实践逻辑出发,在对专业身份进行学理剖析的基础上建构分析框架、设计研究工具,通过数据分析、揭示学科教学论教师专业身份的认同结构和认同水平,进而对其专业身份的认同困境和建构策略展开理性的思考。

本书对教师教育机构的学科教学论教师,以及其他从事教师教育教学、科研和管理的人员具有重要参考价值。

图书在版编目(CIP)数据

学科教学论教师的专业身份研究 /侯小兵著. —北京:科学出版社,2016.10

ISBN 978-7-03-050166-0

I. ①学⋯ II. ①侯⋯ III. ①中小学-教学研究 IV. ①G632.0

中国版本图书馆 CIP 数据核字(2016)第 243991 号

责任编辑:朱丽娜 高丽丽 / 责任校对:张怡君
责任印制:张 倩 / 封面设计:楠竹文化

联系电话:010-64033934

电子邮箱:fuyan@mail.sciencep.com

科 学 出 版 社出版

北京东黄城根北街 16 号
邮政编码:100717
http://www.sciencep.com

三河市骏圭印刷有限公司印刷

科学出版社发行 各地新华书店经销

*

2016 年 10 月第 一 版 开本:720×1000 1/16
2016 年 10 月第一次印刷 印张:16
字数:278 000

定价:**75.00 元**

(如有印装质量问题,我社负责调换)

序

　　20 世纪 90 年代末期以来，我国教师教育发生着显著而深刻的变化。一个师范教育时代的封闭体系被教师教育时代的开放体系所取代，师范院校通过合并、转型、升格等多种方式实现综合化的"华丽转身"，从根本上改变了教师培养的制度环境和生态平衡。如此制度变迁的初衷应当是提高教师培养质量，更好地适应基础教育事业的发展需求，然而历经十余年，教师教育质量是否真的提升了？中小学是否真正拥有了更为满意的教师？对此，学术界有着不同的声音，我们暂且将该问题"悬置"。可以肯定的是，这一转型过程衍生了诸多新问题。比如，教师教育资源在院校层面的分散化，高校学术评价体系对教师教育实践取向的弱化，教师教育者专业身份认同的虚化，学术性与师范性之间矛盾的复杂化，等等。当然，问题的存在并不能必然否定转型的价值，任何成功的制度变迁都应当是不断解决问题的过程。可怕的是，我们不愿正视问题，缺乏勇气去探索如何解决问题。

　　按照现行混合制的教师培养模式，要在本科四年或专科三年的时间内完成专业学习，学术性和师范性的矛盾非常尖锐。在经历教师教育转型之后，学术性在高校具有压倒性的优势，而正统的学术性往往排斥教学的学术性。这就使得原来专注于教师培养的师范类高校教师萌发了强烈的学术性转轨的冲动。由此，问题也就出来了，谁来培养教师？仅从培养中小学教师而言，如果一位大名鼎鼎的教育学家不研究中小学教师的专业行为（虽然还有很多教育问题需要研究），且不把他的研究成果应用于中小学教师专业发展，那么，他是否能够称得上是教师教育者？这是值得商榷的。在今天的师范类高校中，究竟谁是教师教育者呢？我很欣慰地看到了绵阳师范学院侯小兵博士的新著《学科教学论教师的专业身份研究》，其敏锐地将研究聚焦于教师教育者专业发展，以当前教师教育改革为社会背景，以提高教师教育质量为价值追求，对师范类高校学科教学论教师的专业发展问题进行了较为全面而深入的研究，可望或多或少地启发我们正面探讨这一令人困惑的问题。这一课题也曾是作者的博士论文选题，经过几年研磨，这本专著读来感觉更有深入、拓展和新颖之处。

第一，研究视角新颖，文脉思路清晰。作者从专业身份的视角切入，探讨了学科教学论教师的专业发展问题。专业身份和专业发展两条线索，一明一暗、一表一里，有机衔接、相互映衬，从问题提出、问题分析到问题解决，循序渐进，环环相扣。

第二，研究内容丰富，逻辑结构合理。作者从学科教学论教师专业身份的逻辑起点和实践价值入手，通过对专业身份的理论阐释，从责任、知识、发展、组织、实践 5 个维度建构了考察学科教学论教师专业身份的分析框架。根据分析框架设计调研工具，通过对学科教学论教师、学科专业教师、职前教师和中小学教师的系统调研，深入分析了学科教学论教师专业身份的认同结构和认同水平。在调查研究的基础上，进一步探讨了影响学科教学论教师专业身份认同的内在机理和建构策略。

第三，学术视野开阔，方法运用得当。作者紧紧围绕研究问题，从哲学、教育学、经济学、管理学、社会学、政治学、文化学、词源学等多学科领域寻求问题解决的资源。在研究方法上，作者将规范性研究与实证性研究相结合，综合运用质性研究和量化研究的方法与技术，问题的提出有理有据，问题的分析切中要害，问题的解决切实可行。

第四，理论联系实际，论证过程有力。作者立足当前教师教育改革的热点和难点问题，在理论层面提出了学科教学论教师专业身份的分析框架，在实践层面通过对大量调研数据的统计分析来论证研究问题，理论与实践紧密联系、相互支撑，论证更有说服力。

通观全书，作者对问题的把握具有较强的洞察力，对方法的运用具有较强的把控力，对观点的分析具有较强的说服力，得出的研究结论与建议对学术研究和教育改革具有较重要的参考价值。这些无不体现出了作者良好的学术功底、扎实的跨学科知识和方法运用能力。当然，由于教师教育转型尚属新生事物，国内研究教师教育者的高质量成果较少且大多偏重于借鉴国外经验，学科教学论教师的专业价值和专业发展还没有引起足够重视，从而制约着该领域的研究，这在该书中的一些地方也时有表现。但是，瑕不掩瑜，相信该书的面世能够显示出它的学术价值和实践意义。

张学敏

西南大学教育学部教授、博士生导师

2016 年 4 月 16 日于西南大学

前 言 | PREFACE

1999 年 6 月，中共中央、国务院《关于深化教育改革全面推进素质教育的决定》提出，"调整师范学校的层次和布局，鼓励综合性高等学校和非师范类高等学校参与培养、培训中小学教师的工作，探索在有条件的综合性高等学校中试办师范学院"。2001 年 5 月，国务院《关于基础教育改革与发展的决定》要求，"完善以现有师范院校为主体、其他高等学校共同参与、培养培训相衔接的开放的教师教育体系"。自此，师范院校的教师教育内、外部环境发生了显著变化，学科教学论教师面临着"我是谁"的身份认同困境。

基于此，笔者从专业身份的视角出发，探讨学科教学论教师的专业发展问题，探索促进教师教育改革与发展的突破口。学科教学论教师的专业使命是搭建学科知识与教育知识联系的桥梁，从而帮助职前教师和在职教师获得具有主体性、实践性、内隐性的教师知识和实践智慧。但是，在教师教育大学化和师范院校综合化转型的过程中，学科教学论教师面临着多种力量的羁绊，制约了其专业身份的认同与建构，甚至引起了其专业身份危机。本书正是要为学科教学论教师的教师教育者专业身份的合法性进行辩护，对其专业身份的认同结构与水平进行系统的调查研究，对影响其专业身份认同水平的深层机制寻求解释，进而探讨其专业身份认同与建构的系统策略。

本书由八章构成。第一章为"学科教学论教师专业身份的逻辑起点"，围绕培养什么样的教师、应当如何培养教师、教师培养得怎么样三个核心问题，论证了学科教学论教师专业身份的逻辑前提。第二章为"学科教学论教师专业身份的实践基础"，从教育社会分工、国家教师资格考试、教师教育者专业身份、学科教学论教师学术生涯 4 个方面，剖析了学科教学论教师专业身份的实践基础。第三章为"学科教学论教师专业身份的理论阐释"，从多学科视野出发，解读学科教学论教师专业身份及其认同与建构的丰富内涵。第四章为"学科教学论教师专业身份的分析框架"，通过文献梳理和理论解读，建构了由专业责任、专业知识、专业发展、专业组织和专业实践 5 个维度构成的学科教学论教师专业身份的分析框架。第五章为"学科教学论教师专业身份的认同结构"，运用因子分析方法探索了学科教学论教师、学科专业教师、职前教师和中小学教师 4 类主体对学科教学论教师专业身份的认同结构。第六章为"学科教学论教师专业身份的认同水平"，运用显著性检验的基本方法，比较了学科教学论教师、学科专业教师、职前教师和中小学教师 4 类主体对学科教学论教师专业身份认同水平的差异显著性。第七章为"学科教学论教师专业身份的认同困境"，从教育问责制的限度、学科教学论的学术地位、高校教师专业发展的研究取向、高校组织变革的阻抗力量、实践性存在方式的缺失等 5 个视角，深入地分析了学科教学论教师专业身份认同困境的内在机制。第八章为"学科教学论教师专业身份的系统建构"，从整合学术资源、组建教师教育专门机构、健全专业发展体系、促进反思性实践、强化专业责任践行等 5 个方面，系统地探讨了学科教学论教师专业身份的建构策略。

　　本书是笔者围绕学科教学论教师专业身份这一研究选题，历经六个春秋学习与研究的一个成果。笔者基于一位学者的专业责任和学术良知，力求能够为教师教育研究与改革作出应有的贡献，但限于笔者的理论功底和学术能力，书中难免有疏漏之处，敬请读者批评指正。

侯小兵

2016 年 5 月 21 日

目录
CONTENTS

第一章

学科教学论教师专业身份的逻辑起点

逻辑起点是思维进程的原点，从它出发并最终回归于它。在进行一项研究之初，这是首先需要作出回答的根本性问题。它从本体性上论证了研究的合法性，也体现出了研究的目的性。在目的论范式中，一般将目的作为行为的合法性依据。我们将学科教学论教师专业身份作为研究对象，逻辑起点直接关涉他们专业身份存在的合法性依据和价值旨归。为中小学培养教师是学科教学论教师专业身份的逻辑起点。专业身份只是专业自我的表征符号，认同与建构学科教学论教师专业身份的目的，不仅仅是获得这种身份符号，而且要为中小学培养教师。只有认可这一点，学科教学论教师的专业身份及其研究才有坚实的基础。围绕这一逻辑起点，有3个需要作出回答的核心问题："培养什么样的教师""应当如何培养教师""教师培养得怎么样"。

第一节
培养什么样的教师

"培养什么样的教师"是对为师之道的追问，是对教师培养规格的认识，也是对教师教育观的反思。基于不同的立场和视角，会对此形成不同的理解。有学者从素质的视角提出"师德""师才""师法"的为师之道（罗安宪，2005），也有学者从历史的角度提出教师发展经历了"长者为师""吏者为师""知者为师""能者为师""觉者为师"5个阶段（叶文梓，2013），还有学者从身份的角度提出"作为学科专家的教师"和"作为教育家的教师"（张玉荣，陈向明，2014）。在此，我们主要从教师专业的角度探讨这一问题，中小学教师不应当是"学问家"或"博学家"，也不是"技艺家"或"教书匠"，而应成为一个专业的教育工作者即"教育家"。

一、学问家取向的教师教育观

学问家取向的教师教育观将任教学科知识作为教师专业的核心，其基本假设是，教师工作就是教授知识，教师的学问越高深，就越适合从事教师工作。这一取向的教师教育观将知识内容本身视作教师专业发展的中心任务。这反映在当前的教师教育体系中，就是"学科为王"的师范教育传统。

作为一名教师，既要懂得教学内容，也要懂得如何将这些教学内容教给学生。对于这一点，是毋庸置疑的。正是基于这样的认识，才有人提出教师专业具有双专业的属性，即学科专业和教育专业。在教师教育计划中，学科专业教育针对中小学课程教学的具体内容，主要解决教什么的问题；教育专业教育主要培养未来教师的教育理念、教学方法、教学管理等方面的知识与能力，主要解决如何教的问题。前者包括学科基础课程和专业主干课程，后者即教师教育理论课程。除此之外，一个完整的师范专业培养方案还包括通识教育课程和教学实践环节。应该说，这样的课程设计是具有较大合理性的，但是，这种简单加法式的课程逻辑并没有在实践中取得预想的效果。师范生①把这几个模块的课程都学了，这就意味着他能成为一名合格教师了吗？更糟糕的问题在于课程结构的失衡，学科专业课程严重地挤压教育专业课程，"学科为王"的师范教育文化具有深远的影响。师范生的专业归口和日常教学管理都在学科专业学院，有限的教育专业课程根本不能引起师范生的重视，他们把教育专业课程当作普通的公共课或"豆芽课"。师范生往往对自己的学科专业有清晰的认识，而不太能够意识到自己的"准教师"身份。教师教育课程不受重视，除了制度设计、师范生认同等方面的原因，还与教师教育课程本身的学科化或学问化有关。在师范院校综合化转型中，教师教育也需要建构自己的学科地位，但师范生对此并不认同。他们心中的学科是有关教学内容的学科，而对有关教学方法的学科不感兴趣。也就是说，教师教育课程的学科化还没有取得成功。当我们将学科专业和教育专业都作为一门学问的时候，无论是师范生还是非师范生都只认可学科专业的学问，而并不认可教育专业的学问。在他们看来，对于一名中小学教师而言，有学问是最重要的，这就是学问家取向的教师观。

中小学教师应该要有足够的学问，要对任教课程的内容有较为深入的把握。如果一名教师对任教的教学内容没有准确而系统的认识，甚至对课程标准、教学大纲和教材的基本内容都不能融会贯通，给学生讲授的知识显得似是而非、模棱两可，那么，这显然是一位不合格的教师。但是，当人们片面地强调学问甚至将其作为评价一名教师的唯一标准时，往往就适得其反了。因为教师不是演说家也不是宣传员，其存在不是为了展示自己有多么高深的学问，而是要教会学生，要促进学生的发展。在众多的教育目标中，学生发展无疑是最重要的，也是最具有统摄力的。当然，学生发展是一个多维度的概念，知识只是其变量之一。如果在教师的知识与学生的发展之间不能建立起积极的关系，那么，教师的知识越渊博，对教育的伤害就越深远。教师的责任是指导学生学习、促进学生发展，而不是把自己的所学灌输给学生。教师长期的灌输只会制造出一些不会思考的社会机器，这不是促进学生的发展，而是在阻碍学生的发展。因为在"死知识"堆积得越多的地方，给大脑留下的活动空间就越狭小。久而久之，这些孩子就忘记了自己还有大脑，教师也同样走进了死胡同。有一种说法，教师备课有三项主要内容：备教材、备教法、备学生。既然有"三备"，为何又单单只强调教材及其学问呢？教师的学问越高就越能够促进学生的发展吗？显然

① 在本书中，师范生指在师范专业学习的学生，职前教师包括师范生和立志从教的非师范生。

未必是这样，著名哲学家路德维希·维特根斯坦（L. Wittgenstein，1889—1951）就是一个例子。尽管他在分析哲学领域所取得的成就是令人仰慕的，可谓大学问家，但是，他却是一名很不合格的教师。在8年的乡村教师生涯里，他从来都过得很不愉快，最终只能无奈地离开。在他的眼里，这些学生和他们的家长都是愚蠢至极的人，他对学生过高的要求往往让学生非常憎恨，也经常激起他与学生、家长、学校之间的矛盾。或许他的出发点是好的，他希望让学生学到更多的知识，但是，他不考虑学生的发展水平，不选择适当的教学方法，结果只能好心办坏事了（蒙克，2011）。对于一名中小学教师来说，究竟需要多少学问？它是不是多多益善？从维特根斯坦的经历来看，好像不是。因为他的学问甚至在很多方面都超越了他的老师罗素（B. Russell，1872—1970），但他确实不是一名成功的老师。

当好一名教师是需要有学问的，但这并不意味着越有学问的人就越适合做教师，实际情况可能恰恰相反。可是，在我们的教育文化里，学问家取向的教师教育观根深蒂固，它甚至作为一种"文化迷思"深深地影响了社会对理想教师的形塑。"'教师作为学科专家'的身份认同反映了社会对理想教师形象的共识，折射出社会对教师知识与教师身份之间关系的信念。这种信念表达了社会文化传统对教师及教师工作的期望，即学问高深之于教师身份具有决定的意义。理想的教师具有博大精深的知识，传统话语中'学为人师'、'学高为师'的论述所强调的'师'之所以为'师'所依赖的是学问基础。这种'师'的概念经过沉淀，已然获得了某种权威地位，成为人们构建理想教师形象的文化脚本。"（张玉荣，陈向明，2014）实际上，学问取向的教师理解就是教师职业常识观的翻版。换句话说，有学问就能当教师，这个职业没什么进入壁垒可言。这和教师专业观是格格不入的，它从根本上瓦解了教师专业化的全部努力。只要中小学教师、教师教育者、教育管理者乃至全社会仍然坚持学问家取向的教师教育观，那么，教师职业就很难成为一个真正的专业，教师个体的专业发展也就会异化为学科知识的积累过程。

二、技艺家取向的教师教育观

技艺家取向的教师教育观将课堂教学方法作为教师专业的核心，其基本假设是，教师工作类似于产业工人，关键是如何高效地将知识传授给学生。这一取向的教师教育观将知识内容的传授方法视作教师专业发展的中心任务。这反映在当前的教师教育体系中，就是强调教学技能训练的师范教育传统。周浩波（1999）认为，从本质上讲，教师职业与产业技术工人并没有什么区别，都服从于一定的职业技术规范而从事生产。倘若如此，教师教育与职业教育并无二致。教师培养真的仅仅是一场职业培训吗？

我们必须承认，教学工作是要讲究方法的，教学理论家也创造了一系列的教学方法。在经典教育学教材上，一般会讲到中小学常用的教学方法有讲授法、谈话法、读书指导法、练习法、演示法、实验法、实习作业法、讨论法、研究法（王道俊，王汉澜，1999）。裴娣娜（2005）在《现代教学论》中，系统阐述了创造性教学、反思性教学、系统设计教学和活动教学的理论与实验。张华（2010）在《研究性教学论》中，基于"教学本身就是一个合作创造知识的过程"这一假设，系统研究了研究性教学的理论与实践问题。此外，还有设计教学、问题教学、案例教学、翻转课堂等不同层次的教学策略与方法。可以说，教学理论给我们创造了一个具有丰富内容的教学方法"工具箱"。就教师教育而言，紧接着有两个重要的问题需要解决：其一，这些方法该如何学，才能学会；其二，这些方法该如何用，才能用好。

教学方法本身具有鲜明的实践性特征，其学习也需要与实践深度相融合。一种教学方法无论在理论上是多么自恰，只要它在教学实践中不能产生统计学意义上显著的效果，那么，它对教学工作而言就是没有意义的。在教师教育领域，教学方法的学习同样具有强烈的实用目的，就是要将特定教学方法的内容、法则、程序等融入职前教师的心智结构，并能够在操作实践中自由提取、重组和实现。就职前教师的学习而言，无论教师教育者在大学的课堂上将某种教学方法讲得多么精彩、职前教师学习得多么投入，只要它不能让职前教师在中小学课堂教学实践中得到有效的运用，那么，这些学习都是无效的——尽管这些教学方法确实非常重要。反观现实，职前教师教育或在职教师培训是否真正关注到教师本身是否学会了？如果答案是非肯定的，那么，问题出在哪里？

即使我们能够在教师教育项目中让学习者学会那些教学方法，即他们理解了某种教学方法的内涵、法则并能独立使用，但是，当他们在自己的教学方法"工具箱"里面装了许多工具之后，是否能够恰当地选择和使用这些方法？在其他行业的职业教育中，为了完成一项工作，可以很快地掌握一种方法并能马上见到实效。比如，只要学会了数控机床操作的一整套程序，则面对任何一个地方的同类型数控机床，都可以轻而易举地完成操作流程，因为无论在任何地方，这套方法所运用的对象都是同样冰冷的机器。它不会因为使用者、使用时间、使用地点、使用环境而发生任何显著变化。与此截然不同的是，教师在任何一个课堂上，都不能按同样的规则运用同一种教学方法。因为学生个性、心理的多样性，在同学之间、师生之间形成多重、复杂的交流与反馈，构造了一个充满复杂性和不确定性的教学场域。教学方法的运用具有非常强的心理化、个性化、情境化特征。在基于高校的教师教育项目中，学习者很难脱离实践而学会教学方法；即使勉强能够学会这些教学方法，而最终在教学实践中也必然会遭遇无数的尴尬。面对如此困境，出路还很迷茫。基于此，技艺家取向的教师教育观的合理性何在？

即使师范生的技能训练是重要的，那也是相对次要的。我们并不是要否定诸如"三笔一画"、微格训练等此类教学技能训练的价值，它们确实是胜任教师工作的基础性技能。这些技能训练任务迎合了高校管理的技术官僚特征，它们的显在性特征是能够在教学管理中进行数字化处理，从而构成了衡量教师教育质量的显性标准。学习者自然为了完成这些硬性指标而殚精竭虑。然而，这些技能即使算得上教学方法的范畴，也只是处在教学方法最外延的位置上。诸如"三笔一画"的内容还很难划入高等教育的范畴，而是每个完成中等教育的学习者都应当具备的。在教师教育项目里，可以安排较小比例的技能训练课程，否则，如果将学习者的较大精力都用在这些外显的、"小"的方面，而那些潜在的、"大"的方面又当如何安置？何谓"大"的方面？那就是对儿童和教学的研究。

显然，无法用农业或工业生产技术来类比教学方法，教学方法的运用在任何情况下都是不可复制的，而是教师基于个人的教育哲学观对教学内容、教学对象、教学情境的深入研究之后作出的个性化选择与重组。如果教师没有自己的教育哲学，那么，所有教学方法的学习与运用都很可能是邯郸学步。它能取得的效果除了滑稽之外，没有太多的教育价值可言。因此，将技艺家作为教师教育观的基本取向是行不通的。尽管教学内容和教学方法都很重要，但都不足以回答"培养什么样的教师"这一重大问题。

三、教育家取向的教师教育观

教育家取向的教师教育观将促进学生发展作为教师专业的核心，其基本假设是，教师工作的中心是促进学生的发展。教育当然离不开知识学习，但知识学习只是育人的途径之一；教育自然也需要教学方法，但教学方法本身解决不了如何运用方法的问题。教师教育观需要在超越学问家取向和技艺家取向的更高层面上寻求更准确的定位——教育家取向。这在当前的教师教育体系中，还未能得到充分的体现。师范生分配了绝大部分时间去学习学科知识，也用了一部分时间去训练教学技能，然而，学科知识和教学技能都只是促进学生发展的手段。如果职前教师对教育目的没有清晰的认识，那么，就只会成为这些手段的奴隶。显然，他们很难成为真正的学科领域的学问家，最有可能的是成为一个复制教学方法的"教书匠"。也就是说，学科知识和教学方法都只是教师专业的必要条件而非充分条件。基础教育发展需要的是教育家，而不只是学问家或技艺家。

中小学教师的核心任务是促进儿童发展。学问家难以促进儿童发展，技艺家也难以促进儿童发展，时代呼唤教育家。对任何教育问题的思考都不应该脱离特定的历史时期和社会背景，教育与社会之间千丝万缕的联系只会越来越紧密。社会发展对教育提出的种种诉求，都需要对其作出回应。在贫穷落后的社会历史时期，全社会人力资本存量非常少，社会对教育的有效需求实际上并不高。在改革开放 30 多年之后，当前中国教育的核心矛盾是质量。质量的核心体现就是能够更有效地促进儿童发展，促进儿童多维度、多层次、全方位的发展。知识中心主义的儿童发展观即使适应了农业社会、工业社会，也不能适应知识经济时代的需要。如果今天的教育仍然只能培养出有知识的人，那它就算不上是成功的教育；如果今天的教师仍然只会单纯地给学生讲解知识问题，那它就算不上是合格的教师。教师专业工作所关注的焦点需要从教材所代表的知识转向儿童的发展。实际上，知识学习只是促进儿童发展的途径之一。如果教师只看到知识而看不到儿童，那就必定是舍本逐末。这一转向给教师带来的挑战在于，将自身置于一个充满复杂性和不确定性的专业领域。在传统上，教师以知识教育为中心，课程知识是相对显性的和确定的，即使遇到困难也能够直接寻求外在帮助，如各种教学参考资料；如今，要以儿童发展为中心，儿童发展水平是相对隐性的和不确定的，如果遇到工作障碍，只能通过自我研究去解决，任何外在的帮助都是非常间接的。总之，面对急剧的社会发展和教育变革，对教师教育的人才培养目标需要进行更准确的定位。活泼可爱的儿童需要的是真正关爱他们的教育家，而不是学问家，也不是技艺家。

什么样的教师才能称得上教育家？对此，学术界尚无公论。顾明远（2011）指出了衡量教育家的三条标准：热爱教育，热爱学生，长期从事教育工作，一辈子献身于教育事业；勤于思考，善于实践，有自己独立的教育思想和观点，而不是上面怎么布置我就怎么做；工作业绩出色，经验丰富，有自己的教育风格，在教育界有一定影响，被广大教师所公认。我们可以把这三条标准概括为教育情感、教育哲学、教育成就。谢春风（2015）提出了"好教师就是教育家"这一命题。教师在成为能工巧匠、反思型实践者和魅力教师的基础上，还应成为超越反思的深思熟虑者（beyond reflection: the reflective teacher）、研究者和理论家（teacher as researcher and theorist）、教师战略家（teacher-strategist）和包容性个性化学习者（inclusive teacher: personalized learning）。陈晞（2009）则主张，教育家要把学生当人看（学生是个独立的人），把学生不当"人"看（学生不是成人，还是个孩子），要有耐心陪伴着、培养着学生慢慢成人。这些阐述从不同侧面对教育家的特质进行了阐述，尽管表述各异，但仍可以清晰地看出，其核心是对人（儿童）的关怀。

每位教师都能成为教育家吗？显然，与学问家取向、技艺家取向相比，教育家取向的教师教育观具有更丰富的内涵，对教师的专业素养提出了更高的要求。如果按照二元论的思维方式，将"教育家"作为一种标签，那么，大量教师肯定达不到教育家的标准，教育家取向的教师教育更是遥不可及。教育家不是一种标签，也无法通过种种人为的评选标准去作出定论。在急功近利的各种浮躁心态的刺激下，以各种名目评选出的所谓"教育家"往往只是跳梁小丑。"成为教育家"应当是教师专业工作者心中的一幅美好蓝图，它引领着教师不断超越自我、不断攀登高峰。称它"理想国"也好，"乌托邦"也罢，它就是教师专业发展的一个终极方向。我们应当以连续性而非二元论的思维方式去理解教师成为教育家。二元论的思维方式会将某教师划入教育家或非教育家，而连续性的思维方式关涉的是某教师在多大程度上成为教育家，或者说某教师在走向教育家的道路上前进了多少。基于连续性的思维方式，成为教育家是每一位教师职业生涯中的永恒主题，从他立志进入这一行业，直到职业生涯的终止甚至个体生命的结束。因此，教师教育机构、教师教育者应当为职前教师和在职教师成为教育家奠基，并在他们专业发展的整个生涯中为其提供持续性的专业支持。

第二节
应当如何培养教师

如何培养教师，即教师培养模式问题。它表现为一套保障教师教育系统正常运行的制度体系,而这一套制度体系的产生必然根植于特定的社会历史条件。科学技术的进步、社会生产方式的转变、学校教育的发展,都会对教师教育制度提出新要求,进而推动教师培养模式的转型。在不同的社会发展阶段,教师教育机构先后呈现出基于中小学校、师范院校、综合大学和网络联盟4种教师培养模式。基于中小学校的教师培养模式立足中小学教学现场,以中小学校的校长和教师为主导,培养未来教师和在职教师;基于师范院校的教师培养模式,通过设置独立、专门的教育机构来培养未来教师,从而实现教师培养与中小学校的分离;基于综合大学的教师培养模式,通过师范院校的升格与转型、原有综合大学举办教师教育,来实现教师培养与高等教育的融合;基于网络联盟的教师培养模式,则是借助互联网思维和技术,通过中小学校、师范院校、综合大学的协同创新来培养教师。

一、基于中小学校的教师培养模式

基于中小学校的教师培养模式以中小学校为主导举办教师教育。这是在进入近代社会之后、独立师范院校体系产生之前的典型形式,其在当前的教师教育改革中发挥着重要作用。在古代社会,由于经济社会发展水平落后,教育资源非常稀缺,接受教育的现实需求也不强烈,教师队伍规模较小。教师并非一个具有独立社会地位的专门职业,社会没有形成对教师旺盛的需求,也就谈不上教师培养。因而在漫长的古代社会,基本上不存在专门的教师培养问题,只要学高、身正,自然堪当教师。如《学记》对教师的论述:"君子知至学之难易而知其美恶,然后能博喻,能博喻然后能为师,能为师然后能为长,能为长然后能为君。"(杜学元,郭明蓉,吴吉惠,2005)《论语》也有"温故而知新,可以为师矣"的说法。在近代之前的中国教育体系中,国家并不提供师资训练。到明清时期,从事教师工作的群体主要来自下层官僚、退休士大夫和落第士子,属于官僚体系的附属物和科举制的副产品(丛小平,2014)。但是,自工业革命以来,社会面貌焕然一新,科学技术突飞猛进,并迅速反映到社会生产和生活的方方面面,生产方式的转变对从业者的教育水平提出了更高的要求,普及教育的呼声和发展势头日益猛烈,从而产生了旺盛的教师需求。在这种情势下,早期进入工业革命的主要国家必然需要创新教师培养机制,以应对紧迫的社会需求。

英国是工业革命的诞生地，以新技术的广泛应用为标志的产业革命要求劳动者必须要掌握一定的文化知识，基础教育普及对教师需求的激增与教师供给不足之间的矛盾尤为激烈。导生制是在这一时代背景下的重要制度创新。18世纪末至19世纪初，英国教士安德鲁·贝尔（Bell，1753—1832）和约瑟夫·兰卡斯特（Lancaster，1778—1838）在英国首创导生制。该制度要求教师先在学生中选拔一些年龄较大、学业优秀的学生担任"导生"，教师首先给这些"导生"上课，将教学内容教给他们，并进行适当的教学方法培训，再由"导生"扮演教师角色把所学内容教给其他学生（祝怀新，2007）。该方法的初衷是应对教师短缺问题，其实质就是让先学会的学生去教另外的学生。与此同时，"导生制"让这些"导生"成了优秀教师的来源，为教育领域培养了一大批教师，堪称教师教育的早期形态。这种方法的优势越来越被广泛认可，其影响力不仅遍及英国各地，也扩大到欧美其他国家。随着教育事业的发展，"导生制"的弊端也日益显现，逐步建立起了独立的师范教育体系。但是，当教师培养逐步被纳入到高等教育的范畴之中，与中小学渐行渐远时，新的弊病促使教师培养模式再次转型。时至今日，基于中小学校的教师培养模式仍然是英国教师教育的一大特色。在英国主要有两种教师教育形式：一是学科专业学习与教育专业学习同时进行的"4+0"模式，以教育学士学位课程（bachelor of education，BEd）为代表，主要培养小学教师；二是学科专业与教育专业先后分段进行的"3+1"模式，以研究生教育证书课程（postgraduate certificate of education，PGCE）为代表，主要培养中学教师。这两种形式共同的特点是在课程结构和内容上非常重视中小学教育教学实际，有的甚至以中小学的实际问题为线索来组织，形成了"以中小学为基地"的教师教育模式（徐娟，2007）。为解决中小学教师供需之间的矛盾，实现二者之间的无缝对接，英国教育部自2012年起推行"学校主导项目"（school direct program）。该项目把中小学校放在教师选拔、培训和招聘的核心位置，整个项目实施过程以中小学校为主导，高等院校作为合作伙伴参与项目。这种以中小学校为主体的教师教育项目，具有较强的针对性和有效性（顾钧，顾俊，2014）。它能够更有效地解决教师培养与教师需求之间、教育理论与教育实践之间的矛盾。

在师范学校成立前，美国主要通过文实中学来培养教师。本杰明·富兰克林（B. Franklin，1706—1790）主张，让"文实中学"担任起培养教师的职能，以改变教师缺少专门教育的现状。在类似于这样的呼吁之下，美国在18世纪80年代出现了开设教师教育课程的中学。比如，1785年，长老会神职人员马克考克（S. McCorkle）在北加利福尼亚创建的巴那塞斯中学（Zion Parnassus Academy），不仅开设了教师教育课程，还设置了培养小学教师的教师教育系。这些学生可免费就读，毕业后到该教派创立的教会学校担任小学教师。此后相当长的一段时期内，在中学设置教师教育课程是美国满足教师质量要求的一种重要方式。19 世纪 20 年代和 30 年代是"文实中学"培养教师的鼎盛时期（洪明，2010）。随着社会和教育事业的发展，"文实中学"所培养的教师在数量和质量上都难以满足需求，从而催生了独立师范学校体系，以及中等教育层次师范学校向高等教育层次的师范学院、综合大学的转型发展，教师教育机构成为大学中的教育学院。在经历了这一系列的转型之后，身处高等教育领域的教师教育同样面临着远离中小学校的弊病。戴默瑞尔（R. G. Damerell）于 1985 年根据自己在大学教育学院执教的经历写成《教育的烟枪：教师学院如何毁坏美国教育》一书，对教育学院展开猛烈的抨击，甚至主张取消教育学院（刘静，2009）。到 20 世纪 80 年代，美国教师教育疏离中小学、向大学化转型并没有想象中的那样成功。1986 年，美国卡内基教育和经济论坛在题为"国家为 21 世纪准备教师"的报告中提出：为教师职业做准备的最好环境是一所联系大学和中小学的临床实践学校。同年，霍姆斯小组（Holmes Group）发表了题为"明日之教师"的报告，第一次提出了"教师专业发展学校"（professional developing school，PDS）的概念。报告指出：在专业发展学校中，实习教师、大学教研人员和中小学教师应当建立伙伴关系，共同致力于提高教与学的质量和水平。教师专业发展学校通过大学与中小学的深度合作，对新教师进行专业培训，对在职教师进行专业发展培训，从事教学研究，从而改进教学专业。由此，专业发展学校迅速发展起来，中小学重新进入教师教育体系，从而与大学结为合作伙伴。教师专业发展学校是教师教育制度创新的一个重要范例，目前美国有上千所这样的学校。2001 年 11 月 16 日，美国教师教育认可委员会（Nation Council for Accreditation of Teacher Education，NACTE）正式发布了《专业发展学校标准》，它包含学习共同体、责任、质量评估、合作、多样性、公平、结构、资源和角色等几个纬度（胡艳，邹学红，2010）。

从英国和美国教师教育发展的历程来看，它们所经历的路径具有非常大的相似性。在早期阶段，其都是在中小学培养教师，然后，脱离中小学，建立了独立的教师培养体系，逐步从中等教育层次向高等教育层次跃升，从而实现了教师教育大学化。与此同时，教师教育远离中小学的弊病日益显现，因而出现了大学教育学院与中小学校合作的新趋势，中小学校在教师培养体系中的地位再次得到凸显。当然，如今的中小学校已经难以像早期阶段那样独自承担教师培养任务，以大学为代表的高等教育机构在教师培养体系中的地位不可替代。正因为如此，身处高等院校的学科教学论教师的专业身份也就具备了基本的存在前提。

二、基于师范院校的教师培养模式

基于师范院校的教师培养模式通过设置独立的师范院校体系来举办教师教育。独立学校形态教师教育机构的创立是对学校教育发展和教师职业形成的响应。在社会生产力水平落后的古代社会，受教育主要是少数统治阶级专享的奢侈品，教育活动一般在家庭、私塾、书院、教堂等场景中进行，教师主要由长者、官吏、士人、牧师等兼任。在中国漫长的封建社会，对于广大劳动人民来讲，除了考取功名、加官晋爵以外，受教育既无必要也无可能。而统治阶级除了培养和巩固自身统治的政治人才以外，并无意要提高国民素质，因为这既不会影响社会生产活动的正常进行，也不会威胁到自身的统治地位。也就是说，在古代社会，社会经济和政治都没有催生对学校教育的迫切需求，教师也没有成为社会系统中的一项正式职业，因而还没有独立形态的教师教育机构存在。到了近代社会，尤其是工业革命之后，社会生产方式发生了根本性的变革，社会生产力水平显著提高，经济基础的发展也必然反映到上层建筑中，社会政治制度也相应地发生了质的飞跃。从经济基础来看，经验式的传统生产方式已不能适应科技含量越来越高的机器大工业生产，进而对劳动者的素质结构和数量规模提出了更高的要求。在政治制度方面，资产阶级为巩固其统治地位、维护其资本主义生产方式，创建了以提高国民素质为核心的公立学校教育和义务教育制度。经济与政治的"联姻"推动了学校教育和教师职业的发展。农业社会"牧羊式"的教育组织形式和"长者为师""以吏者为师"的教师自然生成模式已不能满足新形势的需要，取而代之的是"工业式"的学校教育组织形式和教师培养模式。1681年，法国"基督教兄弟会"神甫拉萨尔（La Salle）在兰斯（Rheims）创立了世界上第一所独立的师资训练学校。1695年，德国的法兰克（A. H. Francke）在哈雷（Halle）创办了一所师资养成所，成为德国师范教育的先驱。1765年，德国首创国立师范学校。1795年，法国在巴黎成立公立师范学校。1823年，教士霍尔（Hall）在佛蒙特州康考德市（Concord）创立了美国第一所私立师范学校。1833年，法国《基佐法案》明确规定各省均设师范学校一所。1839年，美国第一所州立师范学校在马萨诸塞州莱克星顿（Lexington）建成。1840年，英国第一所师范学校创办。1845年，美国议会通过普遍建立师范学校的议案。1872年，日本在东京开办官立师范学校。到19世纪末，世界上许多国家都颁布法规设立师范学校，一个独立学校形态的教师教育系统在世界范围内初步形成。中国教师教育机构也正是诞生于这段历史时期。1896年10月，盛宣怀奏设南洋公学于上海，分设师范院、外院、中院和上院。次年春，师范院正式成立。1902年，张謇在江苏南通地区筹设师范学校，次年春落成，取名南通民立师范学校。1902年的"壬寅学制"和1904年的"癸卯学制"则从国家意志层面上奠定了师范学校体系在整个学制系统中的独立地位，使我国的师范教育不但有了从初级到优级上下衔接的纵向系统，而且有了普通师范与实业师范的横向系统（刘捷，谢维和，2002）。"癸卯学制"设置了一个独立的师范学校系统，初级师范学堂对应普通中等教育，而优级师范学堂则相当于高等专门学堂。自此，一个在中国延续百年、独立封闭的教师培养体系得以确立。

为什么一定要建立独立学校形态的教师教育机构来培养教师而不直接通过市场交易来得到学校教育所需要的教师呢？这缘于市场交易的局限性。进入近代社会，尤其是工业革命之后，学校教育的发展和义务教育的普及使受教育者的规模以惊人的速度增长，由此产生了对教师的旺盛需求，使教师逐步成了专门性的正式职业。既然学校教育的普及需要大量教师，那么，教师从哪里来就成为最紧迫的社会问题。这也构成了独立学校形态的教师教育体系产生的逻辑前提，但这一必要条件并不构成充分条件。如果学校教育所需要的教师资源可以通过市场交易的途径获得，那么，就没有必要建立独立学校形态的教师教育机构。之前，教师由其他行业的从业者兼任，或者是其他行业工作者转行成为教师，受教育者或学校举办方支付报酬，实现教师人力资源的市场交易。以美国为例，17—18世纪，"教学职位常常是由旅游冒险者、流浪者、逃避体力劳动的年轻人、对其他职业不满意和不称职者来充任的……教师常常是任教不到一个季度后就去另谋高就了"（洪明，2010）。通过市场交易很难聘用到合格教师，尤其难以找到安心从教的教师。教师成为一个"旋转门"或"万花筒"式的非稳定职业，严重影响了学校的教学秩序。教师职业的门槛越低，其从业者的职业幸福感越低，职业稳定性越差，愿意从事该职业的潜在从业者总量就越少。与此同时，社会又对教师质量不满意，不愿意为所聘任的教师支付更高的薪酬，从而陷入了一个恶性循环。"人们普遍愿意在很多事情上花钱，而在最需要的事情上，即子女的教育上，却不愿花钱。裁缝是工人，工匠是工人，理发师是工人，马夫是工人，而孩子的教育者却是便宜的工人。"（Bingham，1807）当教师还只是一个普通职业而非专业的时候，也就是说，在只需要考虑教师的数量而不考虑其质量的历史阶段，市场交易无疑是教师资源配置的可行手段。但是，随着社会的发展，市场交易手段并不能有效保证学校教育迅猛发展所需要的大量教师资源，教师供应不足成为制约学校教育和社会经济发展的重要瓶颈。一方面，公立学校运动和义务教育制度推动了学校规模的迅速扩张，形成了对教师资源的旺盛需求；另一方面，在整个社会人力资源不足的前提下，高素质的从业者往往选择了人力投资收益更丰厚的其他职业而不能形成有效的教师资源供给。教师资源的供求均衡在近代社会被迅猛发展的学校教育打破，为招聘一名合格教师所需要支付的交易成本越来越大，而且往往还难以达成一个有效的交易。

既然通过市场交易难以获得学校教育发展所需要的教师资源，那么，教师资源只能由专门机构提供。在新制度经济学看来，市场和组织是获得产品的两种基本制度。当产品能以较低的交易成本从市场获得的时候，人们就不会建立组织机构去生产；当产品的交易成本增长到一定程度时，人们就会创立组织制度以节约交易成本。罗纳德·科斯（Coase，2008）在分析企业这一社会组织的性质时指出，"市场的运行要花费一些成本，形成一个组织并允许某个权威（一个'企业家'）来配置资源能够节省某些市场的运行成本。考虑到这个企业家能够以低于他所替代的市场交易的价格获得生产要素，因此他必须以较低的成本行使自己的职能，如果他不能做到这一点的话，通常很可能又回到公开市场交易的方式"。同理，当教师能以低成本直接从人力资源市场获得的时候，人们就没有必要建立独立学校形态的教师教育机构。前文的分析表明，到近代社会，工业革命改变了生产方式，公立学校运动和义务教育制度推动了学校教育发展，从而产生了对教师资源的巨大需求。通过市场交易手段不但要消耗大量的交易成本，还难以聘用到合格的教师。因此，在学校教育普及所需要的大量师资无法通过市场交易来有效完成的情况下，社会就必须要创造一个新的组织机构来提供这一产品，以实现交易成本的节约和产品供求格局新的均衡。这种新的组织就是以师范学校形式独立存在的教师教育机构。

独立师范院校体系解决了它当时所面临的问题——合格教师数量供不应求，为推动工业化进程发挥了重要作用。但是，随着社会工业化和现代化水平的日益提高，对教育所培养的人才规格提出了更高的要求，从而需要更高水平的教师。与综合大学相比，师范院校的学术水平往往受到社会的质疑。因而，将教师教育提升到大学层次成为历史发展的新趋势，其外在的表现形式就是师范院校的综合化、大学化转型，基于综合大学的教师培养模式应运而生。

三、基于综合大学的教师培养模式

基于综合大学的教师培养模式在综合大学的制度框架下举办教师教育。在工业革命之前，科学技术不发达，社会生产力落后，学校教育不受重视，教师职业并未形成，教师教育机构也就没有存在的必要。在工业革命之后，生产技术水平大幅提高，社会生产方式发生了很大转变，劳动者素质成为非常重要的生产要素之一，学校教育被纳入公立教育和义务教育框架，教师成为专门性职业，独立学校形态教师教育体系得以创立。独立学校形态教师教育机构适应了工业革命的需要，在解决学校教育所需师资数量不足这一矛盾方面发挥了重要作用。但是，自20世纪初以来，第二次科技革命在社会生产领域的影响日益显著，初级水平的劳动者逐渐难以适应变化了了的工作环境，因而，社会对劳动者素质提出了更高的要求。与此同时，公立学校运动和义务教育制度的实施使基础教育日益普及，越来越多的人要求接受中等教育和高等教育。当教师数量足不足的基本矛盾得到缓解之后，教师质量优不优便成为主要矛盾。也就是说，进入20世纪之后，教师教育机构面临的主要问题是如何培养高质量的教师，这也构成了20世纪教师教育机构转型的根本宗旨。因此，要理解20世纪的教师教育模式的转型，首先要厘清何为高质量教师这一根本性的教师质量观问题。

不同的教师质量观是对不同教学观的反映。在如何看待教学的问题上，历来存在常识观与专业观两种立场。常识观认为，教学是没有专业性可言的普通职业，只要具有学科专业知识和语言交流能力就能胜任教学工作；专业观则认为，教师在如何有效组织、传递教学知识和培养儿童健全人格方面具有独特的知识技能体系，而对这一知识技能体系的掌握需要长时间的专门教育和职业生涯中持续的专业发展。常识教学观否认教学工作本身的专业性，那么，高质量教师的根本标准只在于对教学内容的理解，而教学方法性知识与技能并不具有科学性，只能从经验中积累。就教师教育而言，常识教学观的信奉者坚持教师教育应当是学术取向的，其任务就是将教学内容知识传递给职前教师；专业教学观则重视教学本身的科学性，强调职前教师不仅要懂得教什么，更重要的是要学会如何教。尽管专业教学观的提倡者进行了诸多努力，教师专业发展的理念也越来越得到广泛认同，但是，常识教学观仍具有根深蒂固的影响。"从20

世纪初到 20 世纪末,学术取向教师教育思想者一直以来都未赋予教学科学合法地位……由于学术取向教师教育思想强调未来教师对学科内容知识的深入理解,而将教学专业技能定位于通过简单的模仿和训练就能获得的常识或者是无法通过培养掌握的艺术天分,因此,专门的教师教育在其支持者看来并不重要。"(刘静,2009)20 世纪 30 年代,亚伯拉罕·弗莱克斯纳(A. Flexner)在其代表作《现代大学论——美英德大学研究》中,就对传统教师教育低劣的学术水平进行了尖锐的批评。20 世纪 50 年代,美国教育学家贝斯特(A. E. Bester)在其代表作《教育的荒地》中,也批评教育学科的显著特征是空洞和琐碎,应该用人文和科学取代教育学。克拉默(Kramer,1991)发表的《教育学院的罪恶》,同样批评传统教师教育对教师成长是无益的。基于常识教学观,高质量教师的标准只在于其教学内容知识的学术水平,常识教学观的信奉者必然坚持学术取向的教师质量观。只要对 20 世纪这一主流的教师质量观形成清晰的认识,就不难理解 20 世纪的教师教育机构向综合大学转型的内在机理。

学术取向的教师质量观推动了教师教育的大学化转型。对教师质量的重视,可以从教师资格认证制度的演变中得到证明。以美国为例,1898 年只有 3 个州政府控制和颁布所有证书,1937 年增加到 41 个。同时,教师资格认证的学业标准逐步提高。1903 年,没有一个州将正规中学毕业作为获得最低等级证书的必备条件,到 1919 年,美国有 11 个州对此作出了明确要求(秦立霞,2010)。在中国的民国时期,也制定有各类教员检定制度,以加强教师的质量监控。当教师供求关系的均衡点从侧重数量转向注重质量,而教师质量的衡量标准又聚焦在教学内容的学术水平的时候,20 世纪之前所建立的独立师范学校形态的教师教育体系的有效性必然要接受价值重估,而重估的主要标准就在于教师教育机构培养职前教师学科专业的学术水平。美国麻省理工学院的克尔那(J. D. Koerner)于 1963 年在《美国教师的错误教育》一书中,"对当时的教师教育进行了严厉的批评,认为要提高美国的教育质量,最好的办法是提高教师的智力品质,由此提出了'加强教师教育的学术性'的思想"(周钧,2009)。既然学科专业的学术水平是衡量教师质量高低的重要尺度,那么,又用什么来衡量其学术水平呢?问题就自然而然地转向了学历学位制度,因为学历学位是衡量学术水平的基本依据。这已是得到普遍认同的真理,因为高等教育是学术水平的保证。师范学校主要是中等教育层次,根本谈不上学术水平。即使转型为高等教育层次的师范学院以后,其学术性也屡屡受到批判,甚至成为教育质量低下的代名词。由此,提高教师学术水平成为 20

世纪教师教育发展的最强音，而提高教师学术水平的实现途径则表现为教师教育大学化。教师教育大学化有两层含义：一是教师教育学历层次提高到高等教育层次。学历是学术水平的象征，提高学术水平就意味着提高学历层次。美国麻省理工学院的克尔那教授建议取消本科层次的教师教育，要求所有中小学教师主修一门学术专业，这一建议被许多州采纳。20世纪80年代，霍姆斯小组同样建议取消本科层次的教育专业，强化未来教师的学科专业训练，使他们至少获得学科专业的学士学位。二是在综合大学的制度环境中，按照综合大学模式举办教师教育。教师教育不再是某个特定的独立机构的单一职能，而是综合大学制度中的专业教育。因此，20世纪教师教育机构转型的主要发展特征，也就表现为从独立学校形态向综合大学形态的变迁过程，"以学校为单位的教师教育机构逐步成为历史，教师教育机构成为大学内的机构"（李学农，2007），教师培养模式发生了一次重大的飞跃。

教师教育机构从独立学校形态向综合大学形态变迁，是世界教师教育发展的基本特点。以美国为例，19世纪末至20世纪初，大量中等师范学校升格为师范学院，不少师范学院并入综合大学，也有一些综合大学创设教师教育机构，如1890年纽约大学建立美国第一所具有研究生水平的教育学院；1898年纽约教师学院并入哥伦比亚大学；1904年芝加哥师范学院并入芝加哥大学；哈佛大学于1920年设置了教育研究生院。到20世纪60年代，在美国已没有师范学校，本科层次的师范学院也所剩无几。"美国教师教育机构的转型大致完成于20世纪六七十年代，因而，目前已基本形成了一个相对稳定的、完全开放型教师培养体系。所有教师教育都由综合大学来承担，教师培养趋于高层次化，这种特点应该说基本反映了世界教师教育发展的大势。"（阎光才，2003）西方其他发达国家大致经历了相同的教师教育转型过程。中国教师教育自20世纪初形成了一个独立封闭的师范教育体系，一直延续到20世纪末期才开始发生改变。从新制度经济学的制度变迁理论来看，制度变迁的方式有诱致性制度变迁和强制性制度变迁，二者往往共同作用。到20世纪末，中国义务教育已基本普及，教师供应数量不足的矛盾基本解决，教育发展的核心主题从以规模扩张为主的外延式增长向以质量提升为主的内涵式发展转变，教师教育自身具备了制度变迁的内在要求。从这个意义上讲，20世纪末中国教师教育的基本情况类似于20世纪初的美国教师教育，强制性制度变迁主要表现为政府机构的作用。自20世纪末以来，中国政府陆续出台了一系列政策，奠定了开放化教师教育的基本体系，如1999年中共中央、国务院《关于深化教育改革全面推进素质教育的决定》，

2001 年国务院《关于基础教育改革与发展的决定》，2010 年《国家中长期教育改革和发展规划纲要（2010—2020）》。在诱致性制度变迁和强制性制度变迁两种方式的共同作用下，当前我国已初步建立起了综合大学模式的教师教育体系，师范学校已基本退出历史舞台，高等师范院校综合化水平显著提高，不少综合大学也通过合并、新设等方式介入到教师教育领域。在教师教育大学化转型之后，教师教育不再是某个特定类型的教育机构的唯一职能。"大学是教师教育机构"，实质上是一种不太确切的表述，教师教育只是大学的众多职能之一。在教师教育机构从独立学校形态转向综合大学形态之后，教师教育的所有改革都应当在综合大学的制度框架下进行探索。

总之，从提高教师教育的学术性出发，掀起了一场声势浩大的教师教育大学化转型运动。无论是否还在校名中保留"师范"之名，这些高等院校都已经具有综合化之实，教师教育成为综合大学众多事业中的一个部分，教师教育生态发生了显著变化。这是否能真正提高教师教育的学术性？即使能提高教师教育的学术性，那能否提高教师教育质量？教师培养模式的改革还有待继续深入下去。

四、基于网络联盟的教师培养模式

基于网络联盟的教师培养模式主张通过相关机构的协同创新来培养教师。如今，"教师教育机构"这个原本清晰的概念，其边界变得越来越模糊。在独立学校形态阶段，教师教育机构就是学校，即师范学校。在综合大学形态阶段，当我们把"教师教育机构"这一概念的所指归结为大学的时候，实际上，问题不但没有变得清楚，反而更加复杂。因为教师教育机构不再是一个独立的社会组织，而只是大学这样的社会组织中的某个部门或者是某些部门，但究竟大学中的哪些部门可以称得上教师教育机构，这个问题是不明确的。在独立学校形态下，学科专业学院只承担教师教育任务；在综合大学形态下，他们几乎将全部精力倾注到学科专业建设上而无暇顾及教师教育。与此同时，教师教育机构形态的变迁，使教育学院也不得不按照现代大学的学术评价制度集中资源进行教育学的学科建设而对教师培养重视不足。这根源于大学本身是学术机构，大学教师是活动于学术机构中的学术人，大学发展的基本逻辑是学术逻辑，而教育学历来都没有获得与其社会价值相匹配的学术地位。教师教育大学化的初衷是提高教师培养的学术水平，但其副产品却是教师教育机构边界和责任主体的模糊化，以及教师教育者的"集体逃逸"和教师教育质量的下降。顾明远（2006）曾指出："师范院校综合化的目的是提高师范专业的学术水平。但是目前的事实是有多少转型的院校把力量加强在师范专业上？他们都热衷于扩大非师范专业，忙于升格，企图挤入高校名牌，因而有不少学校不是借用综合学科的优势来加强师范专业，而是抽调师范专业的教师去充实其他新建立的学科，这就反而削弱了师范专业。这与改革的宗旨背道而驰。"在综合大学形态下，教师教育机构边界模糊的后果是教师教育责任主体不明，实质上就是教师教育资源分散化。将独立学校形态的教师教育机构纳入到综合大学之中，不但没能有效地提高教师培养的学术水平，反而大量的教师教育资源被挪用于学科专业的建设与发展。因此，在教师教育大学化之后，加强教师教育机构建设，是提高教师教育质量的紧迫任务。

教师资源的整合需要在大学中建立教师教育学院。教师的知识结构包括学科专业知识、教育专业知识（含教育心理学知识）和学科教学知识三个核心构成部分，教师教育又涉及中小学不同学科教师的培养，教师教育资源在大学中相当分散。这些分散的教师教育资源缺乏一个有效的整合力量，从而制约了教师教育质量的提高，建立教师教育学院实是教师教育改革之急务。朱旭东（2008）在论述六所免费师范生大学成立教师教育学院价值的时候指出，"只有成立了教师（教育）学院，六所师范免费教育的大学才能真正实现战略转型，教师（教育）学院是六所师范生免费教育的大学实现战略转型的标志"。还有学者认为，"教师教育学院应当是在师范大学综合化进程中，顺应教师教育专业化的要求，具体承担师范大学教师教育使命的专门的办学机构，也是在'学术性'基础上强化'师范性'、在学科专业基础上融入职业教育内容的教师教育发展新模式"（刘恩允，2010）。教师教育学院是整合教师教育资源的组织机构，但并不意味着要将全部教师教育资源集中到教师教育学院。如果真的将全部教师教育资源集中到教师教育学院，那不过是将大学之外的师范学校移入到大学之中而已。在四年制本科项目中，这显然是不现实的，因为没有哪所大学能容纳下这样一个庞然大物。将教育专业和学科教学专业的教师教育资源并入教师教育学院是可行而且必要的，学科专业的教育资源只能归入学科专业学院。至于教师教育学院的建设路径，可以根据大学的发展定位进行选择。研究型大学可以在教育学院外新建教师教育学院，教学型大学则适宜在教育学院的基础上组建教师教育学院。

教师教育资源不但分散在大学之内，也分散在大学之外。大学素以"象牙塔"自居，往往以理论学术水平来衡量一所大学的办学水平。将教师教育机构纳入大学之中，不但使教师教育责任主体不明，而且使教师教育机构与中小学之间的鸿沟越来越深。教师教育原本是一项实践性的事业，其培养目标、过程与组织形式都离不开与中小学课堂教学之间的紧密联系。当教师教育者同时具有大学教师的专业身份之后，他们不得不深受普通大学教师专业发展的学术范式的影响，从而日益重视理论学术，轻视教学学术，远离中小学课堂。毫无疑问，大学天然地具有理论优势，但是，离开了中小学课堂，教师教育者的理论说教必定是苍白无力的。教师教育质量高低的评价标准不应是职前教师的学科专业学术水平，而应是他们走进中小学教育现场之后能够在多大程度上促进中小学生的发展。中小学教师是重要的教师教育者，中小学课堂是重要的教师教育现场。大学不但要整合内部的教师教育资源，而且要发动各方面力量，整合大学之外尤其是中小学校的教师教育资源，这也是世界教师教育发展的基本趋势。美国自 20 世纪 80 年代开始建设教师专业发展学校，以加强大学与中小学之间的合作关系。近年来，欧盟国家将发展大学与中小学之间的伙伴关系作为教师教育改革的重要举措。"伙伴关系不仅将职前教师教育、入职教育和教师持续专业发展作为一个统一整体联系起来，它还在教师教育创新、教师专业发展和教育研究之间建立起了更为密切的联系。"（许立新，2010a）充分肯定中小学校的教师教育职能和资源优势是提高教师教育的必然要求，加强中小学校与大学之间的合作，不但是大学开展教师教育的需要，也是中小学校促进中小学教师专业发展的需要。如果回归到教学促进人的发展这一本真，那么，教学现场还不仅仅局限于课堂、学校的边界之内。除中小学课堂之外，少年宫、博物馆、科技馆、学生家庭等中小学生活动的场景中都蕴藏着丰富的教师教育资源。通过在这些现场中与孩子们的亲密互动，有助于职前教师理解教学促进人发展的本质。将大学内外各种教师教育资源整合进教师教育网络联盟，形成教师教育共同体是建构教师培养新模式的需要。

总之，教师教育机构不再是一个独立的学校组织，也不是综合大学中的特定部门，而是一个由多种组织机构或部门组成的网络联盟。综合大学中的教师教育学院是这个网络联盟中的关键节点，它应当发挥整合大学内部和外部教师教育资源的强大功能。因此，基于网络联盟的教师培养模式创新，是教师教育改革的一个重要方向。

第三节
教师培养得怎么样

　　对教育而言，最重要的事情不是教师教了，而是学生学了并且学会了，也就是教育的有效性问题。正如崔允漷（2013）指出的那样，"如果把'学生学会了什么'当作学习结果的话，那么它应该既是教学的起点，又是教学的归宿；既是教学过程的方向，又是教学有效的证据"。多少年来，师范毕业生不需要经过任何考核就可以直接申请教师资格，我们以为他们都学会当教师了。难道真的不需要质疑吗？他们真的学会当教师了吗？师范院校对他们的培养是有效的吗？这些追问源于提高教育质量的社会诉求，也源于教师职业属性的演变。中小学教师不再是普通从业者，而是履行教育教学职责的专业人员。近年来，国家陆续出台了《中小学和幼儿园教师资格考试标准（试行）》《中小学和幼儿园教师专业标准（试行）》《教师教育课程标准（试行）》等一系列政策来保证中小学教师的专业水准。这些政策构成了教师教育、教师学习和教师发展的基本标准，也是师范生专业反思的基本参照系。在国家教师资格考试的背景下，对教师教育有效性的追问具有重要的现实价值。为深入考察教师教育对职前教师专业成长的有效性，我们运用质性研究的基本范式，以小美（化名）为个案，围绕"我学会当教师了吗"这一核心主题展开教育叙事。尽管我们无法用个案去推论全体职前教师的教师教育有效性，但是，通过对这些访谈资料的分析与整理，能够从身份认同、知识学习、教学实践和教学效能四个方面，较为细致地勾勒出小美在四年学习期间的专业成长情况，也能够折射出教师教育有效性方面存在的诸多值得深思的问题。

一、职前教师的教师身份认同彷徨

　　小美是某师范院校地理科学专业 2015 届本科师范生。在进入大学以前，她并不想当教师，而是希望将来做一名医生。但是，她的父母在咨询了一些朋友之后，认为她不适合学医，建议她报考师范院校，将来做一名教师。在经过深思熟虑之后，小美觉得："教书这个职业虽然自己不是很喜欢，但还是比较适合，所以就选了师范类专业。但那个时候确实对师范类专业的具体科目选择比较茫然，如果非要我当教师的话，所有科目之中地理是我最强的一门课，当时就选择了地理科学。"从小美的表情中可以看出，她当时的选择充满了无奈。想坚持学医，又没有足够的勇气，最终接受了父母的朋友的建议，而对具体专业的选择也是非常偶然的。当时，她并没有明确的教师职业理想，更没有清楚地意识到自己将要成为一名中学地理教师。

进入师范院校学习以后，小美在大学前两年都没有明确地意识到自己将来要做教师。尽管学校为大学生开设了三个阶段的就业指导课程，但是，这个课程是"和非师范生一起上的"，没有体现出"师范"的特点，对她的职业定向根本没有产生积极影响。小美说在大一和大二的时候，"其实我觉得自己也过得浑浑噩噩，因为我不知道自己要做什么"。直到大三的时候，小美才真正开始思考自己将来的职业身份。小美说在大三上学期，学校举行毕业生双选会，"每次我看到双选会的时候就想有一天我去找工作。那段时间我基本上待在图书馆，一天不是看书就是躺在图书馆睡觉。突然有一种很不想毕业的感觉，就觉得现在毕业出去能做什么？因为虽然说我选择了这个教师的专业，但是我学的似乎不太多"。在这个时候，毕业和就业的危机感出现了。这促使小美去反复地纠结于"如果我不教书的话，我还会做什么"这个问题

渐渐地，小美开始认同自己的"准教师"身份。当她了解到"普通二本院校的人出来后找不到工作，考研是唯一的出路"时，她决定考研。她报考了某部属师范大学城乡发展与区域规划专业，而没有选择该学院的课程与教学论专业。她说："我们班的人大多不太愿意从事教师专业，就像考研的那些人吧，基本上考的是自然地理，都不想考教师专业。"尽管她说"我的目标始终是当教师"，但是，她报考的这个专业显然不是为了培养自己成为一名中学地理教师。也就是说，小美在报考研究生时，内心同样是很彷徨的。在未来的职业选择上，她希望能够给自己"留一手"，而不是坚定地认同教师身份。出人意料的是，她没有被该学校录取，而是被调剂到省内某师范大学的课程与教学论专业（地理教学方向）。对于这样一个结果，小美显得非常失落："这个意外让我气了好久。"最终，小美还是接受了这样的现实。下学期，她将进入研究生阶段的学习。在成为教师的道路上，她又接近了一步。

总之，小美茫然地进入了地理科学专业师范本科，当时根本没有清醒地认识到自己会是中学地理教师。在茫然地度过了两年的大学生活之后，她逐渐认

识到自己的"准教师"身份。在大四的时候，考研又成了她逃离教育的一个备用选择。可阴差阳错，最终她还是"被迫"成了课程与教学论专业（地理教学方向）的硕士研究生。回顾这四年对自己的未来身份认同，她说"我觉得自己的认识有点改变"，但"我不太能意识得到学校对我的影响是多大"。

二、职前教师的专业知识结构失衡

在谈到教师工作的时候，小美多次提到"教书"。这应该是她所理解的教师工作的核心，"作为一名地理教师，最主要的就是讲授地理知识"。如果没有扎实的地理专业知识作为基础，那么，拿什么"教书"呢？又"讲授"什么呢？小美高度认可地理专业知识的价值，但她对大学教育的知识传授模式很不满意。她意识到社会发展和知识更新给教师带来的挑战，仅仅依靠"吃老本"难以应对将来的教师工作。"像地理专业，它涉及面非常广，是一个很综合的学科。时代发展迅速，对于我们，除了在大学期间学习，还要与时俱进使知识结合时代的发展。"就实际情况来看，她认为这些大学教师更多的是在传授知识而没有引导她们去发现知识。"很多专业课老师就只讲专业内的知识，并没有把知识拓展；只是把它作为地理教学的基础知识而已，没有带动我们更好地学习；只是给你讲解知识，并没有引导学生思考专业知识，也没有形成一种自己对专业知识的看法，更不能将其灵活运用。"也就是说，小美在这四年里接收了大量的地理专业知识，但并没有对它们充分消化和吸收，更不具有发现与创造的能力。

小美认为大学里面讲的那些教育知识没有什么价值，也都学得非常肤浅。她这几年学过的教育课程有教育学、教育心理学和地理教学论。她只对教育心理学感兴趣，也学得比较认真。在教学工作中，很多时候都是教师与学生的心理较量，"你要想把这个学生教好，肯定要从心理上了解这个学生"。在教学实习中，她担任实习班主任的那个班是一个普通班，学生不好管。她说："我比较担心自己会管不住高三的学生，毕竟他们只小我两三岁。一般情况下，你在他们面前表现得比较弱势的话，他们就会比较强势。当班主任的第一天，我就要给他们说得我有多么凶，其实我自己一点都不厉害。"这使她比较顺利地度过了实习的第一天，有了一个良好的开头。或许她在这里应用了教育心理学知识，但她自己"记不起，有点混淆"。也就是说，学过的理论并没有使小美在教学工作中达到自觉的程度，教学行为仍然是自发的选择。小美对教育学课程没什么兴趣，她说："教育学这门课我觉得教师也是上得比较累吧，反正我也是不太认真听，因为我觉得他就是拿着书照本宣科的那种感觉吧，我听不到他讲太多新颖的东西去启发我自己思考，所以我当时听课也是比较疲倦的那种感觉。"小美觉得地理教学论会对中小学教师在地理教学方面有一定的指导性，"但也许是因为讲得不深入，或者是中间缺少了很多关于应用的解释，或者很多人都意识不到这个用处"，结果，她们对地理教学论也学习得"不太认真"。

在学习这些教师教育课程的时候，小美和她的同学大多是为了完成学分，并不是要学习什么教育知识。她们不会把教育理论当回事，"这些理论的东西，老师叫我背了后，考完就又忘了，这个东西拿来做什么？"在大四实习回来后，同学们都在感叹"上了三年课，不如最后三个月实习的收获多"。教学实习的收获真的很大吗？小美阅读了一位同班同学的教学实习报告，这让小美很有感触。她说："我觉得她那份实习报告有点像记流水账。作为一个学生，我自己都看不下去，不知道专业老师是什么感觉。只是懂了几个（教学）程序该怎么操作，而不懂那个程序的含义，甚至（不知道）这个程序的重点在哪里？你只是把它（教学）完成了，看起来就像一个机器在不断地运转一样。"这使她开始反思教育理论，"如果只会教书而不懂教育的目的与意义，那确实也不对"。她开始意识到教育知识是有用的，只是它没有真正地发挥出效果。或许是以前的认识不到位，或许是高校教师的教学方式不到位，反正是没有掌握什么教育知识。这让她觉得没有教育理论的教学实践是肤浅的。

师范院校的教育理论教学为什么是无效的？"（教师教育）课程确实设置了，老师也是讲了，但是为什么老师讲了学生没有去听呢？学生听了又为什么没有去思考？"教师教育理论课程安排在大学前三年，在学习这些课程的时候，师范生根本感受不到这些课程的价值。教育理论"没有装进学生的脑袋，让学生去充分地利用。理论还是理论——堆在那里，实践堆在另一边，差了一个桥梁"。教师教育者没有给师范生搭建这个"桥梁"，师范生当时也没有想要去建筑这个"桥梁"，"理论"与"实践"是脱节的。正是"实践"触发了小美去反观"理论"，但是这个"实践"似乎来得有点晚了。她说："对我来说，我会去思考是因为看到之后觉得有问题才会返回去思考，但不是每个人都会去思考这些东西。要怎样才能动员这些准教师去思考，我觉得这是一个很大的问题。"也就是说，教育理论教学没有触动引发学生去思考的阀门。事实上，只有启动这个阀门，师范生才能建构主体性、实践性的教师个体知识。

应该说，做毕业论文能够促进学科专业知识和教育专业知识的整合，并且在这一过程中提高学术科研能力。但是，小美说："我做的毕业论文是有关耕地

面积变化对经济影响这方面的,跟地理教育没有关系。"这是她们学院不成文的
规定:"不允许我们写师范类专业的论文。"曾经有某学科教学论教师指导一个
本科生做地理教育类的学位论文,结果没有通过。小美的同学都是做地理专业
的学位论文选题而不做地理教育,因为大家"都怕毕不了业"。她们在大三的时
候,要在专业下面分方向:土地方向和人文方向。小美选择的是土地方向,因
此选择了耕地面积变化方面的论文选题。她说:"如果有地理教育方向,我肯定
是毫不犹豫地选择地理教育方向。我就觉得这个方向和学位论文与当教师的偏
差太遥远了。我承认地理老师要掌握足够深的专业知识,但是你掌握了专业知
识又不懂如何传授给别人,这是一个问题。"看来,小美似乎觉得她就读的这个
师范专业难以名副其实。

总之,在小美看来,师范院校给她传授了大量的地理知识,但学校没有注
重学术能力的培养,她没有学会发现与创造知识。她对教育知识的态度经历了
从无用到有用的转变,但这些教育知识对她的教师专业没有什么明显的作用。
师范生的知识结构在学科知识与教育知识之间失去了应有的平衡。

三、职前教师的教学实践环节薄弱

小美在大三的时候,全班同学分小组每周在微格教室进行一次试讲练习。
每次练习结束时,可以把个人试讲练习的录像带回去,供自己进行教学反思。
"(教学录像)带回去自己看、自己反思。我觉得这一点是非常不错的。"但令人
遗憾的是,只有小组同学的相互点评,没有教师给予指导。"如果在平常的练习
过程中,有老师在场指导,也许效果会更好些。"这让小美很不满意。"试讲的
时候没有老师点评,面对的都是自己的同学,大学生与中学生的思维是不一样
的,所以才会想到去联系一个学校见习。"小美自行联系了本地一所初中学校,
每周都要到这所学校去见习两次,每次都会听一整天的课。在那里,小美感受
到了强烈的教学认知冲突。新课程改革非常强调学生实践,强调教育与生活的
紧密联系,强调教学方式方法的创新,然而,"这所学校的地理教育方法和我想
象中的完全不同。他们的地理教学就完全是死记硬背,对于这一点我感觉非常
意外"。小美专门去跟地理学科组长交流过这个问题,得到的回应是课程内容太
多,教学学时太少,"不可能像公开课那样互动地讲课"。小美对这种死记硬背
的教学方式很不认同,也很无奈。

在大三的时候,学校组织她们班去某中学进行了一次教学见习。整个上午,

她在三个不同的班级听了三节中学地理课。每听完一节课之后，没有安排她们与任课的中学教师交流，只是师范院校的带队教师会跟她们有个简短的沟通。而这名带队教师是地理专业教师，她们似乎不太认可与带队教师的交流能够带来什么收获。她说："收获不大。当时有一种心理就是说，其实带队的老师毕竟是专业课的老师。大家觉得她对中学教师可能不太熟悉，本来中学教学跟大学教学是有区别的。她只是了解大学教学，对中学该怎么教学应该不够了解，所以说，很多人下来都不太愿意跟她交流。"实际上，这次见习对小美还是有积极影响的。其中的一节地理新授课，老师在前一次课给每位同学发了一张试卷，让学生自学这部分的内容后完成试卷，老师再根据学生回答的情况来讲新课。中学老师的这一做法对小美构成了明显的认知冲突："以前我就从来没有想到那里去，新课嘛就是教师教给学生新内容。一般头一节课都会叫学生记得预习，但是学生有没有预习根本就不知道。我就觉得他那个（试卷）很有意义，回来上新课的时候能够根据学生的回答情况掌握学生的预习程度。"显然，这次见习触发了小美去思考一些教育问题，而这些问题是她在师范院校里想不到的。

在大四上学期，有三个月到中小学进行教学实习的安排。教学实习有两种方式：集中实习和分散实习。集中实习由学校统一安排，有指定的带队教师。分散实习则由同学自行联系，最后完成相应的手续就可以了。小美选择了分散实习，而实际上她根本没有去实习而是在学校为考研做准备，原来的高中学校在她的实习报告上盖了章，就这样交了差。她从同学中了解到，"同学们普遍觉得三个月的实习对她们的影响非常重要，会掌握一些教学技能，因为毕竟在实践中获得的是自己的经验，比较可靠"。与试讲的情况类似，教学实习也主要是依靠师范生自己摸索。师范院校的带队教师是地理专业课教师，在小美的同学们看来，他不懂中学教学。"大学里面的老师缺乏对中小学教育的真正了解，他们指导不了我们的课堂教学。"带队老师主要是扮演一名管理者和协调者的角色，对她们没有实质性的专业指导。在教学实习过程中，学校会给她们每个实习生安排一名中学指导教师，但这些中学指导教师也没有发挥出太大的作用，因为他们也"没有更多的东西"。

尽管小美没有去参加大四上学期那三个月的集中实习，但是，这并不意味着她没有教学经验。大二的暑假期间，她在一所高中学校进行了一个月的教学实习。在实习期间，她发现了一个现象：中学老师会让同学们重复地做一张卷子，有些题，学生反复做，仍然反复错，这引起了小美的反思。老师将这些题讲了以后，学生当时记住了答案，但很快就忘记了，错误在不断地重复。自此以后，"当学生问我问题的时候，我一般不会直接告诉他'这道题你错了，应该怎么改'，往往是引导他去想'我该怎么做，我为什么要这样做'"。小美还有两次做家教的经历。一次是辅导一名初三学生，开始她觉得初三的课程对于她来讲是非常简单的，但是，实际情况并不是那样。她说："开始教学，我就发现了许多问题，如何让学生更好地理解就是一个难题。"对于教师而言，自己懂得多少知识并不是那么重要，最重要的是如何能够让学生学会。还有一次，一名小学二年级的学生要写一篇命题作文"未来的世界"。这个小朋友来问她，"未来的世界"是什么意思？这让她感到非常紧张和无助，不知道应该如何回答。她说："对于未来的世界我肯定很清楚，但我根本不知道怎样来回答他。如果我直接告诉他成人眼里的未来世界，就可能会限制他的想象。就像你画一个圆，告诉他这就是一个圆而已，那么他就不会再把它想象成其他事物。所以对于一名小学生，这样一个问题，我真不知道怎样回答。"这些经验引发了小美对教学认知冲突的思考，也触动了她对教学的深入思考。

总之，在小美这四年本科学习阶段，学校提供的教学实践机会非常有限。由于缺乏专业的教学指导，教学实践成为个人经验式的摸索，这使得教学实践的实际效果并不理想。由此，我们再一次感受到了教育理论与教育实践之间的裂痕。幸运的是，小美为自己争取了多次机会，积累了比较多的教学经验，让她多次陷入教学认知的冲突与思考。这应该会对她的专业发展产生积极的影响，尽管这种影响目前还难以显现出来。

四、职前教师的自我教学效能无力

在大学的前两年，小美只知道自己是名大学生，而没有意识到自己的"准教师"身份。在这个时候，她很少考虑自己的未来职业生涯，也不会去想如何教学的问题。大二暑假那次教学实习是小美本科学习的重要转折点。她说："只是在那个实习期间的意外刺激促使我发生了思想转变，回来看到别人找工作，想到很快就是自己，就想自己能否达到能找工作的水平，是这些促使自己思考的。"她开始思考自己的职业规划，开始思考如何做一名合格的中学地理教师。因为在那个时候，她觉得："我现在去当一名教师的话，那完全就是不称职的。我最多就是按照别人给我说的那样去做，做不到有自己的新思路和想法。"这让小美体验到了危机感。

现在马上毕业了，小美对自己教学效能感的判断仍然没有太大变化。"如果现在出去工作的话，肯定是不称职的。我现在不想工作，我觉得我现在不适合，真的不够。"这不能简单地把小美的情况归结为缺乏自信，应该是对自己进行了一个比较全面的衡量之后作出的客观评价。毕竟，自信是需要以能力作为基础的。她认为自己在教育责任感和教学态度方面是"到位了的"，能够认真负责地投入到教学工作，但是，"讲课的技能和知识方面自己还不够，我觉得自己存在的最大问题是教学思维还比较陈旧，没找到新的突破点"。她打了一个比方："就像拿手机看电影，想看完电影，但不知道电量是否能支撑把电影看完。"小美反复地强调，"这个我能做得很好"，只是他对自己的能力还比较怀疑。

我们运用俞国良等开发的教师教学效能量表（27 个项目，满分 135 分）对小美的教学效能进行测量（俞国良，辛涛，申继亮，1995）。小美的教学效能得分为 87.00，得分率 64.44%，每个项目的平均值为 3.22。其中，一般教育效能感的均值为 3.30，个人教学效能感的均值为 3.24。由此可见，小美的教学效能并不能令人满意，这与她的自我判断是基本吻合的。尽管小美只是众多职前教师中的一员，但她究竟能够在多大程度上代表全体职前教师的教学效能情况，还不能确定。但是，至少她能够触发我们去反思。应该说，很少会有人在该问题上表现出盲目的乐观。

五、对教师教育有效性的理性审视

师范院校的师范专业以培养中小学教师为目标，"我学会当教师了吗"是师范生和社会各界衡量教师教育有效性的核心问题。通过对小美的案例研究，折射出了教师教育的一系列问题。通过前文的分析，教师教育应当以培养教育家型教师为目标，以基于网络联盟的教师教育共同体为途径。就现实来看，教师教育并没有达到这一目标，甚至师范毕业生难以具备基本的胜任力，教师教育共同体的建设也并不理想，没有有效地促进教师教育质量的提升。如何让教师教育更有效？这是教师教育改革与发展的核心问题之一，也构成了我们探讨学科教学论教师专业身份的重要逻辑起点。

其一，强化师范生的"准教师"身份认同。身份认同是职前教师对专业自我的建构过程，也是发自内心地对成为教师的学习过程、未来使命的内在价值与情感体验的判断和认可（赵明仁，2013）。在大学的前两年，小美只知道自己是"大学生"，"师范"并没有对她产生实质性的影响。直到大二暑假时，她开始逐步认识到自己的"准教师"身份。在大学的后两年里，对"准教师"这一身份的认同很不稳定，尤其是在报考研究生的时候，表现出逃离教师身份的倾向。在教师教育大学化的背景下，师范专业为自身存在合法性进行辩护的重要逻辑之一，就是能培养出热爱教育工作的中小学教师。从小美的情况来看，事实并非如此。在这四年里，她对自己的"准教师"身份要么是不知的，要么是彷徨的。而在这一过程中，对于师范院校的影响，她是"不清晰的"。教师身份认同是影响职前教师学习，以及今后职业生涯发展的一个重要因素，只有当他们认同了自己的"准教师"身份后，学习过程才会表现出一个主动建构的过程，否则，就会对大学教师的那一套灌输模式持有强硬的排斥立场。教师教育自然就是无效的，因为那些知识进入职前教师主体世界的大门被他们自己关上了。小美正是意识到自己的"准教师"身份以后，在师范专业的学习才从自发变成自觉，才会主动去寻找教学实践的机会而不是一味地等待学校的安排。这种身份认同的变化构成了小美四年本科教育的转折点。

其二，建构师范生的"主体性"教师知识。一般认为，一名中小学教师应当具有学科知识和教育知识。对教师知识结构这两类知识重要性的不同回答，构成了"教师作为学科专家"和"教师作为教育专家"的立场之争。作为一种文化迷思，它（即教师作为学科专家）塑造了公众对理想教师的形象，成为实习生确认自己是否具有教师必备素质的标准（张玉荣，陈向明，2014）。小美将几乎全部的时间和精力都用在学科知识的学习方面了，"因为专业课确实有那么重要，就像煮饭要粮食储备够一样"。这些学科知识从大学教师那里或教材上被搬进了小美的大脑——"堆在那里"，而那些教育知识几乎都没有进入过小美的大脑，还是"堆"在教材上。对于当教师来讲，知识的有效性问题比有用性问题更有价值。学科知识是中学教师的教学内容，这会比较明显地让教师觉得它们是有用的，也是有效的。教育知识不是中学教师的教学内容，这会让他们误认为是无用的，至少是无效的。如果这样的论证是成立的，那么，师范专业还有存在的必要吗？师范生和非师范生还有什么区别呢？师范生不过是多浪费了一些时间去学习那些他们认为无用也无效的教育知识。严格地来讲，师范生所学的教育知识也是学科知识——教育学科知识。这些学科知识是客体性、理论性、外显性的公共知识，而真正能够对教师工作发挥作用的是主体性、实践性、默会性的教师知识。实践性知识通常呈内隐状态，基于教师的个人经验和个性特征，镶嵌在教师日常的教育教学情境和行动中，深藏在知识冰山的下部（陈向明，2009）。教师知识需要公共知识，但又不止于公共知识。教师教育给师范生安排大量的公共知识，但没有充分关注到师范生的教师知识。在师范生的知识结构里面，堆满了学科专业知识，放逐了教育专业知识，缺失了教师知识。教育理论教学缺乏实践的支撑，教育实践教学缺乏理论的指导，教师实践性知识无法生成，教学实践沦入常识性的经验模式。当我们给职前教师灌输大量的公共知识时，其唯一的作用是帮助他们建构自己的教师知识。这只有职前教师自己才能完成，教师教育的作用主要体现在激发和引导上。

其三，优化师范生的全过程实践体系。如何搭建教育理论与教育实践之间的"桥梁"，是师范专业面临的最严峻的挑战。对于小美来说，教育理论是悬在空中的，根本没有落到实处，也就不会把教育理论的学习当回事。然而，教育实践环节也并不乐观。一方面，教育实践的机会很少。学校在大三时组织她们去见习过一次，在大四时组织她们去实习过一次。小美多次提到在见习和实习中的所见所闻会触动自己去思考"如何当教师"。除了学习那几门"空洞"的教育理论课以外，大学的前两年与师范之间似乎没有什么联系，她们远离中小学教育现场。大四的教学实习也是非常"灵活"的，不愿意去参加实习的同学也可以很容易地过关。假如小美自己不去寻找见习和实习的机会，那么，她这几年与中小学课堂教学之间几乎就是绝缘的。另一方面，教学实践缺乏有效指导。试讲是在没有教师指导的情况下，由职前教师展开的互助式学习。在教学实习和见习中，无论是中学还是师范院校的指导教师，对职前教师进行的教学指导都非常少。师范院校安排的带队教师往往只承担管理职责，职前教师一般认为他们根本不具有教学指导的能力。中学指导教师一般对职前教师的教学实践并不用心。要提高职前教师教学实践的实效性，师范院校需要建立贯穿大一到大四的教学见习与实习体系，让他们在整个学习过程中都能够和中小学保持密切的联系，能够从教学现场获得教学经验。与此同时，师范院校需要建立一支专兼结合的教学实践指导教师队伍，帮助职前教师有效地建构属于自己的教师知识，真正沟通教育理论与教育实践。"在教师教育中，不管是外显理论的教学还是师徒制的培训中都必须关注默会知识的作用以及默会知识与显性知识的协同，只有这样才能使理论学习与实践训练相互补充、融合，摆脱二者脱节的现象，也才能提高理论教学和师徒制的效果。"（鞠玉翠，陆有铨，2004）也就是说，教师教育要将教育理论与教育经验在实践教学中有效整合，进而生成具有主体性、实践性、默会性的教师知识和智慧。

总之，影响教师教育有效性的因素是复杂多元的。但我们认为，学科教学论教师必然是其中一个重要的影响变量，促进学科教学论教师专业身份认同，是提高教师教育有效性的重要策略之一。无论是强化师范生的准教师身份认同，建构师范生的主体性教师知识，还是优化师范生的全过程实践体系，都离不开学科教学论教师的主动参与和积极作为。

第二章

学科教学论教师专业身份的实践基础

所有职业都是社会分工的产物,这种"分"的思维方式也反映在分科课程组织模式之中。要成为一名合格的中小学教师,不仅需要扎实的学科专业知识、教育专业知识,更需要整合学科专业知识和教育专业知识的学科教学知识,以节约受教育者在知识建构过程中的交易成本。这正是学科教学论教师专业身份的价值体现。从国家教师资格考试制度的改革进程来看,中小学教师专业发展一体化需要教师教育机构为中小学教师提供持续性的专业支持,认同与建构学科教学论教师的教师教育者专业身份具有充分的合理性。但是,在教师教育大学化之后,学科教学论教师面临着专业身份之惑,也遭遇到大学制度环境中的学术生涯之困。实际上,学科教学论教师的"专家"身份遵循着独特的实践逻辑,而非学科专业教师的理论建构逻辑。

第一节
社会分工视野下的传统教师教育之弊

　　社会原本就是一个统一的巨系统，教育只是其中的一个子系统，对教育活动的认识必须首先将其放到社会巨系统中去理解。按照唯物主义的观点，物质生产活动是整个社会活动的基础，经济领域的社会分工也就是理解整个社会分工的起点。人类社会发展史表明，经济领域的社会分工是发展社会生产力的重要动力，知识领域的社会分工是促进知识体系增长的重要途径，相应地，教育领域的社会分工也是保障人才培养效率的重要机制。学科教学论教师是大学教师，同时，他们也是承担着培养中小学教师这一独特专业使命的大学教师。为此，学科教学论教师应专职于教师教育，这是教师教育领域社会分工的必然要求。

一、生产分工与社会发展

　　生产活动是人类赖以生存的基础性活动。在生产领域，分工是提高生产力、促进经济发展的重要力量。亚当·斯密（A. Smith，1723—1790）将社会分工作为理解经济活动过程的重要切入点，第一次对社会劳动分工进行了系统的研究。他在《国富论》中以"制针工厂"的生产过程为例，详细说明了分工是如何改进生产效率的，并指出："劳动生产力上最大的改良，以及在任何处劳动或应用劳动时所用的熟练技巧和判断力的大部分，都是分工的结果。"（亚当·斯密，2009）马克思和恩格斯（1972）高度评价、继承与发展了亚当·斯密的社会分工理论。马克思在《德意志意识形态》中指出："一个民族的生产力发展的水平，最明显地表现在该民族分工的发展程度上。任何新的生产力，只要它不是迄今已知的生产力单纯的量的扩大（例如开垦新的土地），都会引起分工的进一步发展。"社会分工与生产力发展之间构成了辩证运动的关系。一方面，社会分工能够推动生产力的发展水平；另一方面，生产力的发展又能够促进社会分工的进步。马克思不仅指出了社会分工与生产力之间的辩证关系，而且在《资本论》中提出了"社会分工制度"（system of the social division of labour）概念。马克思（2004）说："单就劳动本身来说，可以把社会生产分为农业、工业等大类，叫做一般的分工；把这些生产大类分为种和亚种，叫做特殊的分工；把工场内部的分工，叫做个别的分工。"社会分工制度不仅包括企业内部的分工，也包括在整个社会范围进行的社会分工，如人类历史上的三次社会大分工。有学者基于社会分工演进的视角，在对马克思主义的社会分工理论进行深入研究的基础上得出结论："在当代，'社会分工制度'包括社会内部分工、企业内部分工和'企业社会性分工'这三种基本形态。"（钱书法，李炳炎，崔向阳，2011）社会分工促进生产力发展的经济价值得到当今学术界的普遍认同。正如有的学者所言："如果说分工和专业化与生产率的关系具有定理的性质，那么在大多数经济学家那里，这个'定理'受到了公理的待遇——他们认为没有讨论的必要。"（盛洪，1994）由此可见，自进入机器化大生产时代以来，生产分工的经济价值得到了越来越充分的证明。生产分工通过促进劳动者工作的专门化来保障劳动生产效率，它与生产力之间的关系得到普遍认可。甚至可以断定，没有生产分工，就没有生产力的巨大发展。

生产分工是整个社会分工体系的基础。生产分工不仅能够促进生产力的发展，也具有改进生产关系的意义，此即社会分工的二重性。马克思和恩格斯（1972）说："分工发展的不同阶段，同时也就是所有制的各种不同形式。"社会分工、生产力和生产关系彼此之间紧密地联系在一起，社会分工是生产力和生产关系变革的动力因素，它们也对社会分工发挥影响作用。物质生产领域是诞生社会分工理论的母体，社会分工这一社会现象却伴随着人类社会始终。即使在人类社会早期，人与人之间也必然存在不同程度和形式的社会分工。社会分工不仅具有经济学的意义（主要是改进社会生产方式），而且具有广泛的社会功能。埃米尔·涂尔干（E. Durkheim，1858—1917）专门对社会分工的社会功能进行了深入研究。他说："如果分工没有发挥其他的作用，那么它不仅不具有道德属性，而且也不具有自身存在的理由"，"事实上，分工所产生的道德影响，要比它的经济作用显得更重要些；在两人或多人之间建立一种团结感，才是它真正的功能"（涂尔干，2000）。从历史唯物主义的视角来看，在形成社会分工以前，人们是以独立个体或家庭为单位从事生产活动的，彼此之间只存在稀松的联系甚至是隔绝的。这样的生产生活环境使人与人之间的社会性被大大地消解，这在很大程度上背离了人是社会实践性存在者的本质属性。因为在实质上，人是一切社会关系的总和。恰恰是在生产领域的大分工产生以后，人与人之间的联系变得比历史上任何时期都更加紧密。当然，这并不意味着分工就是没有弊端的。尽管从社会生产的角度来看，生产分工能够形成专业化优势，也能促进人的社会化，但是，从个人全面发展的角度来看，似乎又会存在种种悖论。

二、学术分工与知识创新

知识（knowledge）的本义是知道（know），从这个意义上讲，对实践对象的所有认识都可谓知识，包括感性知识和理论知识，也可以作出个人知识和公共知识的区分。但是，不是所有的知识都够得上真理标准。就真理而言，也有绝对真理和相对真理之分。根据现代科学哲学的观点，科学理论不是绝对真理，而只是可错的假说，知识增长的过程即为证伪过程。波普尔（K. R. Popper, 1902—1994）说："我所想到的科学知识增长并不是指观察的积累，而是指不断推翻一种科学理论、由另一种更好的或者更合乎要求的理论取而代之。"（波普尔, 2003）以科学知识为典范的理论知识是可错的，经验知识更是可错的，但这并不构成抛弃知识的充分理由，知识依然对实践具有重要的指导作用。"人类的实践是以知识为基础的，实践就是知识参与下的实践，实践的程度和范围是受着人类知识状况制约的。"（石中英, 2001）我们似乎不应该用二元论的思维方式来思考真理问题，而应该采取连续性的思维方式——在多大程度或概率上具有真理性。即使是一个文盲，其个人知识也可能具有一定的真理性，即使是在学术界达成共识的东西，也可能会出现错误。达尼埃尔·谢赫特曼（D. Shechtman, 1941— ）在 20 世纪 80 年代初提出"准晶体"的时候，受到晶体学界以鲍林（L. C. Pauling, 1901—1994）为代表的学术权威的普遍质疑和批判。因为按照当时的知识理论来看，谢赫特曼的观点是完全站不住脚的，但是他的创新最终获得了 2011 年诺贝尔化学奖。我们每个人都应该对知识保持虔敬之心，每个人都拥有发现真理的权利，对真理的追求也永远没有尽头。这可谓知识的民主主义观点。在知识积累越来越发达的信息时代，知识生产的民主化和精英化趋势同时存在。不可否认的一个事实是，由于知识精英专业化的优势，往往在发现真理方面具有重要的基础性作用，从而塑造了一个更加具有真理性的知识世界。

波普尔曾经提出了三个世界的理论：世界 1 是客观的物理世界，世界 2 是主观的心理世界，世界 3 是客观的知识世界。客观知识世界是思想的内容，既不同于世界 1 是思想的纯粹对象，也不同于世界 2 是思想的心理过程。波普尔（1987）说："我们可以设想，在人类灭亡以后，某些书籍或图书馆可能会被某些我们的文明后继者发现,不论这些后继者是文明化的地球动物还是某些天外来客。这些书籍可能被译解。"如果我们接受波普尔的观点:存在一个独立于世界 1 和世界 2 之外的客观知识世界,那么,客观知识世界是如何建构起来的?——社会分工。在人类社会早期,知识体系(即"客观知识世界")并不发达,其组织问题没有显现出来。所有的知识都可以用老子《道德经》中所运用的"道"或儒家以忠恕为核心的"仁"来统摄,哲学是知识世界的主体。也就是说,在知识世界还很贫乏的时代,知识往往以哲学的化身出现,它以"一"统摄了"多"。如此一来,学术活动也就不需要分工。但随着人类社会实践的发展,大量学科从哲学母体中分化出来,并在分支学科中不断生长出新的次级学科,学科知识体系变得越来越庞大。知识世界的规模和结构都发生着巨变,简直就是爆炸式的增长。在此背景下,无论是传播知识还是创造知识,其难度都变得越来越大。因此,就知识创新而言,学术分工不可避免。

学术分工表现为知识的学科组织体系。我国《学位授予和人才培养学科目录(2011 年)》在原目录 12 个学科门类的基础上新增了"艺术学"门类,一级学科由 89 个增加到 110 个。学科分化是知识发展的趋势和要求,在一级学科下,还存在大量二级学科。以教育学为例,在教育学学科门类下有教育学、心理学和体育学三个一级学科,教育学一级学科下设教育学原理、课程与教学论、教育史、比较教育学、学前教育学、高等教育学、成人教育学、职业技术教育学、特殊教育学、教育技术学。除管理角度的学科门类设置以外,教育学各分支学科本身已形成了一个庞大的知识体系。教育学各分支学科都极力在学科制度中建立或提升本学科的学科地位。新兴学科大力推进学科建设,如教师教育学科。朱旭东等(2007)认为,教师教育学科建设的根本是"在教育学一级学科下建立教师教育的二级学科"。2006 年年底,在南京师范大学召开的"全国教师教育学科建设研讨会",明确"教师教育学科建设是在'教育学'一级学科框架下,新建一个侧重研究教师教育实践问题、探索教师专业成长规律、具有鲜明实践导向性的二级学科"(杨跃,周晓静,2007)。而已经得到制度认可的学科则极力提高自身的学科地位,如高等教育学科。张应强等(2010)认为,"将高等教育学列为教育学的二级学科已不能适应高等教育学学科知识发展需要,高等教育学需发展成为独立于教育学的一级学科"。随着知识世界的发展,尽管在知识的运用方面出现综合化、跨学科的趋势,但知识生产、保存和传承要求知识世界要有越来越精细化的社会分工。教育学科如此,其他学科也概莫能外。学术分工促进了知识生产,同时,也增加了进入学术领域的学科壁垒。不同学术部落之间"老死不相往来",学术视野就会变得越来越狭窄。由此,便存在着导致"学术圈"故步自封的隐患。学术分工促进了学术的大繁荣,殊不知大繁荣的背后却是危机重重。

三、教育分工与人才培养

社会分工不仅体现在经济领域和知识领域,而且体现在教育领域。教育领域的社会分工主要表现为分科课程、专业设置和教师分工。课程是教育的核心元素和基本单元,是所有教育活动中最重要的载体之一。无论是从教育的起源,还是从当下的教育改革来看,知识学习都应该是课程设置和教学过程中最重要的内容。石中英教授指出,知识传承是教育最重要的使命,但如今在"素质""能力"等概念的渲染下,知识在教育中的地位被弱化。"过去教育的弊端不能完全归于对掌握知识的强调,今天的教育改革也不应是弱化知识与教育的关系,而是应重新思考知识与教育的关系,重新思考什么知识最有教育价值。"(石中英,2001)也就是说,课程的重心始终是知识学习,问题只在于学习什么知识,以及如何学习知识。教育领域中的知识不同于一般意义上所讲的知识概念,而是一种被选择与重组之后的教育性知识即课程。虽然人类实践是个不可分割的整体,但在将人类历史上积累下来的分科知识传递给下一代的教育过程中,课程的分科是比较理想的选择。即使在古代,也是如此,如古希腊的"七艺"(文法、修辞、辩证法、算术、几何、音乐、天文学)和中国春秋时期的"六艺"(礼、乐、射、御、书、数)。无论如何强调课程的重要性都不算过分,但是,始终应当抓住一个核心问题——课程如何促进人的全面发展。现代社会的课程体系比之古代更加庞大,除了以知识为主的课程之外,还有一些其他类型的课程,如中小学的综合实践课程、教师教育专业的教学实践课程等。如果没有课程的划分,那么,教育将是很难有效组织起来的。

高等教育中的专业既是对社会生产领域职业分工的因应,也是分科课程重新组织的结果。高等教育培养的人才最终要接受社会职业岗位的检验,其教育组织过程的重要依据之一,便是社会生产领域中的职业岗位要求。就当今社会的知识世界总量而论,任何人都只能在某个领域来建构自身的知识体系,而不可能成为百科全书式的通才。为了适应职业意义上的专业需求,教育领域的专业实质上就是一系列被重新组织起来的课程体系。美国高校的"专业"或称"主修"(major)就相当于一个培养计划或课程体系,学生可以在学校的指导下自主设计自己的课程选修计划，修完相应课程即可获得某个专业的毕业证书。因而，不同专业之间形成了社会分工，在专业内部的课程之间也形成了社会分工。

课程和专业的分工最终体现为教师的劳动分工。古代教育虽然有课程分科，但没有明确的专业和教师分工，教师就是一个"学术通人"（周浩波，1999），他承担不同年龄的所有学生的所有课程的教学任务。随着社会的发展，这一现象逐步有所变化。在中世纪的大学中，出现了最初的四大传统专业（文学、法学、神学和医学）。到了近现代社会，整个教育体系中课程、专业和教师的分工越来越精细化。在高等教育领域，新的课程、专业和学科不断涌现，进而也就产生了承担新职能的教师。这种分工不仅存在于高等教育领域，而且延伸到整个教育体系。在小学教育阶段，在 20 世纪 80 年代，一个班级的所有课程都由一位教师来完成。如今，语文、数学、英语、科学、品德、音乐、美术、体育等课程均由不同的教师来承担。教育领域的社会分工不仅限于课程、专业和教师的分工，还存在着其他职能的社会分工，如教学、管理、后勤之间的分工，等等。总之，社会分工是保障教育系统有效运转的重要机制，尽管对其弊端的认识还没有引起我们的足够重视。

四、社会分工与交易成本

社会分工的最大优势是获得专业化带来的高效率。经济学假设人是理性的，理性的人总是希望能够最大化其收益。最大化收益需要以尽可能低的单位成本获得尽可能大的收益。如果让一个人从事不同的工作岗位以完成一个完整的产品生产流程，那么，他需要学习不同岗位的知识、技术与能力，这首先增加了教育成本。由于不断的岗位变换，操作熟练程度不够并且容易出错，从而导致单位时间的产出不高。只有通过社会分工带来专业化的优势，才能有助于提高劳动生产效率。对于这一点，亚当·斯密在《国富论》中运用"制针工厂"的例子作出了详细的说明。社会分工所带来的专业化优势不仅仅限于劳动生产领域，在知识生产、保存与传递和教育运行过程中，都能够深切地体会到。面对一个庞大的知识世界，如果不分工，根本无法组织生产，教育过程也无法展开。

社会分工不仅带来了专业化优势，同时也会产生交易成本。分工与交易（或交换）是一对孪生兄弟，有了社会分工，就必然会产生交易的需要。社会分工使不同的社会主体生产不同的产品，并且具有自身的比较优势。这当然有利于整个社会生产力的提高，也能提高自身的劳动生产效率。但是，完整社会生活所要求的产品丰富性产生了对其他产品的交易需要。在一个理想的完全自由竞争的市场上，交易是被假定为是零成本的。但是，如果交易是零成本的，那么，为什么还需要组织呢？新制度经济学的代表人物科斯（R. H. Coase，1910—2013）在其著名论文《企业的性质》中提出了交易成本（transaction costs）的概念，交易是会产生成本的。威廉姆森（O. E. Williamson，1932— ）将交易成本在经济学中的作用形象地比作"物理学中的摩擦力"（奥利弗·E. 威廉姆森，2002）。因而，社会分工可能会带来生产上边际收益增加，同时，也可能会引起边际交易成本的增加。

教师教育是社会分工体系中的一个组成部分，它承担着培养教师的社会职能。教师教育内部的社会分工是教师教育正常运转的重要保障。在目前四年制本科师范教育人才培养方案中，学科专业教师、教育专业教师与学科教学论教师之间的专业分工是必要的。一名优秀的中小学教师需要建构一个复杂的知识结构，其中主要包括学科专业知识和教育专业知识。在不同类型的知识被建构到主体知识结构的过程中，会产生交易成本，从而降低学习的质量和效率。学科教学论教师专业身份的存在价值正是要帮助学习者有效整合学科专业知识、教育专业知识、情境性知识等，从而降低学习的交易成本，提高学习质量和效率。

教师教育是分学年、学科和课程来实施的。一般来讲，职前教师教育专业的课程结构由通识课程、学科课程、教育课程三大模块构成，在教育课程模块中包含教学实习，在学科课程和教育课程之间还存在少量的学科教学论课程。每个课程模块中又包含有数量不等的具体课程，所有这些课程被分配到四学年中进行学习。也就是说，职前教师的知识建构过程在共时性上是分科的，在历时性上是分段的。这里就潜藏着两个基本假设：①不同分科知识在主体的知识结构中能够自动整合而不会产生交易成本，即使有交易成本也是可以忽略不计的；②某学期学习完成的课程知识在通过期末考试后，就意味着已经掌握好了这部分内容。如果这两个假设是能够成立的，接受过教师教育的职前教师就能较好地胜任教师工作，但大量研究都表明了对这两个假设的质疑乃至否定。有研究结论表明，处于职业生涯初期的教师在学科知识和学科教学知识理解及课堂教学特征方面，与专家教师存在着显著差异（李琼，2009）。美国学者 Massey（2004）通过对三名初任语文教师的研究发现，初任教师缺乏把教学法知识整合进课堂教学的能力。

传统教师教育不尽如人意的关键正在于其分科、分段的特征与教师教学实践的整体性之间的矛盾。分科分段的教师教育课程模式在本质上是"碎片化"的，如果这种"碎片化"的知识未能有效地整合进职前教师的知识结构中去，知识遗忘规律的作用会把大量"碎片化"的知识拒之门外，等到职前教师进入教学实践的时候，所剩下的就只是学科知识碎片并根据长期受教育的"前见"和常识进行教学，教师的专业性根本无从体现。这一结果的根源在于，碎片化的知识遭遇到了完整的教学实践。在生动的教学实践中，教师作为一个完整的人，必然是知、情、意、行、志在每一个时点上整体性地投入到与学生的交往活动之中。在此种情景下，教师的各种知识与能力、理性与情感都是浑然一体的。这与分段分科的教师教育形成了鲜明的对比，因而在教师教育中急需一种整合的策略。在知识的层面上，除了学科专业知识和教育专业知识之外，学科教学知识具有异常重要的作用。"各种教师知识在区分优秀教师与普通教师的过程中所起的作用不同，在这些知识中学科教学知识所起的作用最大。"（韩继伟，黄毅英，马云鹏，等，2011）教师知识结构中的所有知识真正在课堂上发挥作用的时候，都是以学科教学知识的形态存在的。"学科教学知识将特定的学科内容与学生思维、学习特点结合起来，体现了教师的专业独特性。"（李琼，2009）因此，学科教学论教师在教师教育中承担着促进教师知识整合的关键职能，强化学科教学论教师的专业身份是促进教师专业发展的重要策略之一。

由此可见，社会分工理论和交易成本理论为学科教学论教师专业身份的认同与建构提供了重要的理论支持。学科教学论教师是专业的教师教育者，他们发挥着节约学习者知识建构交易成本的功能。

第二节
教师资格国考背景下的教师教育之忧

教师资格制度是保障教师质量的重要机制，也应当发挥对教师教育的指挥棒作用。在 2010 年以前，我国的教师资格制度与教师教育之间是脱节的。2010年之后，国家教师资格考试制度（简称"国考"）与教师教育制度之间的鉴定关系逐步得到确立。这对教师人才培养质量提出了更高的要求，师范院校只有主动改革，才能适应新形势的要求。就师范生来讲，原来自然获得教师资格的特权被取消，只有更加努力地投入到专业学习中，为自身专业发展打下坚实的基础，才能取得从事教师职业的资格。

一、教师资格制度与教师质量保障

改革开放至今，中国各级各类教育事业取得了显著成就，其主要矛盾从数量"足不足"转向质量"优不优"，提高质量成为教育改革发展的核心任务。《国家中长期教育改革和发展规划纲要（2010—2020）》要求"把提高质量作为教育改革发展的核心任务"。在全面追求教育质量的过程中，提高教师质量是教师政策的重要取向。诚然，教育质量受到多方面因素的综合影响，教育领域综合改革必是大势所趋。但毫无疑问，教师质量是影响教育质量的重要变量之一。2014年，习近平同志在同北京师范大学师生代表座谈会上的讲话中指出："一个人遇到好老师是人生的幸运，一个学校拥有好老师是学校的光荣，一个民族源源不断涌现出一批又一批好老师则是民族的希望。"[①]教师质量保障就是要让"好老师"不断涌现出来，它是教育质量保障的重要基础，教师资格制度是教师质量保障的重要机制。

任何一种专业都应当具有明确的从业资格要求，即资格制度。教师资格制度，也称教师证书制度，它是国家依据教师职业的法定要求，对教师申请者是否能胜任教师工作进行认证的从业许可制度。依据我国相关规定，中小学教师必须持有教师资格证书才能从事教师工作。1986年，《中华人民共和国义务教育法》规定："国家建立教师资格考核制度，对合格教师颁发资格证书。"1993年，《中华人民共和国教师法》规定："国家实行教师资格制度。"1995年，国务院发布《教师资格条例》。2000年，教育部发布《〈教师资格条例〉实施办法》。2001年，在全国范围内开展教师资格认证工作。至此，教师资格制度法律法规体系基本确立。这一制度有两个基本特点：其一，师范毕业生是当然的合格教师，直接取得教师资格。其二，教师资格证书只是入职门槛并且终身有效。这一制度框架有力地促进了教师队伍建设，但是，随着教育事业的不断发展，其弊端也日益显露出来。有学者指出，原有教师资格制度框架具有过于笼统宽泛、类别等级单一、缺乏评估更新、机械化、技术化等弊端，进而提出一系列的改

---

① 人民网.2014.习近平同北京师范大学师生代表座谈时的讲话,http://politics.people.com.cn/n/2014/0910/c70731-25629093.html[2016-09-12].

革思路（陈向明，2008；李子江，张斌贤，2008）。"中国教师资格制度研究"课题组在对中国教师资格制度进行历史研究和比较研究之后，提出了提升教师资格学历标准、完善教师资格分类、实施国家教师资格考试、强化对申请人教学能力要求、建立定期注册制度等措施（陈兵，2010）。因此，教师资格制度改革势在必行。

　　自 2010 年开始，国家启动教师资格制度改革，逐步在全国推行统一的教师资格考试制度。其一，在政策层面上，教师资格新政策（简称"新政"）逐步确立。2010 年，《国家中长期教育改革和发展规划纲要（2010—2020）》提出："健全教师管理制度。完善并严格实施教师准入制度，严把教师入口关。国家制定教师资格标准，提高教师任职学历标准和品行要求。建立教师资格证书定期登记制度。"2012 年，国务院《关于加强教师队伍建设的意见》（国发〔2012〕41号）强调，"严格教师资格和准入制度。修订《教师资格条例》，提高教师任职学历标准、品行和教育教学能力要求。全面实施教师资格考试和定期注册制度"。2013 年 8 月，教育部发布了《中小学教师资格考试暂行办法》和《中小学教师资格定期注册暂行办法》（教师〔2013〕9 号），这标志着教师资格新政的基本框架得以确立。其二，在实践层面上，教师资格制度改革试点工作有序推进。2011 年，在浙江、湖北两省率先启动中小学教师资格考试改革和定期注册试点。2012 年，增加了河北、上海、海南、广西 4 个试点省份。2013 年，又增加了山西、安徽、山东和贵州 4 个省份。2013 年 8 月，教育部发布了《中小学教师资格考试暂行办法》和《中小学教师资格定期注册暂行办法》，这标志着教师资格新政的确立。到 2016 年年初，北京、河北、山西、辽宁、吉林、上海、江苏、浙江、安徽、福建、江西、山东、河南、湖北、湖南、广西、海南、重庆、四川、贵州、陕西、甘肃、宁夏等 23 个省份已经实施全国统一的教师资格考试。

　　在传统封闭型的师范教育时代，中小学教师的数量矛盾遮蔽了质量矛盾，师范毕业生被自然认定为合格教师而不需要接受检验，教师质量参差不齐。时过境迁，开放化的教师教育体系逐步确立，教师质量问题成为主要矛盾，教师教育的发展迫切地要求建立有效的质量控制机制。在教师资格新政中，取消了师范生的"特权"，所有师范生同样参加全国教师资格考试，教师资格制度和教师培养机构之间形成了一种"鉴定关系"，鉴定所具有的制约性要求教师培养机构的教育项目接受教育行政部门的管理。20 世纪美国教师教育的发展历程也清晰地表明了教师资格认证与教师教育质量之间的紧密关系，教师资格标准是教师教育项目设计与实施的指导，教师资格认证被视作"教师教育评估的过程"。

二、教师资格国考与师范生的响应

按照国家教师资格制度的要求，师范生只有通过国家教师资格考试才能申请教师资格认定，在职中小学教师需要通过每五年一周期注册才能继续执教。这不仅取消了师范生自然获得教师资格的特权，提高了教师职业准入的门槛，而且打破了教师职业终身制，确立了有效的教师职业退出机制。由此可见，教师资格新政在"入口"和"出口"两方面建立了中小学教师队伍建设的质量保障机制。教师资格新政以提高教师队伍质量为政策旨归，但在现实中却使师范生陷入了政策认知上的迷惘，并表现出了对自身处境和前途的担忧。

首先，是对教师资格考试合理性的质疑。师范生认为，他们这三年或四年的大学学习就是以教师为专业的，毕业后却要享受与非师范生同等的"待遇"。且不论教师申请者的专业素质和能力能否"考"得出来，即使国家教师资格考试是有效的，也未必是合理的。如果师范生大学毕业之后无法通过国家教师资格考试，那么，这几年大学学习的意义何在？既然能够考取师范专业且能够顺利毕业但又无法取得教师资格，那么，谁应该对此负责呢？这让师范生感到很迷茫。其次，是对教师资格考试有效性的质疑。师范生认为，虽然笔试能够尽可能地保证客观性，但仅凭一张试卷难以鉴别出深层次的专业素质。尽管面试可以比较全面地考察教师申请者的专业素质与能力，但是又不能排除人为主观因素的负面影响。将笔试与面试进行简单的相加，并不能有效地解决问题。无论多么完备的教师资格考试，都难以有效地鉴别出教师申请者的专业素质与能力。正是由于国家教师资格考试的存在，其笔试的准备有可能变为"题海战术"，其面试的准备有可能是表演式的节目彩排。而在这一过程中，几年师范专业的学习可能发挥不了太大的作用，师范生完全有可能会败北于非师范生。最后，是对师范专业存在必要性的质疑。师范生认为，在实施教师资格新政以后，师范专业的传统优势不复存在，师范专业和非师范专业的区分已经没有什么实质性的意义。一方面，原本师范专业毕业即可自然地获得教师资格，现在却要与非师范生同等参加全国统一考试，这无疑增加了师范生的身体和心理负担即成本；另一方面，与非师范专业相比，师范专业的学术性历来受到社会的质疑。一般认为，一名物理专业的师范生在物理学术水平方面比不上一名物理专业的非师范生。也就是说，一名师范毕业生若不能成为一名合格教师，当他们另谋出路时又面临着职业竞争力先天不足的尴尬处境。这让师范生很悲观。我们认为，面对教师资格新政，师范生要想在激烈的职业竞争环境中立于不败之地，必须在三个方面作出理性的抉择。

其一，认清基础教育发展的新形势，科学规划职业生涯。在"普九"阶段，中小学教师供不应求，教师队伍的入职门槛较低，原有教师资格制度对师范生只有程序性而没有实质性的意义。事实上，在毕业率几乎百分之百的情况下，只要考入师范专业，就意味着取得了教师资格。这种教师资格的自然获得模式具有其历史的合理性和必然性。但是，在"后普九"阶段，在对生师比不做重大调整的前提下，教师队伍基本饱和，教师队伍建设的主要矛盾是提高质量。从教育发展和社会治理的立场来看，教师资格的师范生自然获得模式在以提高质量为核心的新时期根本行不通，迫切需要进行改革。教师资格只会留给那些立志从教又努力为之奋斗并取得卓越成绩的申请者，是否具有师范生的身份已经变得不再那么重要。因此，师范生应当认清教育改革与发展的新形势，科学地评估自身的职业理想与信念、能力与素质，做好人生和职业发展规划。

其二，理解教师资格新政的实质，努力重建专业自信。教师资格新政取消了师范生自然获得教师资格的特权，这必定会让他们感到不适应和不满意，但是，任何抱怨都阻挡不了改革的步伐。无论教师资格制度如何进行改革，其根本的宗旨是不会动摇的，那就是要确保教师队伍建设的高质量。教师资格新政至少有两个方面的作用：一是从更大的范围内选拔适教乐教的优秀人才进入中小学教师队伍，而不会因为是否具有师范生这一身份特征而有所区别。这种开放性的格局有利于提高教师队伍的整体素质。二是对教师教育形成倒逼机制，为师范生和师范院校建立了质量监控机制，迫使师范院校开展学科专业调整、课程设置、质量监控等一系列的改革。师范生不应当对教师资格新政怀有恐惧感，而应当正视国家强化教师专业性的政策立场，准确理解教师资格新政的政策实质。教师资格新政不是要削弱师范专业，更不是要取消师范专业，而是要从根本上强化教师教育的专业性。因此，师范生应当感受到国家和社会对合格教师的热切企盼，努力重建专业自信，不断提高自身的专业素质。

其三，坚持教师资格新政为导向，不断提升专业能力。"师范"二字只赋予了师范生表象的身份标志，而不能直接等同于专业能力和水平。在"普九"时代，社会认可这一身份标志与其职业能力是同一的，但在"后普九"时代，社会对其产生了质疑，从而要求改革教师资格制度，以形成对教师教育质量的有效鉴定。教师资格新政使师范生与非师范生之间由于身份区别而构成的职业壁垒完全取消，是否能够取得教师资格的评价标准在于其能否达到教师的专业素质与能力。对教师资格申请者而言，最重要的是学习成效而非学习经历。实际上，在今日的师范生队伍中，也不乏不学无术的滥竽充数者。这部分师范生拥有"师范"之名，甚至也混得一纸文凭，却与教师专业标准相差甚远。教师资格新政为师范生建立了一套甄别和筛选机制，对师范生能否成为一名合格教师作出区分。如果师范专业毕业生还不具有与非师范生同台竞技的信心和实力，那只能说明师范专业的学习是低效甚至无效的。这自然会给师范生、教师教育者和学校管理者施加寻求改革出路的压力和动力。因此，师范生在专业学习阶段，应当以教师资格新政为导向，不断提高自身的专业能力。

三、教师资格国考与师范院校改革

我国教育体系已经进入了质量时代，标准化是教育质量保障的基本前提。当前教育标准化运动对教学和教师教育的影响比其他任何改革的影响力都要大。朱旭东（2010）认为，教师质量建设的各个环节都应当设置标准，从而形成一个系统化的标准体系，教师资格标准是教师教育的根本依据。高质量的教育应当是公平的，公平的教育应当保障所有教师都能够达到国家规定的最低标准，而这正是教师资格制度的使命。教师资格是教师管理法制化的重要体现，是教师专业地位的基本保障，是教师教育质量保障的重要机制。

教师教育大学化、师范院校综合化是国际教师教育的基本趋势，也是我国师范教育发展的要求。教师教育大学化的实质是大学教育学院的教师教育专业建制，确立教师教育在高等教育中的学科地位，综合大学举办教师教育专业，师范院校也走向综合化。在国际上，美国、英国、日本等的师范教育机构都经历了这样一个转型过程。中国的师范教育自1999年开始走上了大学化转型的道路，师范院校纷纷综合化。但是，转型过程中也暴露出诸多的弊端，这些弊端在相当大程度上削弱了教师教育。这就引出了一个问题：教师教育和师范院校的转型究竟应该怎么转？一味模仿综合大学的"形"，而没有自己的"神"，其结局必败。教师教育大学并不意味着师范院校走向大学、远离中小学，而是要加强师范院校与中小学之间合作伙伴关系的建设。概言之，教师教育大学化所带来的副作用是使部分师范院校的发展道路"误入歧途"，弱化甚至丢弃自身的教师教育传统优势与特色，其越来越不关心基础教育改革，不关注中小学教师专业发展。总之，师范院校在综合化转型过程中，其教师教育内部质量保障机制面临着严重的社会信任危机。在这种背景下，国家推出教师资格新政，无疑是对师范院校的"当头棒喝"。

在教师资格新政中，除了要求师范生参加全国教师资格考试之外，还建立了中小学教师资格定期注册制度，要求中小学在职教师每 5 年一次定期注册。注册条件之一是"每个注册有效期内不少于国家规定的 360 个培训学时或省级教育行政部门规定的等量学分"。当中小学教师供求格局基本均衡时，职前教师教育市场必然逐步缩小，大量师范生将不能从事教师工作。教师资格新政无疑为在职教师教育开辟了巨大市场，而师范院校显然应当抓住这一契机。尽管现在师范院校大多建有继续教育学院，也承担了一些教师培训项目，但是，其专业水准大多需要提升。总之，中小学教师专业发展需要师范院校能够提供专业的职前和在职教育服务，而这也对习惯了传统办学思维和组织模式的师范院校提出了严峻的挑战。

长期以来，教师资格制度与师范院校转型仍然是两条平行的轨道，相互之间没有形成有效的互动关系。教师资格新政对师范院校改革形成有效的"倒逼机制"。在这一"倒逼"之下，师范院校究竟应该如何应对？在教师资格新政的背景下，师范院校不能拘泥于传统思维，实施"传统师范教育+资格考试培训"的模式，而应该是基于对教师教育专业的理解，对教师培养模式进行根本性变革。为保证这一变革的成功，首要的是组织变革。通过组织变革，整合校内外的教师教育资源，确立教师教育专业地位，切实提高教师教育质量。

师范院校的组织变革有助于完善教师质量保障体系。教师资格新政的根本宗旨是促进教师专业发展，核心内容是教师资格考试和教师定期注册制度。相应地，国家建立了教育部教师资格考试中心和全国中小学教师资格定期注册管理信息系统。从质量保障视角来看，教师资格新政的直接效果主要体现在对教师质量结果的监控上，其政策价值的实现离不开师范院校内部的过程质量保障。否则，教师资格新政就很可能落入"应试教育"的困境，掀起考试经济的又一生长点。只有将过程保障与结果监控结合起来，才能切实地完善教师质量保障体系。然而，强化师范院校内部教师教育质量过程保障，迫切要求其组织变革来提供强大支持。

师范院校组织变革有助于提高基础教育教学质量。基础教育是国家发展、教育体系和素质培育的基石，其根本宗旨是应当使每一名学生的素质得到全面发展。在全面深化素质教育的过程中，存在着种种不尽如人意之处，尽管其原因可能是多方面的，但教师专业水平无疑是关键因素。师范院校的组织变革为高校与中小学之间的合作建立了组织机构和配套制度，如搭建中小学教师专业发展平台和教育科研课题合作平台，弥合师范院校综合化转型造成的高校与中小学之间的"裂缝"，致力于全面深化素质教育改革，提高基础教育教学质量。

师范院校组织变革有助于理顺师范院校内部的治理结构。师范院校在综合化转型的过程中，设立了大量的非师范学科、院系和专业，学校内部组织结构原有的协调与平衡在现代大学制度环境中受到不同程度的干扰，教师教育在相当大程度上被削弱。实施教师资格新政以后，如果师范院校不能及时变革组织结构、强化教师教育特色，那么，很有可能会出现师范生不能通过教师资格考试的戏剧性局面。因此，推进师范院校组织变革，有助于师范院校理顺内部治理结构，强化教师教育办学优势，更好地服务于国家发展战略、地方经济社会建设、基础教育改革和教师专业发展。

总之，教师资格国考是完善教师资格制度、提高基础教育质量、促进教师专业发展的需要。它为师范生的专业发展提供了标准，也为师范院校的教师教育改革增强了动力。无论是师范院校还是师范生都应当积极响应、主动适应，才能走在改革大潮的前列。

第三节
教育转型期教师教育者专业身份之惑

教师教育承担着促进中小学教师专业发展的社会责任。在常识教师观的指导下，学科教学论教师的专业身份，是可有可无的。因为常识教师观认为，一名中小学教师只要知道教学内容就足够了，至于教学方法是仅凭常识就能获得的。而在专业教师观看来，学科专业内容充其量只是胜任中小学教师的必要条件。教师专业本质的本体性知识是学科教学知识。在培养教师的教师教育者群体中，以发展中小学教师学科教学知识为己任的学科教学论教师发挥着重要作用。但是，教师教育大学化转型在努力提升中小学教师学科专业"学术性"的同时，却无意中冷落了真正体现教师教育学术性的"师范性"。因而，明确学科教学论教师的专业身份，是高质量教师教育的迫切要求。

一、教师教育促进教师专业发展

教师教育（teacher education）是对师范教育（normal education）的继承与

延续。"师范"这个词语在汉语中早有出现。《法言·学行》说:"师者,人之模范也。"《北史·杨播传论》曰:"恭德慎行,为世师范。"在古代汉语里,"师范"这个词语大体意指学习的榜样,与今天我们所讨论的师范教育大相径庭。作为一种培养教师的教育类型,"师范"却是个外来词,源自英语中的 normal。它由法文 normale 演变而来,源于拉丁文 norma,其本义为"规矩""标尺""模型""标准",引申为"规范"。后来,将 normal 运用到教师培养上来,normal school 就是指师资培养机构。一般认为,normal school 这个概念是在 19 世纪末 20 世纪初转道从日本引进中国的。我们将培养教师的学校称作师范学校,将培养教师的教育称为师范教育。实际上,在英语文献中,只有 normal school、normal college、teacher education,而没有 normal education。长期以来,我们都是将 teacher education 翻译成"师范教育"。李学农(2003)认为,教师教育是一种事实判断,师范教育是一种价值判断,"师范"是教师教育的目的所在或终极追求。朱旭东(2005)认为,我国"师范教育时代"已经终结,在"后师范教育时代"最为紧迫的任务是"教师教育制度重建"。不过,也有一种观点认为,"师范教育"是一包含着丰富的历史文化内涵的概念,"教师教育"不能取代"师范教育"(栗洪武,2009)。尽管如此,教师教育超越师范教育从而取得绝对的话语优势已经是不争的事实。2003 年,原《高等师范教育研究》更名为《教师教育研究》,标志着学术话语体系的转折。2001 年,国务院《关于基础教育改革与发展的决定》首次在国家政策文本中使用"教师教育"概念,"教师教育"进入政策话语体系。2010 年,《国家中长期教育改革和发展规划纲要(2010—2020)》指出:"加强教师教育,构建以师范院校为主体、综合大学参与、开放灵活的教师教育体系",不再使用"师范教育"概念。因而,即使传统师范教育具有宝贵的精神财富,我们也只能是继承与发展而不是保守,师范教育向教师教育转型已成为必然。

任何社会主体的存在都必然要承担特定的社会责任,否则,它就不得不面对失去其本身存在合理性的危机。教师教育是我国教育体系的重要组成部分,从其诞生之初就承担着重要的历史使命。梁启超在《论师范》中说:"师范学校立,群学之基悉定。"(李友芝,等,1984)鉴于师范教育培养教师的重要作用,在我国学校教育体制创建之初,师范教育就在教育体系中获得了独立的地位。1904 年 1 月,清政府颁布的"癸卯学制"规定,师范教育自成系统,独立设置。虽然经过 1922 年"新学制"后的"改大风波"①,但在 20 世纪 30 年代后,逐步回归到独立师范教育体系。新中国成立后,仿照苏联模式,建立起一个独立

---

① 即一股高等师范院校改为大学的潮流。

封闭的师范教育体系。虽经"文化大革命"的破坏，但在改革开放之后，逐步得到恢复和重建。1980 年，第四次全国师范教育工作会议摆正了师范教育在整个教育事业中"工作母机"的地位。改革开放 30 多年来，师范教育逐步向教师教育转型，但其培养教师的核心职能与使命只该加强而不应削弱。《国家中长期教育改革和发展规划纲要（2010—2020）》指出，"百年大计，教育为本"，"教育大计，教师为本"。在知识经济时代，国家、社会和个人的福利增进都必然依赖于高质量的教育。尤其是经历改革开放以来社会主义建设事业的发展，各级各类教育的数量供给已基本满足了人民群众的教育需求，教育事业发展的主要矛盾从数量不足转向质量不高。高质量的教育需要有高质量的教师。当前，我国师资队伍建设的突出问题"由数量满足转向质量提升，执鞭任教的为师者不再以'足不足'的数量为主要矛盾，取而代之的却是'优不优'的质量问题"（王健，2009）。

教师教育的社会责任是促进中小学教师（含幼儿教师）的专业发展，这是教师教育存在的最重要甚至是唯一的理由。随着社会主义现代化建设的不断进步，国家对教育事业的投入逐年增长，中小学的办学条件得到了显著改善，但是教育质量问题依然令人担忧。诚然，教育质量的提升是一个系统工程，但是，教师质量无疑是影响教育质量最为关键的变量之一。原师范教育体系向教师教育转型的原因固然很多，但其中最为关键的一点是克服教师职前教育与在职教育的脱节，促进教师专业发展职前职后一体化。原有职前教师培养系统与在职教师培养系统各成体系，师范教育只负责教师职前培养而不负责在职培训。从责任伦理的视角看，完整的责任包括事后责任与事前责任，事前责任是"作为将来关心某人某事的道德性或法律性义务的责任"，事后责任是"作为对某一过去行为'负责'的责任"（底特·本巴赫尔，2005）。原师范教育实质上只对职前教师承担事前责任，而没有承担事后责任。事前责任主要是一种道德性责任，教师教育者在道义上明白自身对教师的职前培养负有责任。而教师教育培养出来的教师在教育教学工作岗位上的胜任力如何，教师教育部门并不对此承担事后责任。师范教育向教师教育的转型要求其实现职前培养和在职培训一体化，对中小学教师提供终身的、持续的专业发展支持。这是教师教育的社会责任，也是教师教育存在合理性的根本辩护。

二、教师教育大学化的转型之路

教师教育大学化（universalisation of teacher education）是欧洲教师教育联

合会在 20 世纪 90 年代初提出的一个概念，它表征着教师教育在整个教育体系中逐步达到大学本科及以上水平的过程。教师教育大学化直接体现为教师培养机构从师范学校、师范专科学校、师范学院过渡到在现代大学中设置教师教育学院或教育学院。朱旭东（2004）认为，"教师教育大学化的实质是大学教育学院的教师教育专业建制"。原先独立的师范教育体系逐步走向开放，原来以专业学科为主的师范专业模式过渡到真正的教师教育专业建制。虽然"教师教育大学化"是最近 20 年左右才提出的概念，但是西方发达国家早就经历并基本完成了这一过程。以美国为例，19 世纪末至 20 世纪初，一大批综合大学通过合并或新建的方式承担起教师教育的历史责任，如纽约大学（1890 年）、哥伦比亚大学（1898 年）、芝加哥大学（1904 年）、哈佛大学（1920 年）都在这期间介入教师教育（刘静，2009）。大学设置教育学院之后，形成了独立师范教育机构与综合大学共同举办教师教育的开放化体系。到 20 世纪 60 年代，三年制师范学校在美国已不复存在，独立师范学院已所剩无几。到 20 世纪 70 年代，美国师范学院向州立学院和州立大学的转变最终完成，这标志着美国教师教育一个时代的终结（祝怀新，2007）。1998 年，在美国教师教育大学校长特别工作小组制订的方案《把握未来：改变教育培养方式，大学校长行动方案》中提出：大学校长必须担负起领导责任，教师教育应当成为大学的中心任务之一。美国是西方发达国家的典型代表，其他国家也大致经历了相同的发展历程。例如，到 20 世纪 80 年代，在英国已经不存在独立的专门培养教师的机构，采取的是非定向的教师教育制度（黄崴，2003）。教师教育大学化已成为世界教师教育发展的一个基本趋势，中国已经进入到这一进程之中。

在中共中央、国务院《关于深化教育改革全面推进素质教育的决定》（1999年）和国务院《关于基础教育改革与发展的决定》（2001 年）等一系列文件中，明确了建设"以现有师范院校为主体、其他高等学校共同参与、培养培训相衔接的开放的教师教育体系"的发展方向。《国家中长期教育改革和发展规划纲要（2010—2020）》再次明确要求："加强教师教育，构建以师范院校为主体、综合大学参与、开放灵活的教师教育体系。"自 2000 年北京大学成立教育学院以来，大量综合大学开始设置教育学院或称教育科学研究院等，如厦门大学、华中科技大学等。2010 年，73 所教育硕士招生单位中有 32 所综合大学，15 所首批教育博士招生单位中有 7 所综合大学。在综合大学设置教育学院的同时，以北京师范大学为龙头的原独立师范教育机构开启了向综合大学转型的进程。2002 年9 月 10 日，钟秉林校长在北京师范大学百年校庆的讲话中谈到，北京师范大学的发展目标是建设成为"综合性、有特色、研究型的世界知名大学"（钟秉林，2009）。2005 年，原西南师范大学与西南农业大学合并组建西南大学，教师教育被纳入到综合大学之中。在这些部属高等师范院校的带动之下，大量地方师范院校通过合并、升格的途径完成大学化转型。即使校名仍保留"××师范大学（学院）"，实质上仍然是综合大学模式，非师范专业的学生数量甚至超过师范生数量。"在当今中国高等教育体系中，恐怕已难以找到单纯招收师范生的师范院校。"（李学农，2008）由此可见，教师教育大学化已经从政策文本层面落实到教师教育改革的客观实践中了。在综合性大学的制度框架下举办教师教育已是不容争辩的事实，所有教师教育改革的举措都只能在教师教育大学化这一重要前提下进行思考。

教师教育大学化意味着原先独立举办的教师教育纳入到现代大学制度的框架中运行。现代大学制度下的教师教育不再是师范院校的唯一职能，即使保留"师范"名称的高等教育机构也在追逐着综合大学之实，大量非师范专业占据了师范院校的半壁江山。大学的管理制度、机构设置、文化生态都是按照学科来组织和运行的，以创造和传递高深学问为根本的价值旨归。学术逻辑本身要求通过对现象世界的感性认知进行理性抽象，达到对现象世界本质规律的揭示，从而建立起科学世界。也就是说，大学制度的学术逻辑追求科学世界的建构，而教师教育培养中小学教师的实践逻辑本身要求对生活世界的回归，二者的发展路径趋向具有矛盾性。传统教师教育机构在大学化的过程中，总想按照现代大学管理制度和大学文化来重新塑造自身，以期取得与其他专业同等的学术地位，教师教育学科建构的愿望相当迫切。朱旭东和周钧（2007）认为，"在教师教育大学化的背景下，教师教育学科制度建设是一种必然的选择"。王健（2009）提出，"作为专业的教师"是教师教育学学科建设的逻辑起点，进而对其学科地位和学科体系的建构进行了探索。在教师教育大学化后，加强教师教育学科建设具有当然的合理性和必要性，但是，鉴于教师教育鲜明的实践性特征，其学科建设的路径还应该具有自身的特殊性，而不能照搬其他学科的传统发展范式。

大学是否为理想的教师教育环境？对这一问题还存在不少质疑和忧思，如Haberman（1971）曾列举了大学不适宜于承担教师教育职能的 23 条理由，顾明远（2006）对转型之后教师教育被削弱的现实进行了深刻的反思，吴遵民等（2010）对转型过程可能存在的问题与弊端进行了深入剖析。尽管学术界对教师教育大学化的利弊得失存在不同的观点与立场，但是，教师教育大学已然成为教师教育改革的现实。当前，对教师教育改革的所有思考，都应当从教师教育大学化这一基本前提出发。

三、教师教育者的专业身份认同

教师教育者（teacher educator）就是把支持中小学教师专业发展作为自身专业使命的教师，也可称作"教师的教师"（teachers' teacher）。教师教育者包括在大学教师教育机构中承担职前教师培养任务的指导教师、中小学校（含幼儿园）参与职前教师实习指导的合作教师、辅助初任教师实现职业适应的指导教师，以及为在职教师提供继续教育的教师（杨秀玉，孙启林，2007）。一直以来，教师教育者没有受到足够的重视。Lanier 和 Little 认为，"研究如何培养教师与研究如何培养年轻人相比截然不同。教师教育者是什么样的？他们做什么？他们想什么？这些问题在教师教育研究中被系统地忽略了"（胡森，波斯尔斯韦特，2006）。进入 20 世纪 90 年代之后，教师教育者逐步受到重视。在强调教育结果与问责的时代背景下，许多大学的教师教育项目都与中小学之间结成伙伴关系。如此，扩大了教师教育者的范围，部分中小学教师也扮演着教师教育者的角色，但中小学教师对教师教育者的身份认同却存在差异。杨百翰大学的 Korth 等（2009）通过对 4 所中小学校 79 名教育者的调研发现，95%的参与者认同自己的教师教育者身份，5%的参与者并不认为自己是教师教育者。参与者对教师教育者的定义也不同，59%的参与者将教师教育定义为教师的教师，41%的参与者认为教师教育者与一般教育者并无不同。荷兰学者 Lunenberg Hamilton（2008）通过对美国和荷兰两国教师教育者的比较研究发现，美国的教师教育者一般获得课程与教学领域博士学位，具有公立学校的教学经验，经常参与教育研究；而荷兰的教师教育者一般为经验丰富的优秀教师，具有某个任教学科的硕士学位，只有少部分会参与教育研究。美国的教师教育者倾向于把自己界定为教授，荷兰的教师教育者更倾向于把自己等同于教师。教师教育者身份模糊的原因有二：一是教师教育大学化使教师培养责任转移；二是缺乏对教师教育者的专业教育。他们认为教师教育者应该从自己的个人生活史出发，通过模仿与反思去认同与建构自己的专业身份。同时，教师教育者不仅仅是知识的消费者，还应该是集知识的消费者和生产者于一身。教师教育者的专业身份应该是个人生活史、实践性理论和公共知识创造三者的结晶。宾夕法尼亚州印第安纳大学的 Rieg 等（2005）通过对自己从中小学课堂教师、管理者到大学中教师教育者的职业变迁研究，认为要成为一名教师教育者，需要保持与基础教育的紧密联系、持续的专业发展、培养在高校中的领导力、寻求同行前辈的指导等。美国学者 Massey（2004）通过对三名初任语文教师的研究发现，初任教师的教学经历了照本宣科、自作主张和寻求帮助三个阶段。经验丰富的教师能够在规定课程和自主创新之间找到有效的平衡点，但初任教师往往在两个极点上游走而缺乏平衡意识。初任教师也缺乏把教学法知识整合进课堂教学的能力，Massey 在三位初任教师课堂上的现场展示使他们颇感受益。Massey 提出，教师教育者的工作并没有在职前教师毕业的时候结束，大学中的教师教育者要和学校管理者一样为初任教师提供支持。教师教育者与初任中小学教师的合作不仅能够帮助教师超越技术和狭隘视野从而成为问题解决者，也为教师教育者的持续学习提供了一个重要机会。

在社会高流动性的背景下，来自不同文化群体的学习者在同一间教室学习是相当普遍的。如何提高教师教育者培养具有多元文化适应性教学能力的中小学教师是教育领域的研究热点问题。加利福尼亚州参议院的《2042 法案》（SB2042），要求教师教育项目要把培养教师对来自不同文化和语言学生的教学能力作为教师基本认证的必要条件。有学者介绍了加利福尼亚州立大学在 2002年夏季和秋季进行的教师教育者专业发展项目的改革情况，其核心主题是根据 SB2042 的要求，培养出能够在加利福尼亚州面向所有儿童任教的教师（O'Hara，Pritchard，2008）。还有学者对 7 名学习过 "批判的教育学、课程和教师教育" 课程的教师教育专业博士生进行研究，探索在多元文化激烈碰撞的时代，如何培养教师教育者的文化适应性教学能力。多元文化的教师教育项目需要学习者转换习以为常的参考框架，从而实现对不同文化的批判与对话，其培养策略包括：理性与情感相结合的认知模式、对话、选择和运用（Vescio，Bondy，Poekert，2009）。一些西方国家还专门制定了教师教育者专业标准，如美国教师教育工作者协会（Association of Teacher Educators）和荷兰教师教育工作者协会（Dutch Association of Teacher Educators）分别于 1998 年和 1996 年发布了教师教育工作者的专业标准，对教师教育者应当具备的专业资格条件作出了具体规定（李玲，邓晓君，2010）。美国教师教育工作者协会于 2008 年公布了新修订的《教师教育者标准》，该标准分 9 部分：教学水平、文化素养、学术能力、专业发展、项目开发、伙伴合作、公共参与、教师教育专业和愿景（详见附录 1）。

进入 21 世纪之后，教师教育者逐步进入我国教育研究者的视野，这当然是缘于教师教育改革的现实要求。在师范教育时期，师范院校承担着单一的教师培养职能，师范院校的所有教师都可视作当然的教师教育者。但是，在教师教育大学化之后，师范院校承担着多种社会职能，"谁是教师教育者"就成了一个现实的问题。李学农（2008）在中国高等教育学会师范教育分会学术年会上就提出了"谁是专业化的教师教育者"的问题。他指出，师范院校综合大学化转型之后的一个现实是，"师范院校从所有教师都关注师范生的成长，到只有一些教师关注，或只有一些教师只是以部分的精力关注师范生的成长"。教师教育者在所有教育改革行动中扮演着重要角色，但当前教师教育者的身份被遮蔽，谁是教师教育者成为一个现实问题。"在教师职业者的特殊专业素养发展的意义上，专门从事这样一种教师教育活动的教师，我们才称之为教师教育者。"教师教育者应该是"教师专业发展的引领者"或者是"教师专业发展的导师"。教师教育者并不仅仅局限于专门的教师教育机构，还有不少学者主张中小学校长也应该成为教师教育者（阮为文，2005）。

从 2011 年教育部《教师教育课程标准（试行）》规定的 6 大学习领域课程设置来看，需要 4 类教师教育者：心理学教师、教育学教师、学科教学论教师和中小学幼儿园资深教师。中小学幼儿园资深教师与前 3 类教师教育者分别归属于不同的组织机构，本书主要考虑前 3 类教师教育者。李红亚（2010）认为，重塑教师教育者的形象，积极实现从指导型向服务型、从教育理论的传授者向教师发展的促进者的转变，是当代教师教育者赖以生存的立足点。教师是专业人员，教师教育者更应该是专业人员。与中小学教师专业教育的专业发展路径不同，教师教育者的专业发展主要依靠自主发展。吕立杰和刘静炎（2010）认为，自我研究突破了理论教学与实践提高的二元对立，是教师专业发展范式革命的延续，为教师教育提供了新的实践思路。简单地说，教师教育者对自身的教学实践的研究被称为自我研究（self-study）。许立新（2010b）认为，领导力是教师教育者专业素养的重要组成部分。重视教师教育者的领导力建设，对于提高教师教育者的自身素质，培养和造就适应素质教育与新课程改革要求的高素质教师队伍，具有重要的现实意义。东北师范大学杨秀玉和孙启林（2007）对近年国外在教师教育者角色、所面临的压力与挑战、所需具备的专业知识与能力、所需达到的专业标准及其评价等方面的研究成果进行了梳理。李放放和蒋柯（2010）把国外学者对教师教育者职业资质的研究概括为教师教育者功能、专业知识和职业资格标准三个方面。李玲等（2010）对荷兰教师教育工作者专业标准进行了研究。杨跃（2011a）同样指出了当前教师教育者身份认同困境的问题。她认为，改革压力及其对本体性安全感的破坏，以及"教师教育"在大学学术架构中的边缘地位与"夹缝求生"的生存状态，是影响教师教育者自我身份认同的重要因素，并提出要促进教师教育者身份认同，就要充分信任并帮助教师教育者合理减缓改革引致的各种内在压力，提升教师教育的学术品质和地位，构建教师教育专业共同体三大策略。

总之，教师教育者是支持教师专业发展的重要力量。但是，在教师教育大学化转型之后，教师教育者的身份认同出现了危机。

第四节
学科教学论教师的大学学术生涯之困

学科教学论教师作为教师教育者专业身份的背离具有其自身的可理解性。学科教学论教师具有普通大学教师的专业身份，但在现代大学中，完整的学术概念往往被狭隘地理解为探究的学术即科学研究，从而主导着大学教师的专业发展。这使学科教学论教师无意识中偏离了以实践为导向的教师教育领域，在一定程度上忽略了发展教师教育知识的学术责任，使得身居大学的学科教学论教师的学术生涯面临着种种困惑。

一、学科教学论教师的学术身份

大学教师是活动在现代大学场景中的学术人。学术人是指"以传播、应用和创新知识为己任，以发展学术、追求真理为目的的一类群体"（董立平，周水庭，2011）。《辞海》将"学术"界定为："较为专门的、系统的学问"，学术即为系统的高深学问。"大学者，研究高深学问者也"，大学在本质上就是一个从事学术活动的场所。自大学产生之始，大学就承担着传承与创新学术的社会责任，其他职能皆由此派生。"学术是大学发展的内在逻辑，活动在大学中的大学教师以学术的探究与传承为根本旨趣。"（刁彩霞，孙冬梅，2011）美国学者博耶（2003）认为，大学的学术活动主要有 4 种：发现的学术、综合的学术、应用的学术、教学的学术。大学教师是大学学术传承与创新的具体承担者，他们的专业身份是学术人。大学教师作为学术人，其专业身份存在的合理依据也正在于对学术责任的履行。作为学术人的大学教师要坚持不懈地进行学术研究与教学，正如雅斯贝尔斯（1991）所言："最好的研究者才是最优良的教师……只有自己从事研究的人才有东西教别人，而一般教书匠只能传授僵硬的东西。"

学科教学论教师的首要身份是大学教师。如前文所述，教师教育大学化是思考整个教师教育改革的基本出发点，它构成了整个教师教育事业的基本底色。19 世纪前期，西方国家的教师教育（即"师范教育"）主要由中学附设师资培训班承担，目的是培养小学教师，师资班的任课教师就是中学教师。中学师资主要是由大学专业教育的毕业生临时充任，他们往往在没有找到理想的工作之前暂时谋取一份教师职业。无论是中学师资班还是大学专业教育培养的毕业生，都还称不上真正的教师教育。因为它们都不是独立的教师教育形态，而只是其他教育类型的附属品，培养教师的教师也不具有严格意义上的教师教育者身份。后来，产生了独立的师范学校（normal school），教师教育获得了独立的存在形态，教师教育者专业身份也随之产生。此时的教师教育者还只是中等教育阶段的教师，只是由兼职身份转变为专职身份。之后的教师教育就进入了大学化的发展历程，教师教育逐步成为大学的社会责任。西方发达国家在 20 世纪六七十年代基本完成了这一转型。当今中国正处于这一转型期，原"中师、专科、本科"分别对应"小学、初中、高中教师"的"三级师范教育体制"正在消失，基础教育各学段的基本学历均达到本科以上的新教师教育体制正在形成。按照《中华人民共和国教师法》的规定，只有具备合法资格的大学教师才具有活动在大学教学场景中的教育权。教师教育在大学中举办，那么，以学科教学论教师为代表的教师教育者的首要专业身份必定是大学教师。既然大学教师应该是学术人，学科教学论教师是大学教师，那么，学科教学论教师当然要具有学术人的一般特征，否则，学科教学论教师就无法在大学中立足。

二、学科教学论教师的学术使命

在确立学科教学论教师应当具有学术人身份之后，关键的问题是：学科教学论教师应该是哪个专业领域的学术人？发展学术要求对未知世界进行深入的探索，要把最深刻隐晦的客观规律揭示出来，与其他社会成员分享。学术探究的成果当然就不是显而易见的常识，而是高深学问。在达到认识高深学问的探究过程中，学术活动只能分门别类地依照专业领域进行。尤其是在知识总量巨大的知识经济时代，所有的学术人都只能在特定的某个或某几个专业领域中开拓创新，这也正是学科形成的客观基础。

　　学科教学论教师的专业特性决定了他们是具有独特价值的教师教育者，也是专业处境最为尴尬的一类教师教育者。学科教学论教师同样具有普通大学教师的"学术人"身份，但又应该具有不同于其他专业大学教师的显著特征。学科专业教师从事学科专业知识的研究和教学工作，学科教学论教师的专业核心在于引导中小学职前教师和在职教师的专业发展。更具体地说，就是培养教师在中小学课堂上组织学科教学活动的知识、能力与智慧，即教"教"。学科教学论教师专业的价值就在于教教师学"教"和会"教"，这是学科教学论教师具有不可替代的专业地位的根本。为了实现这一目标，学科教学论教师自身必须理解中小学课堂上发生的"教"，并懂得如何在大学进行教"教"。这就要求学科教学论教师必须进行研"教"。因此，学科教学论教师的研究和教学学术活动是围绕教"教"而展开的，这便构成了学科教学论教师专业的核心内容。

　　大学不但是一个学术机构，而且是一个按照学科来进行建制的组织，大学教师必然要把自己定位在一个特定的学科网络的坐标点上，否则，学术便无法发展，大学教师自身的专业发展也不能正常进行。那么，学科教学论教师应该把自己定位在学科网络的何处呢？这正是学科教学论教师获得专业身份的基础性问题。从教师教育历史来看，学科教学论教师一直归属于学科专业学院，学科教学论教师的学术人身份往往只能从学科专业共同体中去寻求和确认。从大学组织模式来看，学术组织与行政组织二者往往是一致的。一个特定的院系行政组织往往对应于一个特定的学术组织，如物理学院之于物理学、化工学院之于化学、心理学院之于心理学、生命科学学院之于生物学等。正是在这个意义上，大学在本质上是一个学科化组织，其传承与创新学术的使命是通过学科化的组织体系来完成的。对于学科教学论教师而言，由于没有属于自己的学术组织，其独立的行政组织便失去了基本的依托，从而处于一种依附状态。从"学科教学论"这个符号便可看出，学科教学论是"学科"与"教学"的交叉。在理论上，学科教学论教师的组织归属可以是学科专业学院，也可以是教育学院。按现行学科制度，学科教学论是教育学一级学科内、课程与教学论二级学科下的三级学科，学科教学论教师也应该归于教育学院而非学科专业学院。但为什么学科教学论教师偏偏长期依附于学科专业学院呢？这首先是缘于一种根深蒂固的教师职业"常识观"。教师职业的常识观认为，只要理解教学内容就可以成为一名合格教师，即美国19世纪盛行的"聪明、受过良好教育"的教师质量假设论（洪明，2010）。这一观念在中国的表现就是大家耳熟能详的"学高为师，身正为范"，认为只要掌握了扎实的学科知识，就一定能够成为一名合格的教师。

在这种教师质量观的主导下，学科教学论教师就只能依附于学科专业学院，其使命只能是学科专业教师的"助手"，其职能只是对学科专业的陪衬，难以获得独立的专业地位。

事实上，学科和学科教学是不同的专业，遵循不同的学术发展逻辑。学科专业学术地位当然是无可厚非的，而学科教学是否具有学术地位就是一个富有争议的问题。"学科教学"的上位概念是"教学"，历史上并不认可教学的学术地位，因而，大学中的学科教学论教师就没有自己独立的学术领地。从美国20世纪90年代以来的高等教育改革来看，自1990年卡内基教学促进基金会前主席博耶的《学术反思》以来，有关学术的观念发生了重大变化。除了发现的学术之外，还有综合的学术、应用的学术和教学的学术。学术概念内涵的变化，对美国高等教育改革产生了深刻影响。其对高等教育的重要程度可与《国家在危机中》之于基础教育的重要性相提并论，当代美国高等教育的每一项改革几乎都与博耶的《学术反思》有关（王玉衡，2012）。如果教学的学术地位在大学得到认可，学科教学就能够获得独立的学术地位，而不需要依附于任何其他学科。学科教学与学科二者本身遵循不同的学术发展逻辑。学科是把研究对象客体化，它遵循物的逻辑。虽然教育学的学科研究对象看起来是人，但在学科研究的过程中，已经将人作为一个待解构的客体了。学科教学建立在真正的人与人之间交往的基础之上，其学术发展遵循实践的逻辑。因而，将学科教学归类于学科专业是不妥的，归类于教育学中的课程与教学论也有失偏颇。学科教学应该拥有自身独立的学术领域，那应该是教师教育。学科教学论教师的教学与研究服务于一个根本的宗旨：传承和创新教师教育知识，其最终目标是提高教师培养质量。

三、学科教学论教师的学术困惑

大学在本质上是一个学术组织，承担高深学问的发现与传递之职能，活动在大学场景中的教师当然应该是学术者。但历来形成的大学学术传统是，被传递的知识即教学内容是学术，而传递知识的过程即教学不被认可为学术。如果教学本身不是学术，教师的专业性就不能成立，培养教师的教师教育就不是专业教育，教师教育者的专业地位也必然会受到质疑。也就是说，在教学不被认为具有学术性的情况下，教师教育者的专业地位是不被大学同行认可的。但是，这些培养教师的人现在又活动在现代大学制度的场景之中，他们如何才能被其他专业的大学教师认可，从而获得自身的本体安全，为自己的存在作出合理性辩护呢？一个最简便的途径是从邻近专业去开垦，而不是建立教学的专业地位。因此，心理学教师发展心理学、教育学教师发展教育学、学科教学论教师发展学科专业，其结果是各类主体缺乏对教学和教师教育专业地位的认同，教师教育者的专业身份被虚空化。

教师教育承担着促进中小学教师专业发展和中小学教育质量改进的社会责任。教师教育大学化转型的初衷在于更好地履行这一社会责任，但事实上弊病丛生，不少知名学者都对此进行了深刻的反思。其中的一个重要原因就在于，教师教育者的虚化甚至缺位。在传统师范院校里，所有的教师都是教师教育者，培养教师是其存在的唯一合法性依据。教师教育大学化、师范院校综合化，改变了这一格局。学科是大学组织制度的核心内容，大学教师普遍具有强烈的通过学术研究提高自身所归属学科的学术地位的冲动。在各种科学研究导向的大学管理制度的综合作用下，原作为教师教育者的学科专业教师更关注学科专业的学术发展，原作为教师教育者的教育学教师更关注教育学的学科建设，谁是在教师教育大学化之后专业的教师教育者，谁来关注教师专业发展的核心内容，即"教"成为一个现实问题。

大学教师是学术人，学科教学论教师是大学教师，因此，学科教学论教师是学术人。学术人都有自己的专业领域，学科教学论教师的专业领域是教师教育而不是学科专业。刘正伟（2005）指出，学科教学论的学科定位是"为教师职业之旅奠基"，培养目标应"由教学技能型教师向反思型教育实践专家转换"。学科教学论的学科定位和培养目标都着眼于教师教育，学科教学论教师的专业身份当然是教师教育者。但是，这一严密的逻辑推论却遭遇到现实中的实践尴尬，学科教学论教师的专业身份定位存在严重的偏离倾向，从而使其专业生活处于一种两难的处境之中。学科教学论教师长期经历着学科专业和教学专业、高等教育与基础教育、教育理论与教育实践之间的"两难"，其职业身份非常尴尬（庞丽娟，齐强，刘亚男，2010）。史晖（2009）从"'我'是谁——身份认同问题；'我'的队伍在哪儿——学术归属问题；'我'该干什么——研究方向问题；'我'的路在何方——出路问题"四个方面对高等师范院校学科教学论教师的"生存困境"进行了深入的考察。也就是说，在实践中，学科教学论教师的现实处境并不如理论分析那样具有逻辑的一致性，而是充满了现象世界的丰富性。学科教学论教师对自身的专业身份缺乏有效的认同。在不同专业归属的斗争中，学科专业取得了绝对的优势，学科教学论教师往往只能接受学科专业的规制，以教学为核心的师范性受到相当程度的削弱。"从事学科教学论教学与研究的学者，不得不用两条不协调的腿艰难跋涉在学科学术和教学论学术两条路上，结果是取得的成果多半是量的积累而缺少质的学术层次的提升。"（陆国志，2006）

从学术上看，学科教学论不同于普通学科，也不同于普通课程与教学论。学科教学论研究面向基础教育实践，以促进中小学教师专业发展为旨趣。它遵循的是教师教育的实践逻辑，应该属于教师教育学的下位学科。只有站在教师教育的体系来思考学科教学论教师的专业身份，才能为其找到理想的坐标点。前文将学科教学论教师的专业身份表述为教师教育者，这是从理论上对学科教学论教师专业身份的集中概括，它体现了我们对学科教学论专业身份的基本立场。学科教学论教师应当将自身的专业身份回归到教师教育者的轨道上来。教师教育大学化之后，学术研究在教师教育机构中取得了统治性的地位，学校管理的方方面面都围绕学术并为了学术，而学术的完整内涵往往被狭隘地理解为发现的学术，教学在相当大的程度上被弱化。在这样的文化生态中，大学教师当然只有在科研方面才能提升自我专业身份的地位。原先以培养教师为旨归的专业教师大多将注意力集中到学科专业的发展上去，教师教育反而备受"冷落"。在大学里，"发现的学术"成为学术的典型范例，而"综合的学术""应用的学术"和"教学的学术"并不被认可为具有同等地位的学术活动。在教育学自身地位都还岌岌可危的情况下，学科教学论教师往往只能向专业学科靠拢而与教育学科渐行渐远，"背离"似成必然。然而，有意思的是，现实既有建构学科教学论的教师教育者专业身份的要求，同时也具有解构其教师教育者专业身份的潜在力量。

不可否认，学科专业知识是作为一名中小学教师所要具备的必要条件。不少综合大学非师范专业的大学毕业生走上中小学教学岗位上同样表现出较高的教学水平，但不能因此而否认"师范性"的价值，只能说明师范院校在职前教师"师范性"培养方面的优势并没有体现出来。甚至可以说，师范院校既没有培养好教师的"学术性"，也没有培养好教师的"师范性"。教师教育需要对职前教师保持与综合大学文理专业同等的"学术性"要求，同时需要在教师如何教的"师范性"方面引起足够的重视。尽管学科专业和教育学专业是教师胜任课堂教学工作之必需，但是，此二者只是前提和基础，作为教师专业更直接的内容是如何教的教师教育专业。从教师教育的立场来看，教师教育领域的"学术性"就是"师范性"，教师教育者的学术活动就是创造和传递如何教的"师范性"。显而易见，在引导教师专业发展的道路上，学科教学论教师具有天然的优势。学科教学论教师的知识结构不是学科专业的，也不是教育专业的，而是学科专业和教育专业的"合金"。因此，学科教学论教师应当是专业的教师教育者，强化其教师教育者专业身份是教师教育大学化转型的必然要求。高质量的教师教育要求建构学科教学论教师的专业身份，为学科教学论教师的专业发展搭建平台。

第三章
学科教学论教师专业身份的理论阐释

学科教学论教师是专业工作者，这一命题可以从两个方面得到论证：一方面，教师专业化不断提升中小学教师的专业地位，促进中小学教师的专业发展成为教师政策的核心理念。既然中小学教师是专业工作者，那么，培养中小学教师的学科教学论教师更应当是专业工作者。另一方面，大学教师是专业工作者，学科教学论教师是大学教师，那么，学科教学论教师是专业工作者。所有专业工作者都应当拥有专业身份，学科教学论教师的专业身份也应当得到"我"与他者的认同。本章旨在对学科教学论教师专业身份的内涵作出较为清晰的界定，对其专业身份认同的基点、对象、主体、性质，以及专业身份建构的关系性、过程性、规范性等特征，进行较为深入的理论阐释。

第一节
学科教学论教师专业身份的内涵

自古以来，中国文化中就有"言意之辨"这一逻辑学的经典命题。一个语词究竟表达何种指称、传递何种意义，只有在特定的语境中才能作出明确的判断。在进行具体的课题研究之初，我们首先需要对"专业""身份""专业身份"这些基本概念进行一番系统的梳理。

一、多学科视阈下的专业释义

（一）对"专业"的词源学理解

《辞源》（1988）对"专业"有两条基本释义："①专门从事某种事业或学业；②专门的学业。"《辞海》（2009）阐明了"专业"的三种意义："①在教育上，指高等学校或中等专业学校根据社会专业分工的需要设立的学业类别。②产业部门中根据产品生产的不同过程而分成的各业务部分。③专门从事某项职业的。"《现代汉语词典》（2003）对"专业"的解释如下："①高等学校或中等专业学校所分的学业门类。②产业部门中所分的各业务部分。"与"专业"对应的英文表达是"profession"。《麦克米伦高阶英语词典》（2003）对 profession 的基本释义如下："a job that need special skills and qualifications to do，especially one with high social status：the medical/legal/nursing/teaching"，即一种需要特殊技巧和资格才能从事的工作，并且往往具有较高的社会地位，如医生、律师、护士、教师这样的职业。

从这些解释来看，汉语中的"专业"与三大领域有关：学术领域、职业领域和教育领域。学术领域的"专业"指特定知识内容在人类知识总体中所属的疆域，相当于"学科"（discipline）。职业领域的"专业"指特定从业者在社会分工体系中所从事的具体业务类型，相当于"职业"（occupation，vocation，profession）。教育领域的"专业"是学术领域与职业领域两种意义上的"专业"

在教育中的结晶，是为了适应工作领域需要，对学术知识进行重组之后确定的人才培养方案，或称课程方案，相当于"主修"（specialty, specialized subject, major）。当大学教授、企业经理和高校学生各自在回答"我的专业是企业管理"时，我们就可以清晰地分辨出"专业"这个语词在不同语境中的意义差别。因为大学教师专业工作（职业领域）的对象主要是不同专业的学习者（教育领域），其内容主要是专业知识与能力（学术领域）的培养。英语中的专业（profession）主要是在职业领域中使用的。本书主要是在"职业领域"的意义上使用"专业"这一概念，但是，由于高等教育的特殊性，不可避免地会涉及另外两种意义上的"专业"概念。

（二）对"专业"的教育学理解

"专业"是高等教育领域中的一个基本概念，我国在新中国成立后借鉴苏联的经验建立起了高等专业教育模式。《教育管理辞典》（2005）将"专业"界定为"高等学校或中等专业学校根据社会分工的需要分成的学业门类"。《教育大辞典》（1991）对"专业"的解释是"中国、苏联等国高等教育培养学生的各个专门领域。大体相当于《国际教育标准分类》的课程计划或美国高等学校的主修"。"大体相当"就意味着二者之间还存在着差别。美国高校的"主修"（major）相当于一个培养计划或课程体系，学生可以在学校的指导下自主设计课程选修计划，修完相应课程即可成为某个 major 的毕业生。这和中国的"专业"不一样，中国的"专业"是一个基层的教育实体组织，它包含了特定的学生组织、教师组织和教育设施，这使得专业成了一个特定的资源投入与产出实体。与实体专业相对应的是国家政府对专业的刚性管理。这种专业教育的组织模式不但把大学教师划归不同的学术部落，而且在大学生心里形成强烈的标签意识，从而导致不同专业之间形成深厚的壁垒，教师和学生的学术活动往往局限于自己所在的专业，彼此之间"老死不相往来"。这显然违背了大学精神的实质，大学（university）的本义是广袤无边、无所不包、相互融通。基于教育与社会之间的互动关系，教育领域的专业划分当然需要与产业领域的职业相衔接，但是，教育不是职业培训，过度强调教育与职业的无缝对接，其后果很可能是对教育的伤害。有学者认为，应该对实体意义上的专业定义进行改革，专业就是"课程的一种组织形式，学生学完所包含的全部课程，就可以形成一定的知识与能力结构，获得该专业的毕业证书"（卢晓东，陈孝戴，2002）。无论这种转变还要多久，至少我们应当看到过分强调专业的实体意义具有重要的内在缺陷性，作出适当的调整是非常必要的。

总之，当前教育学中的"专业"是根据工作领域的社会分工需要，从学术领域中进行知识选择与重组之后所形成的人才培养模式。这种"人才培养模式"的专业被作为一种组织实体，如今有学者倡言学习西方发达国家的经验，从课程计划的意义上重新定义专业。无论将"专业"定义为组织实体还是课程计划，它都是一种培养专门人才的基本载体。

（三）对"专业"的社会学理解

从社会学的学科立场来看，专业（profession）首先是一种职业（occupation），而职业是社会分工的产物。"职业"一般指"个人所从事的具有特定内容和方式的并作为主要生活来源的具体工作。在社会分层中，指依人们参加社会劳动的性质和形式而划分的社会劳动生活集团"（程继隆，1995）。《大辞海·政治学·社会学卷》对"职业"作出了基本相同的界定："①人们所从事，赖以谋生的工作的性质、内容和方式。②依人们参加社会劳动的性质和形式而划分的社会劳动集团。"（夏征农，陈至立，2010）也就是说，职业具有两个层面的理解，在物质层面上，职业是获取人类自身生产与再生产所需要物质资料的基本来源；在社会层面上，职业将人们划归于不同的社会集团，从而具有了社会学乃至政治学的意义。只有当"我"拥有某份职业时，"我"才能在社会网络系统中确证自身的位置，从而找到心理上的安全感和自我认同感。

职业可以分为一般职业和专门职业（即专业）两类。专门职业主要指一部分"知识含量极高的特殊职业"，它与一般职业的主要区别在于，"是否有一个科学的知识体系，包括关于这一专业的知识和为这一专业的知识"（赵康，2000b）。职业的专业化是一个历史性过程。"专业"这一术语"起初表示数量有限的职业，这些职业是欧洲前工业社会里非不劳而获者除从事商业或手工劳动之外能谋生的仅有的一些职业"（亚当·库珀，杰西卡·库珀，1989）。法律、医学和神学是被公认的三大传统专业。如今，大量职业都在努力推进其专业化进程，教师职业就是其中的一例。1966年，联合国教科文组织和国际劳工组织通过《关于教师地位的建议》，首次以官方文件的形式肯定了教育工作的专业化性质，提出了教师职业的专业化要求。1998年，在中国北京召开的"面向21世纪师范教育国际研讨会"上明确了"当前师范教育改革的核心是教师专业化问题"。"在世界各国的教育改革和发展政策中，教师专业发展必将受到前所未有的重视，并将对各自教育改革和发展的实践产生难以估量的影响。"（单中惠，

2010）当代美国教育家琳达·达琳-哈蒙德（2006）提出，"所有对未来教师的要求本质上就是要求实现教师专业化的发展"。当一种职业获得专业地位之后，它就对从业者构成规训机制，从而被赋予了权力色彩。王军（2015）认为，专业主义是一种强调专业独特性的意识形态，一种组织和控制工作、看待专业和处理专业与外界关系的方式；专业主义向内培养、选择和规训专业人员，向外维护专业形象和地位、特权，并实现专业（或职业）的向上流动。尽管专业具有鲜明的权力特征，但是，专业所代表的权力是内生的而非外烁的。它是基于专业工作者及其代表在多重协调、博弈的过程中形成的规训机制。后来者要想进入这一专业领域，接受该专业的行为规则就是其必须践行的承诺和义务。

综合不同视角下对专业的各种认识，我们对"专业"的定义如下：专业是一种智能型的专门职业。专业是职业但又不同于一般职业，而是一种"专门"职业，"专门"就意味着该种被称为专业的职业具有某种垄断的性质。这种垄断性质由专门的伦理规范、知识技能体系、教育培训系统、资格认证制度等予以保证。在专业的种种规定性中，以知识技能体系表征的智能类型与水平是区分不同专业的核心标志。教师专业化的努力将教师从一个普通职业推向了专业职业的层次。既然教师是专业人员，那么，培养教师的教师教育者更应当是专业人员。依此逻辑，学科教学论教师的工作并非普通职业，而是专门职业，即专业。他们应当通过提供独特的智能型社会服务来确立自身的专业地位。

（四）充满争议的"教师专业"

将普通职业提升到专业层次是所有从业者提高其社会地位的重要策略之一。这一职业层次提升过程被称为"专业化"（professionalization）或者"专业社会化"（professional socialization）。一个职业能否称得上专业与其本身的性质具有密切的关系，也与人们对职业的认识息息相关。在教师职业的专业化进程中，就存在着常识观与专业观的不同立场。

常识观认为，教师职业是没有专业性可言的普通职业，只要具有学科专业知识和语言交流能力就能胜任教学工作。在古代社会，就存在着"长者为师""吏者为师""教士为师"的传统，教师职业没有固定的存在边界，也不需要专门的学识。到了近现代社会，这种教师观依然持续地影响着教师的存在状态。有学者对美国教师质量保障体系的历史研究指出，到 19 世纪 20 年代师范学校在美国产生以前，"在实践中几乎只要是'活着的人'（warm body）都能当教师"（洪明，2010）。美国密歇根州立大学学者 Metzger 在其研究报告

Conceptualizations of teacher qualification: an overview of the past six decades 中将这种教师观概括为"聪明、受过良好教育者"假设论（"bright, well educated person" hypothesis）。基于常识教师观，自 20 世纪 80 年代以来，解制倾向构成了美国教师教育改革的重要方向之一，各种替代性的教师教育方案对教师专业化努力构成了严峻挑战。"解制派否认了教育学知识的价值，认为教师是天生的，不是培养的，继而否定了教育学院的作用。"（周钧，2004）在中国，这种教师常识观的一个重要体现就在于"学高为师，身正为范"的教师理念在实践中产生的显著影响。

专业观则认为，教师在如何有效组织、传递教学知识和培养儿童健全人格方面具有独特的知识和技能体系，而对这一知识技能体系的掌握需要长时间的专门教育和职业生涯中持续的专业发展，并且要在专业实践中遵循特定的伦理规范。自 17 世纪捷克教育家夸美纽斯（J. A. Comenius，1592—1670）的《大教学论》问世和法国天主教神甫拉萨尔在兰斯创办教师训练机构以来，教育研究科学化和教师教育机构规范化开启了教师专业化的艰难历程。教师不再是任何一个"活着的人"都能从事的工作，而是需要接受一定时期的专门教育。1966年联合国教科文组织和国际劳工组织的《关于教师地位的建议》明确指出，教师工作应被视为"专业"，教师需要持续性地学习和发展。教师的这一专业身份界定也在《中华人民共和国教师法》中得到确认，"教师是履行教育教学职责的专业人员"。美国教师教育认可委员会（National Council for the Accreditation of Teacher Education，NCATE）1957 年颁布的《认可标准》第三条中使用了"教学是一个专业"的概念，该委员会一直致力于推进教师专业化。有学者通过对NCATE 的研究，将其教师专业认可标准分为目标本位、课程本位、知识基础本位和绩效本位 4 个发展阶段（周钧，2009）。

常识观与专业观之间的争论贯穿于整个教师教育的历史，前者必然带来的后果是教师教育存在的合法性危机。20 世纪 50 年代，美国教育学家贝斯特（A. E. Bester）在其代表作《教育的荒地》中，就批评教育学科的显著特征是空洞和琐碎，应该用人文和科学取代教育学。克拉默（R. Kramer）1991 年发表的《教育学院的罪恶》，批评了传统教师教育，认为它们对教师的成长是无益的。与这些观点相对应，以琳达·达琳-海蒙德为代表的教师专业观阵营极力倡导提高教师的专业地位（鞠玉翠，2011）。伯琳拉·戴维德（David，2000）指出，教师教育项目和其他专业教育一样，能够为新教师提供关于教学工作的研究发现、概念、原理、技术和理论。常识观与专业观之间的冲突在我国教师教育领域的表现就是"学术性"与"师范性"之间永无休止的争论。要在这二者之间作出非此即彼的选择，不仅在实践上不可能，而且在理论上也缺乏充分的逻辑力量。但是，促进教师专业化无疑是改进教育质量之必要条件，也是教师教育存在合法性的逻辑前提。从现实来看，教师职业专业化和教师专业发展已经成为国家教师政策的核心理念，这对教师教育机构、教师教育者和学科教学论教师提出了新的时代使命。尽管对当前教师职业的专业性还存在争议，但是普遍认同教师职业是一个"形成中的专业"。

相对于那些成熟的专业而言，教师面临着极其尴尬的境遇，存在着"准专业""边际专业""完全专业""半专业""形成中的专业"等不同的说法（刘捷，2002；教育部师范教育司，2003）。一方面是教师政策对教师专业的肯定，另一方面是社会公众和学术领域对教师专业的质疑。这种落差导致了教师职业的尴尬，同时也彰显了教师职业走向专业的未来空间。在这里似乎存在这样一个悖论：只有当教师职业成为专业的时候，教师才能置身于专业情境之中，从而获得专业身份；同时，只有当教师在工作现场表现出行为的专业性，才能成就教师职业的专业地位。也许，这就是"形成中的专业"不可避免的悖论，其出路在于从辩证法的视角去理解教师职业专业化和教师个体专业化的内在一致性。在正式教育制度的层面上，已经认可了教师职业的专业地位和教师个体的专业身份。问题的焦点是在非正式制度的层面上，如何通过教师个体专业化去认同与建构专业身份，进而认可教师职业的专业地位。

二、多学科视阈下的身份释义

（一）"身份"的词源学解释

在中西方文化中，"身份"所表达的概念具有较大的差异。《辞海》对"身份"的解释是"人的出身、地位和资格。如：身份证"（夏征农，陈至立，2009）。而《辞源》（1988）对其的定义也基本相同："人在社会上的地位、资历等统称为身份。"因此，汉语中所言及的"身份"是指个人在社会关系中具有的特征，是一种实体性的、公共性的存在物，它构成了一个人或者一类人在社会活动场景中的特定标志，并且代表着诸如地位、资格一类的组织性因素。在这个意义上理解的"身份"与"角色"大体为同义语。

在英语中，与"身份"相对应的词汇大体上有两个：identity 和 status。《麦克米伦高阶英语词典》(2003)对 identity 的基本释义如下："who you are or what your name is "（你是谁，你叫什么名字）；"the qualities that make someone or something what they are and different from other people"（使某人或某物成为他自身并区别于其他人的特征）。对 status 的解释如下："the legal position of a person, country etc. "（人或国家等的法律地位），"someone's position in a profession or society, especially compared to other people"（与他人比较，某人在专业或社区中的地位）。有学者将二者奥妙的差别概括为"identity 只涉及形式，status 则关涉实质内容上的差异……identity，即个人、群体或组织在社会中得以识别的一种社会特征，是一种识别码。status 往往与职业、名分、威望、权力、权利和资格等相关联，它意味着差别待遇和特权"（胡平仁，2004）。西方学术界对"身份"的研究主要是 identity，国内近年来的身份研究也大多集中在 identity，但该词有时被翻译为"身份"（项蕴华，2009），有时又被翻译为"认同"（孙频捷，2010），或者是"身份认同"（陶家俊，2010）。汉语对"身份"的理解更接近于 status，但又无法包容 identity 强调的认同内涵所具有动态的建构意义。只有将二者的意义辩证统一起来，才能够对"身份"获得完整意义上的理解。身份不仅仅涉及形式，而且关涉内容。表面的形式特征必然表征着特定的实质性内容，由于内容的发展性，形式也必然随之变化，因而身份就具有动态性特征。

（二）"身份"的社会学考察

身份是"社会学的一个重要概念，它指的是人的一种社会归属，一般是指人在社会上或法律上的地位或受人尊重的地位"（陆学艺，1996）。"我是谁"是身份的核心问题，这不仅包括"我过去是谁""我现在是谁"，也包括"我将会是谁"的设问。每一个正常人都可以如此发问，也可以对此作出回答；我们不仅可以对自己的设问作出回答，也可以对别人的设问作出回答。如果说回答自己的设问无可厚非，但对别人的设问如何回答还存在疑问的话，不妨设想下面的例子。一个失忆的人不知道"我是谁"，但他的朋友可以回答他，并且帮助他慢慢寻找"我是谁"的答案；一个进城务工的农民说不清自己的身份，但社会告诉他，"你是农民工"；"留守儿童"自己也不见得就知道为何"我是留守儿童"。因而，某人是何身份？这是一个个体的问题，也是一个社会性的问题。身份之所以能够成为一个为大家所认识、谈论和研究的对象，在于其本身所具有的客观实体性。否认身份的实体性特征，就忽视了将身份作为考察对象的客观事实。那么，身份的实体是什么呢？——自我。正是自我所承载的特征形成了独特的身份标志，从而让"我"知道"我是谁"和"我不是谁"。这正如我们无法仅仅通过一个人的外在特征去判明一个人的身份，否则，你必然容易被那些善于戏剧表演的人所蒙蔽。尽管这些外在性的特征对身份的鉴别具有一定的作用，但真正要弄清楚一个人是谁，还得要从那些无形的"自我"特征寻求实质性的突破。

"自我"（self）是一种观念性的实体，而不同于物质性存在的"我"。两个生理特征完全相同的双胞胎，我们之所以能够对他们进行身份的区分，不是要从物质生理上寻找证据，而在于他们具有不同的自我特征。自我是超越于物质"我"之上的一种观念性的实体。自我是如何形成的呢？米德（G. H. Meda，1863—1931）借鉴德国心理学家冯特的"姿态"概念系统解释了自我及其生成机制，"个体间接地经验到他的自我本身，是从同一社会群体其他个体成员的特定观点，或从他所属的整个社会群体的一般观点来看待他的自我"（米德，2005）。自我不是一个独立的自在之物，而是在我与众多的他者相遇的关系中形成，自我本质上是一种社会结构，并且产生于社会经验。对"自我"形成的社会机制的探讨表明，自我并不仅仅是内在于个体内心世界的心理学概念，自我是在与社会其他主体（或者说其他自我）的互动过程中形成的。自我的形成是一个社会过程，从而为社会学的理解视阈找到合法性基础。处在社会互动过程中的自我不只是属于某个特定个体的私有财产，而是参与这个社会互动过程中的每一个主体都对自我的认识与建构发挥作用。实际上，自我存在着"个体自我"与"社会自我"的区分，也就是米德所说的"主我"与"客我"。"主我"与"客我"构成了自我的两个侧面，二者有机地统一在自我之中。"'客我'体现着代表共同体中其他人的那一组态度……'主我'是当共同体的态度出现在个体自己的经验之中时个体对这种态度所作的反应。"（米德，2005）也就是说，"客我"是对情境的适应，它基于群体中"泛化的他人"所持有的反应态度，如果没有这种适应，个体就无法在共同体中找到自己的身份认同；"主我"是对情境的反应，它本身蕴含着多种可能性，也就是新的反应方式的种子。"自我是一本书，同时也是这本书的读者；这本书充满着长期累积下来的引人入胜的内容，而这本书的读者则是一位在任何时刻都能自取章节、任意增添章节的人。"（阿伦森，威尔逊，埃克特，2007）把已知的自我概念与未知的自我觉知连接起来，就能够建立一种认同感。这种对自我的认同感是每一个人所不可或缺的。温格（E. Wenger）认为，身份是在共同体成员经验的意义协商过程中形成的，身份本质上是"一种人们在世界上的存在方式"（德里克·希特，1998）。因此，将身份的分析聚集于个体心理认同或者社会制度设计，都是有失偏颇的。事实上，身份存在于个体与社会之间的互动过程中。

（三）身份的政治学考察

政治学领域的身份研究集中在对公民身份的探索。基思·福克斯（K. Faulks，2009）在《公民身份》一书中建构了一个"背景-范围-内容-深度"的分析框架，对公民身份展开了研究（Faulks，2009）。他对迄今为止的公民身份研究文献的一个主要批评就是："它们没有充分关注背景的问题"，而公民身份赖以运作的社会和政治背景是准确理解公民身份的一个根本问题。公民身份的范围是对个人公民资格的确认，关于"谁应当被接纳为公民的问题同时也就是有关谁应当被排斥在公民范围之外的问题"（基思·福克斯，2009）。公民身份并不是一个空壳式的标签，而是"一种包含了权利、责任和义务的成员身份，具有平等、正义和自主的含义"（基思·福克斯，2009）。在权利与义务这一对张力关系中，自由主义传统主要把公民身份看作是一系列个人的权利，总体上忽视了公民所应承担的义务和责任；保守主义者主张根据个人履行义务的情形来决定他所享有的权利。基思·福克斯认为，"如果说自由主义主张的是一种抽象的个人主义的话，许多保守主义者和社群主义者主张的是一种同样抽象的共同体观"（基思·福克斯，2009）。因此，他极力提倡"整体公民身份观"。他所要讨论的第四个维度是公民身份的深度，或者说厚度，深厚的公民身份观是其潜能得到最大程度释放的公民身份观。

生活空间在身份确认中始终扮演着基础性的角色。格罗塞（A. Grosser）指出，"获得共同治理、接受共同教育、参与或应对相同的权力中心，单单这一事实便超越了共同归属的表象，产生并强化着一种共同身份的情感"（Grosser，2010）。在身份确认的过程中，"集体记忆"具有重要影响。集体记忆是"后天的心得与传承，它通过家庭、阶层、学校和媒体来传承。它的内容取决于中介者和培养者对历史史实所做的取舍，他们有意或无意地扭曲诠释，并强加给接受者"（格罗塞，2010）。因此，教育是影响身份确认的重要变量，"教育产生着身份，或者至少是制造着身份认同"。基思·福克斯（2009）也认为，"在一般学校教育中，公民身份教育必须是一门必修课程"。赞同教育在塑造公民身份过程中重要作用的学者还有德里克·希特（D. Heater），他指出，"公民身份教育是（而且应当是）一种成人的、终生的过程，教育的内容、方法和目标随着人们发挥其公民职能的政体和社会的不同而有差异"（Heater，2007）。教育在通过集体记忆传承建构社会主体身份的同时，也面临着这样的风险："从其意识到的同情心理和根据他被自身所属社会群体灌输的思维判断模式来进行分析和评判，而自己对此并没有意识"（阿尔弗雷德·格罗塞，2010）。由此可见，集体记忆作为一种客观存在的甚至是强制性的社会力量，在相当大的程度上影响着个体的身份认同，而个体应该运用自身的批判性反思能力对集体记忆进行审慎的考察。

（四）身份的文化学考察

每个人都需要确证自己的身份，也就是要回答诸如"我是谁""我在哪儿""我在做什么"此类的问题。对这些问题的回答是确认自我身份的基本方式，也是获得本体安全的基本前提。对这些问题的提问方式有两种：其一，"我现在是谁""我现在哪儿""我现在做什么"，这问的是实然状态，即现实的自我；其二，"我应该是谁""我应该在哪儿""我应该做什么"，这问的是应然状态，即理想的自我。只有当"现实的自我"与"理想的自我"之间越是相互吻合的时候，对自我身份的认同感才会越强烈，否则，就必然会陷入两个"自我"的抗争与纠结，从而缺乏自我的同一。失去"理想的自我"的人，常常会陷入平庸；失去"现实的自我"的人，往往会走向空想。只有在"理想的自我"与"现实的自我"之间搭建起相互沟通的桥梁，人才会获得本体安全，并表现出健康向上、积极进取的精神面貌。"我"有两种存在形态：一是有形的存在，即"物质的我"；二是无形的存在，即"精神的我"。自我当然离不开"物质的我"，它是"精神的我"的基本依托。但是，"物质的我"并不是确证自我的根本规定性，自我存在于"精神的我"之中。"现实的自我"和"理想的自我"都是对"精神的我"之认识后形成的自我概念。也就是说，身份是对自我的认知，自我是对"精神的我"的理解。获得这种自我的概念及对其的认同，是人与其他动物的重要区别之一。

文化学者认为，身份问题是不同文化之间相互冲突的表现。乔治·拉伦（2005）说："只要不同文化的碰撞中存在着冲突和不对称，文化身份的问题就会出现。"现代社会，社会成员的流动性显著增强，来自不同国家、地区、社区的个体在一个具体的社会空间中共同生活，不同文化相互激荡、相互影响。原先由集体记忆所形塑的文化生态受到其他文化圈的剧烈冲击，被置于其中的社会个体或者快速适应，或者适应困难。适应困难者难以在新的更加复杂的文化生态圈中找到自身的位置，从而缺乏一种个体生活所必需的归属感，"我是谁"

的身份问题随之产生。有学者将文化身份定义为"个体对某一种文化的动态的归属感，它形成于个体与他人的互动过程中"，并指出："文化身份基于无意识层次——文化记忆，同时随着变动不居的社会文化规范不断地商榷与重构。从这个意义上讲，文化身份是'是'，而且是'变成'。"（吴桐，2008）因此，文化身份总是在对不断出现的、复杂多元的他者文化的参照之下获得新的确认，而且这一确认过程是伴随个体一生的持续性过程。

身份是个体在社会互动过程中形成、能够得到自我和他者认可，表征个体在社会组织网络中所处坐标的自我特征的符号系统。在形式上表现为命名的特定称谓或者符号，在内容上表征了特定的权利与义务关系，从而在社会组织网络中实现对个体的定位。一个人的身份并非自在之物，而只能在社会行动中才能获得理解它的钥匙。由于个体社会行动的复杂性而构成了多元的社会关系，从而表现出多个类型的"自我"及相关的自我特征符号系统。如此一来，每一个个体在社会中都具有多重身份，学科教学论教师也概莫能外。

（五）对"教师身份"的省思

教师身份是教师在追问"我是谁"的过程中对自我的确认，也是社会制度对教师职业地位的认可。社会决定了教师身份的存在与变化，其社会性、选择性、共生性、渐成性决定了个体真正成为教师的主体性生成过程（赵荷花，2010）。教师身份认同包含了三方面的内容：自我认同、他者认同、群体认同（王彦明2011）。自我认同是作为教师的"我"自身认为"我是一名教师"，他者认同是"我"之外的他者认为我是一名教师，群体认同是社会共同体对"我"教师身份的认同。身份认同要求教师"要在意义世界、现实世界和符号世界中进行自我、德性和归属的建构"（李清雁，易连云，2009）。传统教育发展到现代教育，教师身份也正在发生着急剧变化。熊和平（2005）认为，"教师不再被看成是社会的代表、知识的权威与道德的化身，也不仅仅是以教育者的身份出现在教育活动当中，而是具有自身发展需要的教育生活的实践者"，教师需要在现代教育理念下重新界定自己的身份。与其他社会成员的身份一样，教师身份也具有多重性，表现为教师的法律身份、道德身份和专业身份等。

教师的法律身份是"关于教师与其他各类教育主体之间法律关系的规定，是建构教师责任、义务与权利体系的核心依据"（韩小雨，庞丽娟，2010）。学者普遍认为，我国现行法律对教师法律身份的界定比较模糊，由此导致了我国现阶段教师权利保护存在诸多问题。从国外经验来看，日本、德国、法国公民在取得教师资格并在公立学校任教之后,其身份就是国家公务员和地方公务员。在美国和英国,公立学校教师并不完全是国家公务员,而兼有雇员身份,享有契约和法律两种权利并履行相应的义务。学者对我国教师的法律身份也提出了相应的建议。韩小雨和庞丽娟(2010)主张,以法律形式确立义务教育公办教师的国家教育公务员身份,是我国义务教育事业发展的必然选择与现实要求。郝淑华(2007)认为,教师的专业身份应当从法律上得到强化,但是不同类别教师的法律身份应该有所区别,公立学校尤其是义务教育阶段学校的教师应当被赋予公务员身份,民办学校教师与学校之间是一种雇佣关系,其身份应当属于雇员。当今社会是法治社会,运用法律手段对教师权利进行相应的保护无疑是正确的,但是否一定要把公立教师的身份界定为公务员并且又人为地在公办学校教师与民办学校教师之间划出一道鸿沟,这倒是值得商榷的。

在古代社会,教师没有得到独立的身份,教育身份、政治身份与道德身份混为一体,尤以道德身份更为引人注目。无论是西方的"知识即美德"还是东方儒家的"忠恕之道",都把教师看作道德的化身,郑金洲(2000)将此种意义上的教师身份概括为"教师即道德家"。甘剑梅(2003)从可能性、必要性和正当性3个角度对"教师即道德家"这一教师身份进行了学理辨析,认为教师不可能、不必要、不应当成为道德家。教师不应该是道德的化身,教师并不必然具有高尚的道德,把教师的道德放在一个至高无上的位置上并不能提高教育效果。教师应该从道德的化身转变为道德的对话者。对教师道德认识的这一"祛魅"过程,体现了从非理性到理性的回归。但教师道德过度世俗化的同时,又产生了教师内在人文世界的失落,使教师崇高的身份充满危机。因此,有一种观点认为教师身份需要"返魅",重新回归教师作为道德楷模的迷人乌托邦(王璐,2011)。

三、专业身份内涵的基本理解

(一)身份多重性是专业身份存在的逻辑前提

在生活中,"物质的我"所涉足的领域是丰富的,与之相应,"精神的我"也就体现在多个维度上。在家庭、社会、工作单位等多个场域,与亲人、朋友、同事等多个社会主体的交往中,形成了"我"的多元存在,以及"我"的多重身份。在不同的环境、不同的社会关系中,"我"及其身份获得了不同的呈现方式，身份认同也就自然可以体现在不同维度上。在每个维度上，我们都需要去追求"现实的自我"与"理想的自我"之间更高的匹配程度，从而获得积极的身份认同。比如，在家庭及其父子关系之间，我们总是倾向于去认同自己作为好父亲的身份；在社会及其朋友关系之间，我们总是倾向于去认同自己作为好朋友的身份；在工作单位及其同事关系之间，我们总是倾向于去认同自己作为好员工的身份。无论是在哪种境域里，这种积极的身份认同总是能够给自己带来正面的激励效应，进而让我们在这个维度上能够获得更加优秀的表现。因此，将所有维度进行加总，那就是完整的自我。

身份是个体在参与社会互动的过程中形成的符号系统。这种符号具有的最基本功能是划界，它将一个具体的人与其他人区别开来，并把具有相同符号的人划为同一个类型从而形成共同体。虽然从形式上看，身份只是一种符号，但实质上，这种符号传递着丰富的内容。笼统地讲，身份所表达的内容就是个体在社会网络中所具有的组织属性和特征。获得某种身份，就意味着确定了该个体在某社会组织中的定位，以及与其他组织成员之间的权利与义务关系。从系统论的观点看，社会是一个复杂的巨系统，在这个巨系统中包含着若干错综复杂的子系统。在社会系统中，组织结构关系相互交织，处在这个巨系统中的个体也必然会面临着多元的组织关系，从而获得不同的坐标定位，具有不同的自我特征及身份。这就表现为身份的多重性，一个特定的个体可能会同时具有多种身份，因为他同时会处在不同的社会组织网络中，如家庭组织中的家长身份、工作组织中的员工身份、社会组织中的公民身份等。正是身份的多重性提供了专业身份存在的理论前提，否则，如果身份是一元的，那么，专业身份便无从谈起。专业身份只是身份的亚种，专业身份的内涵也必然是身份内涵在专业工作者专业实践中的具体体现。

（二）职业专业化是专业身份存在的实践基础

身份多重性为多元身份的存在提供了逻辑前提和现实可能性，但是，专业身份的存在何以可能呢？身份是一种关于组织性特征的表意符号，专业身份就是关于个体专业实践的组织特征的表意符号。专业身份存在的实践基础就是职业的专业化。首先，专业身份是职业身份。职业是个体获取物质生活资料的基本来源，在这一劳动生产实践中，会与同领域中的其他社会成员建立起组织关系。专业身份只存在劳动生产实践这一领域中，而与其他类型的身份区别开来，比如，家庭身份、国家身份、民族身份等。其次，专业身份并非普通的职业身份。这源于专业实践并非普通的职业实践，而是智能型的专门性职业实践。专业身份就不同于一般的职业身份，如清洁工、打字员、邮递员等，它是专门职业从业者的组织性特征符号。一种职业在没有达到专业水准的时候，其从业者就不具有完全的专业身份。只要一种职业在快速推进其专业化的进程中，其从业者专业身份的建构就具备了重要的实践基础，如教师就是这样一种专业化职业。教师职业的专业化和教师专业身份的认同与建构处在同一过程中。也就是说，教师专业化的过程就是教师专业身份的认同与建构过程。

专业身份是专业工作者在专业情境中，从事专业行为所获得的自我概念。这里有两个必要条件：一是专业情境；二是专业行为。专业即专门职业，是与普通职业相对应的一个概念。普通职业指那些具有较低甚至没有进入壁垒的职业，如清洁工、收发员、售票员等。[1] 一个不具有这些普通职业从业经验的人，只要他们拥有正常的健康水平并且本人自愿，就可以很轻松地进入这些工作岗位并有效地开展工作。专业则意味着较高的进入壁垒。一个非专业人士在没有经过专业教育与训练的情况下，很难涉足专业工作，甚至没有资格对专业人士的工作表现进行评论。比如，你可以随意接过清洁工手中的扫帚去清扫大街，但是，你显然没法从正在进行心脏手术的医生手中接过手术刀去给患者做手术。原因很简单，因为医生是专门职业，清洁工是普通职业。只有当一个职业成为专门职业的时候，其工作情境才能构成专业情境，专业身份才有可能得到显现。尽管清洁工也存在身份认同问题，但我们不会去讨论清洁工的专业身份认同。专业身份不仅存在于专业情境之中，也要求工作者进行专业行为。一名实习医生和一名主任医生同在一个医院、一个科室工作，他们的专业情境是相同的，但是，他们在这个专业情境中的专业行为是不一样的。正因为这一点，他们的专业身份认同就表现出了很大的差异性。因此，当你成了某一个专业的从业者的时候，你不会当然地获得其专业身份，专业身份表现为一个主动的、持续的建构过程。

（三）专业身份是专业实践中形成的符号系统

专业身份是专业工作者在专业实践中表现出来的专业自我特征的符号系统。这一定义包含了 3 层基本意思：首先，专业身份只属于专业工作者，非专业工作者无法获得专业身份。其次，专业身份通过专业实践表现出来，专业工

---

[1] 职业只有分工不同，没有贵贱之别。在这里，我们也没有褒扬专门职业而贬低普通职业的意思。

作者在非专业实践中不能体现出专业身份。最后，专业身份是自我在专业性方面的特征，而不是在其他维度上体现出来的自我。就具体的专业工作者而言，其专业身份不是先天的。即使是一个成熟专业的从业者，其专业身份的获得也是一个持续的认同与建构过程。这既需要自我的认同，也需要他者的认同。因此，专业认同的过程也是建构的过程。

学科教学论教师专业身份就是学科教学论教师在专业实践过程中形成的，表征其在由学科教学论教师同行、学科专业教师、职前教师、中小学教师等伙伴形成的专业共同体中所处坐标的自我特征的符号系统。专业所要求的专门伦理规范、知识体系、发展方式、实践形式和组织制度形成了专业与普通职业，以及不同专业之间的划界，从而产生了不同的专业身份，如律师、医生、工程师等。专业身份这套符号系统表征了特定专业工作者的专业地位、组织关系、实践领域、实践方式和生存状态，在专业实践过程中应该遵循特定的制度规范和专业文化。教师专业身份所表征的这套符号系统，将教师与律师、医生、工程师等专业工作者区别开来。大、中、小学教师都应具有专业身份。大学教师与中小学教师的专业身份之间存在相当大的差异。即使是大学教师内部，不同学科大学教师专业身份的具体特征也截然不同，如文学教授与化学教授之间。学科教学论教师与学科专业教师之间的符号差异更为明显，后面的研究会逐步将这种差异展现出来。

（四）教师专业身份是教师专业发展的重要基础

教师是教育改革的关键力量，对教师专业身份的研究受到了学术界的广泛关注。"教育改革能否成功很大程度上取决于教师专业身份与教育改革要求的匹配程度。"（卢乃桂，王夫艳，2009a）目前，教育研究领域的一个重要转变是"教师的专业身份开始成为教育研究的重要议题和分析工具"（张倩，2012）。从身份生成的动态性特征来看，教师专业化的过程也就表现为教师专业身份的不断生成、认同与建构的过程。蒂克尔（L. Tickle）认为，教师专业身份是他人对教师的理解和期望、本人基于其实践经验和生活史背景对专业工作和生活中活动价值的认识（Tickle，2000）。萨克斯（J. Sachs）则认为，教师专业身份常被用来指一系列由外部人士或教学同行所赋予的、使教师能够与其他群体相区分的教学专业特征（Sachs，2001）。香港教育学院的张爽和林智中（2008）将教师的专业身份界定为："教师如何看待自己的工作（主要是教学）、如何表述自己以及他们认为什么是最重要的。"香港中文大学的卢乃桂等（2009）将教师专业身份理解为"在课堂实践或学校社群的语境中，教师自己及社会他人对'教师是谁'这一根本问题的认识和回答"。自我与他者对教师身份认同的介入体现了教师身份的个人向度和社会向度，也体现了工具价值和本体价值的辩证统一。从工具价值的角度来看，教师专业身份的建构回应了社会对优质教育的需求；从本体价值来看，教师专业身份的建构有利于教师内在精神世界的提升。

教师专业身份具有重要的地位。卢乃桂和王夫艳（2009a）主张"教师专业身份是教学专业的核心"。张军凤（2007）主张教师专业身份是"教师专业成长中的核心问题"。李茂森（2008）认为，教师的专业身份认同不仅对于推进课程改革实践具有重要的现实意义，而且对于转换教师研究的基本视角，提高教师理论研究水平具有重要价值。教师专业身份认同是"教师自我对社会所界定的教师内涵的认知与体验，确认自己作为一位教师，允诺和遵从作为教师的规范准则，把教师职业作为自己身份的重要标志"（魏建培，2011）。但是，有学者研究发现，在新课程改革的背景下，教师专业身份的认同却出现了危机。在新课程改革以前，对教师专业身份有一个相对一致的标准，即"拥有丰富学科专业知识及好的学生成绩"是教师专业身份的重要体现。新课程改革要求教师不再是一个知识的传授者，而是课程的设计者与研究者，教师要成为学生学习的促进者等。"人们不再拥有单一、一致的教师专业身份的观念，取而代之的是多元、冲突、不确定的身份。"张爽等（2008）将这一过程描述为：教师专业身份是"从朝圣者到漫游者"的转换。当然，教育研究总是免不了争议。浙江大学教育学院课程与教学研究所的屠莉娅（2010）认为，"新课程改革为教师专业身份的确立提供了契机"。尽管法律身份和道德身份是教师身份中的重要组成部分，但是，对于专业工作者而言，其专业身份具有更重要的实践意义。学科教学论教师是专业工作者，其特殊性还在于，不但要建构自身的专业身份，还要帮助其专业工作对象（教师）获得专业身份认同。

总之，专业身份是教师专业发展的外在形式，也是促进教师专业发展的内在动力机制，教师专业身份认同与建构是促进教师专业发展的重要切入点和突破口。这一逻辑不仅适合于中小学教师，对学科教学论教师的专业发展同样适用。

第二节
学科教学论教师专业身份的认同

专业身份认同对专业工作者的专业发展具有重要意义，因为"身份认同具有政治上的重要性……任何社会运动如果想要蓬勃发展，就必须为其源源不断加入的个体提供某种共同的身份，唯有如此，人们才会一直参加下去"（迈克尔·W.阿普尔，斯坦利·阿罗诺维茨，多洛雷斯·德尔加多·伯纳尔，等，2008）。学科教学论教师专业身份认同是对实然和应然两种状态下的专业身份的判断。认同首先是基于学科教学论教师本体安全的需要，但是，其专业身份的认同绝不只是封闭于自身之内的心理过程，而是涉及包括学科专业教师、职前教师、中小学教师在内的众多他者的社会过程。"我"与他者都能够对专业自我的特征进行认识并形成判断。"我"的认同不仅是"主我"的体现，也应当是"客我"的体现。只有这样，专业身份的认同问题才能超越主观心理范畴，而成为一个社会学范畴中的问题域。

一、学科教学论教师专业身份认同的基点

有学者认为，关注身份就是"关注我们如何看待自己和别人怎样看待我们的问题"（Chris，2005）。阿尔弗雷德·格罗塞（Grosser，2010）在讨论身份认同时，提出了两类问题：一是"我是谁？我是什么？"或者"我认为自己是谁？是什么？"二是"您说我是谁？他们说我是谁？"或者"他们说我们是什么？我们说他们是什么？我们说我们自己是什么？"由此可以看出，身份这一概念包括自我认同和社会认同两个方面。"而当一个人要确认其身份时，也就是要辨识自己异于他人，或同属于某个群体的特征，换言之，即是个人对内在自我寻求统合，对外区分与他人的差异。这个确认的过程可称为'认同'。"（魏建培，2011）每个社会成员都需要对自己进行身份认同，从而获得心理上的安全感、文化上的归属感和政治上的权利实现。

现代社会是高度专业化的社会，社会分工是推动生产力发展的重要力量，这在亚当·斯密（2009）的《国富论》中有过精彩的论述。他说："劳动生产力

上最大的改良，以及在任何处劳动或应用劳动时所用的熟练技巧和判断力的大部分，都是分工的结果。"社会分工将劳动生产领域的划分不断精细化，不同领域之间发展出不同的知识、技术和规范。操作生产领域与知识生产领域的契合，推动了普通职业向专业职业的跃升，并逐渐形成了由专家集团控制的专业壁垒。现代社会，"这种专家系统无孔不入，渗透到社会生活的方方面面……专家系统并不局限于专门的技术知识领域。它们自身扩展至社会关系和自我的亲密关系上"（安东尼·吉登斯，1998）。现代性的世界成为一个由专家系统设计的世界。赫伯特·马尔库塞（H. Marcuse，1898—1979）说："当技术成为物质生产的普遍形式时，它就制约着整个文化；它设计出一种历史总体——一个世界。"（马尔库塞，2006）专业人员凭借其所拥有的专门知识和技术获得了一种宰制性的力量，也为其赢得了在社会结构系统中令人崇敬的身份标志。

与此同时，现代社会是一个充满不确定性的高风险社会。专家系统及其所拥有的专业知识与技术把人们带入了一个充满无限可能性的现代社会，传统社会里人们依靠神谕、天启得到的确定性被一个又一个的科学"神话"所打破，原本命定的人生进程遭遇到无数的偶然性的侵扰。在复杂的现代社会，过去、现在以至于未来之间所具有的时间线性已逐渐被打破。伊利亚·普里戈金（I. Prigogine）认为，牛顿经典力学所建构的确定体系面临着不确定性的挑战，"未来不再由过去所确定，过去与未来之间的对称性被打破了"（普里戈金，斯唐热，2009）。从自然科学内部打破了科学世界观对确定性和决定论的迷梦，整个现代世界需要以概率论来描述其本真的复杂性与不确定性。贝克（U. Beck）将这个高风险的现代社会界定为"风险社会"（risk society）（贝克，邓正来，沈国麟，2010）。风险社会内在的不确定性一方面孕育着创造的无限可能性，另一方面也对时间连续性造成破坏。吉登斯（A. Giddens）认为，"在许多关键方面，现代制度与前现代的文化及生活方式的所有方面都是不连续的"（安东尼·吉登斯，1998），连续性的中断是个体存在论危机的重要根源。

不确定性所带来的风险在现代社会的影响是全方位的。虽然专业工作者在风险社会中占据着有利地位，他们在一定意义上还是现代风险的始作俑者，但他们自身也无法逃脱风险的侵扰。技术生产领域和知识生产领域所支撑的不同专业共同体犹如生命有机体一样，在持续地经历着诞生、成长、分化、综合、消亡的循环过程。在各种现代性因素的作用下，专业共同体的生命规律也同样受到不确定性因素的制约。一个偶然的发明或发现，都可能会对原专业的存在合法性构成挑战，比如，计算机的发明、基因技术的产生等。新的重大科技成果可能会创生一些新的专业，也可能会弱化一些传统专业在社会系统中的专业地位，甚至让它们走向消亡。在个体层面上，每个专业工作者曾经能够在时间连续性轨道上根据历史、经验与传统对未来作出合乎规律的预测，但高风险社会所潜藏的不确定性打破了心理安全感。不确定性带来的专业快速分化与重组使专业工作者不可避免地遇到"我在哪里""我是谁"的本体安全问题。本体安全（ontological security）是安东尼·吉登斯（1998）现代认同理论中的一个核心概念，它是指"时间上的连续和有序的感受"。专业工作者，尤其是新兴专业的从业者往往在遭遇连续性中断的情境下面临不知道"我是谁"的专业身份认同危机，而这一危机对专业工作者的专业发展的影响是至关重要的。因此，本体安全是促进专业工作者专业身份认同的逻辑基点，而其最终指向则是专业工作者可持续的专业发展。

教师教育大学化之后，文理专业的教师认同了文理学科专业的专业身份，而处于文理学科与教育学科之间的学科教学论教师却面临着专业身份认同的尴尬。他们难以认同学科专业身份，也难以认同教育专业身份，从而处于一种居间的摇摆状态。有学者认为，"'夹缝生存'可谓学科教学论教师真实而形象的身份隐喻"（杨跃，2011）。教师教育大学化严重破坏了学科教学论教师的本体安全，强化学科教学论教师对其专业身份的认同，是促进其专业发展的重要前提，也是中小学教师专业发展的迫切需要。

二、学科教学论教师专业身份认同的对象

"认同"（identify）是一个意向性的动作，它意味着主体对客体与某种状态符合程度的认识与判断。英语中对 identify 的解释如下："show prove, etc. who or what sb/sth is；recognize sb/sth（as being the specified person or thing）确认、证明某人/某物；鉴别出（系某人或某物）。"（霍恩比，2002）也就是说，认同必然要指涉一个特定的对象，那么，专业身份认同的对象是什么呢？——专业自我。专业自我是"我"在专业领域中呈现出来的特征集合，专业身份认同是对现实状态的专业自我与理想状态的专业自我符合程度的判断。专业自我只是自我所具有的多面性中的一个维度，认识专业自我的起点当然是从其母体——自我入手。

自我（self）是在社会互动过程中反思性经验建构的产物。身体是形成自我的重要基础，弗洛伊德（2011）主张："自我首要地是身体的自我（bodily ego）"，

但他紧接着又说:"它不仅仅是一个表面的实体,而且本身即是表面的投影。"身体是自我形成的基础,但绝不是自我本身,甚至不是自我的核心要件。米德(2005)说:"自我原来并不是生物学上的有机体。生物学上的有机体对它是必不可少的,但我们至少可以想象一个没有有机体的自我。"在自我理论体系中,物质性身体获得了社会文化的意义从而表现为一种身体符号。"身体本身是自然的产物,但在现实生活中,身体却不是一个纯粹的自然性事实……身体不仅是一个生物性存在,更是一个社会文化建构。"(刘文,2007)物质性身体不是自我的核心,因为人们可以将生物性特征完全相同的一对同胞兄弟区分开,即使最精湛的易容术也无法彻底混淆理性的判断力。那么,自我的本质规定性是什么呢?米德(2005)认为,"自我,作为可成它自身的对象的自我,本质上是一种社会结构"。"自身的对象的自我"表明:自我是一种反思性的存在。反思即是对经验的概念化与重组,而经验在本质上是社会性的,是在参与社会互动的过程中获得的,因而自我便被赋予了道德实践的特征。弗洛伊德(2011)在论述"本我""自我"和"超我"三者的关系时写道:"从本能控制的观点来说,从道德的观点来说,可以说本我是完全非道德的;自我是力求道德的;超我能成为超道德的。"封闭的自我是不存在的,自我只有向外界敞开、投入到社会过程中才能获得存在的意义。因此,自我并非一种纯粹的物质实体,也不是纯粹的心灵产物,而是超越于生理与心理之上的社会存在。米德(2005)在自我结构中区分了主我(I)与客我(Me)。"客我"体现着"代表共同体中其他人的那一组态度",而"主我"则是"当共同体的态度出现在个体自己的经验之中时个体对这种态度所作的反应"。客我是自我对共同体的被动适应,而主我是自我对共同体的主动选择与创造,主我与客我构成了完整自我的两个方面。自我经验不仅是主体自身的经验,也包含共同体中他者的经验。总之,自我需要从个体的生理和心理过程中解放出来,成为存在于社会过程中的社会建构之物,每一个社会过程的参与者都是自我的建构者。

自我是在社会过程中被建构出来的,而在个体的生命过程中会参与到不同的社会过程,从而表现出自我的多重性特征。专业自我是自我的一个侧面,是在专业实践过程中集中体现专业性的一组自我特征。专业是社会分工进入高级阶段的产物,它不仅是职业发展的结果,也是权力控制的象征。严格的专业制度要求专业工作者具有一组不同于普通职业者的资格条件,如医生执业资格制度、律师执业资格制度、教师资格制度等,是否具有这类资格条件是判断从业者准入许可的根本尺度。专业是发展的,专业制度也是发展的,专业工作者在整个专业发展生涯中都面临着对专业自我特征的不断再认同。只有专业人员具备了与专业制度所要求的专业资格条件和自我理想中的专业标准相匹配的专业自我特征，才能获得正向的专业身份的认同感。因此，专业身份认同是对专业自我特征的认识与判断。

尽管学科教学论教师也是大学教师，但与其他专业的大学教师相比，在专业责任、专业知识、专业发展、专业组织和专业实践构成的这一套符号系统中，学科教学论教师应当具有不同于一般大学教师的专业自我特征。学科教学论教师只有强化专业自我特征符号系统的特殊性，才能避免在大学组织文化中陷入专业身份认同的"迷茫"。

三、学科教学论教师专业身份认同的主体

既然专业身份认同的对象是专业自我，那么，紧接着的问题是：谁对专业自我进行认同？如果专业自我是内在于个体生理机制和心理过程的存在，那么，它成了不能经验的、封闭式的存在。如果专业自我是不能经验的、封闭式的存在，那么，谁能够对它进行认识与判断？又以何种方式进行认识与判断呢？若真是这样，对专业自我的认同只能由专业人员自己诉诸"笛卡儿式的沉思"。因为既然是不能经验之物，任何主体只能思考它而不能观察它；既然是封闭于个体之中，他者的介入也只能是一种基于非经验式的移情性推理。如此一来，专业身份的认同就完全成为一种封闭于个体自身的内在心理过程。事实果真如此吗？安东尼·吉登斯（1998）在深入分析这一问题之后，得出的结论对此进行了回答："一种自我的超验哲学，在无法弥补的唯我论中得以终结。"因此，专业身份认同需要将专业自我从个体的内在心理过程中解放出来。专业自我原本就应该是专业人员在专业实践过程中经验建构的产物，它存在于社会过程中而不是隐居在某个生物体的内部。一方面，专业自我在社会过程中被建构出来，从而获得某种特定的身份标志；另一方面，社会也是在众多专业自我的组织过程中得到统一。米德（2005）认为，"一个群体的组织与统一，也就是在那个群体所从事或者说所进行的社会过程中产生的任何一个自我的组织与统一"。确立专业自我的社会性特质是确定专业身份认同主体的前提。

专业身份是专业自我的表意符号系统，专业身份认同就表现为对专业自我符号系统的认识与判断。这种认识不能基于"笛卡儿式的沉思"，而是要诉诸经验的手段，因为自我本身就是经验建构的产物。个体如何经验到专业自我呢？

米德的回答能带给我们重要启示。米德在这里引入了一个重要的概念："泛化的他人"，指与自身具有密切联系的共同体成员。每个个体只能在将"泛化的他人"对我的经验内化到自我经验结构之中，才能将其进行概念化并重组。如果离开了"泛化的他人"，每个人都无法认同自我的身份究竟是什么，甚至根本就不会意识到"我是谁"的身份问题的存在。"个体经验到他的自我本身，并非直接地经验，而是间接地经验，是从同一社会群体其他个体成员的特定观点，或从他所属的整个社会群体的一般观点来看待他的自我的。"（米德，2005）身份问题产生于共同体之中，也只能从共同体中为身份认同求解。既然专业自我是存在于社会过程中的经验建构的产物，它是客观存在的，那么，任何一个专业自我都具有社会属性从而可以得到社会过程参与者的共享。例如，张三的专业自我是张三的，但同时也是属于他所在共同体的，每个共同体成员都是张三的专业自我的建构者与认同者。因此，专业身份认同的主体既包括"我"，也包括与"我"在同一个共同体中的他者，"我"与他者都是专业身份认同的主体。在具体的他者之外，还有一个"大写的他者"即社会，它表现为共同体的组织制度。所以，专业身份认同包括自我认同、他者认同和社会认同。

包括"我"、他者和社会在内的主体如何能够经验到"我"的"自我"？这源于人这类存在的三大特性：社会性、对象性和符号性。作为社会性的存在者，每个人都不可能满足于内心世界的"孤芳自赏"，而是要在社会体系中找到自己的存在价值和合法坐标，而他者除了运用移情手段之外是无法认识到"我"的自我的。因而人本能地成了对象性的存在者，他总是要将其内在特质客体化到对象物之中，从而被他者和自己经验。被赋予了人类理智的对象物构成了一个社会性的符号，这种符号的不断抽象便产生了语言。语言是经验的表达，语言这类符号成为人们由社会经验建构自我的基本材料。正是在这个意义上，卡西尔（E. Cassirer，1874—1945）认为，人是符号化的动物。"人不再生活在一个单纯的物理世界中，而且生活在一个符号世界里……我们应当把人定义为符号的动物，而不是理性的动物。"（卡西尔，2009）符号表达经验，经验建构自我，身份是关于自我特征的表意符号。在一个共同体中，符号具有鲜明的主体间性，不同主体才能理解到特定符号的基本意义。既然如此，专业自我就不再是某个个体的私有财产，而能够得到包括"我"、他者和社会在内的各个主体的广泛认识，进而对其专业身份作出判断。

职前教师是学科教学论教师直接的教育对象；中小学教师曾经是学科教学论教师的教育对象，现在也是专业发展的重要合作伙伴；学科专业教师是学科教学论教师的同事和伙伴。他们都是学科教学论教师专业身份认同与建构的重要他者。因此，学科教学论教师专业身份的认同与建构不是"孤军奋战"，而是在与众多他者合作的过程中，通过他者的参与来获得专业身份的意义。

四、学科教学论教师专业身份认同的性质

"认同"首先是一个心理学的重要概念。朱智贤（1989）主编的《心理学大词典》认为，"认同"是"社会化过程中个体对他人的整个人格发生全面性、持久性的模仿学习"，它是"一种防御性机制，指由于某种动机而有选择地模仿别人某些特质的行为，如模仿他所崇拜或羡慕对象的某些行为"。顾明远（1990）主编的《教育大词典》对"认同"的定义如下："认同即自居作用，是把自己亲近的人或尊重的人作为行为榜样进行模仿或内投自身的过程。"按照这样的理解，"认同"大体相当于"认可"和"同化"两个心理过程的总称，认同行为的主体是具体的个体，对象是他人的人格。identify 的本义是"认为……同一"，相当于"认可"却并不包含"同化"之意。我们所理解的对专业身份的"认同"正是在"认为……同一"即"认可"的意义上使用，而"同化"的意义大体相当于本书中的"建构"。心理学理解"认同"是处于心智活动内部的心理机制，具有鲜明的主观特征。

心理学意义上的"认同"具有重要的现实意义，它是个体获得本体安全的重要途径，专业身份认同的研究也汲取了大量心理学研究的成果。有学者认为，专业身份认同是"个体对自己作为专业人员身份的辨识与确认"（张军凤，2007）。还有学者认为，"专业身份认同是在强调'个体自我'的前提和基础上，不断地自主选择、认同和建构'社会自我'"（胡美云，2009）。一般来说，认同被视作正向的心理过程，良好的认同被当作健康人格的重要特征。但是，一个精神病患者可能高度认同自身是某领域科学家的专业身份，可实际上他根本就不是一个健康的人。这样的认同可能会让患者获得"本体安全"，但它根本不具有社会意义。我们认为将心理学意义上的"认同"扩展到社会学意义上的"认同"，具有重要的理论价值和现实价值。当然，扩展并不是抛弃，而是在继承的基础上发展与超越。认同不只是个体的心理现象，而是一种社会现象，运用社会科学的研究视角和方法对其展开研究定能获得不同的洞见。如此一来，专业身份的认同就不再只是个体的主观心智活动，而是一种客观存在的社会现象。"认同从

一个心理分析的技术术语成为社会学研究的一个综合概念。认同不仅仅是简单的个人心理过程，它反映了个人与社会、个体与集体的关系。"（王莹，2008）因而，"寻找认同的过程，就不只是一个心理的过程，而是一个直接参与政治、法律、道德、审美和其他社会实践的过程"（袁祖社，2010）。

作为社会现象的专业身份认同如何具有超越于主观之上的客观性呢？这基于两点：一是认同主体包括个体的自我、他者和泛化的他人即社会。如果说自我和他人的认同还是具有鲜明主观色彩的心理过程的话，社会对专业工作者专业身份的认同则显然是超越于主观之上的客观存在。一名专业工作者是否具有真正的专业身份，这不仅要获得自我的认同、他者（如同事，朋友等）的认同，还要得到专家集团这一社会机制的认同。试想：如果专家集团并不认同某人的专业身份而他自己还到处宣扬他是"××专家"，这难道不会被认为是精神病患者的表现吗？完整意义上的认同将他者认同和社会认同包括进来，就突破了认为"认同"是主观心理过程的思维定势，从而具有了社会学意义上的客观性。二是认同的对象是专业自我。从字面上理解，专业身份认同的对象应该是专业身份，这是显而易见的。继续追问专业身份是什么？它是表征专业自我社会特征的符号，即是对专业自我的命名。当我们在谈论某人具有某种专业身份的时候，直接言说的语词只是一个符号而已。但符号所代表的内容却是实实在在的，是关于专业自我的一个特征集合。前文的分析已表明，自我不是依附在个体身体上的"生物之我"，也不是隐居在个体内心世界的"心理之我"，而是存在于社会互动过程中由反思性经验建构出来的"社会之我"。只有"社会之我"的自我才能够同时被包括自我、他者和社会在内的不同主体所经验，并作出判断。按照这样的思路，专业身份认同就超越于主观的心理过程，获得了其存在的客观依据。当然，专业身份认同的基础还是心理过程，超越只是在这一基础上的发展。

学科教学论教师的专业身份认同也就不只是学科教学论教师自身的心理过程，而是一个众多他者参与的社会过程。即使学科教学论教师对自身有较高的专业身份认同水平，如果得不到他者的认同，其专业身份的实际意义就难以有效发挥出来。这些主体对学科教学论教师专业身份的认同水平是其专业身份价值的重要体现，也是影响学科教学论教师自身专业身份认同水平的重要变量。

第三节

学科教学论教师专业身份的建构

学科教学论教师专业身份的建构是从"我实际是⋯⋯"的实然状态到"我应该是⋯⋯"的应然状态的变迁过程，是"去成为⋯⋯"的过程，也是专业身份认同水平不断提高的过程。如此看来，专业身份认同是一个动态的、发展的概念。要实现从实然状态到应然状态的跃升从而去建构某种高度认同的专业身份，离不开自我与他者的参与，也离不开文化与制度的规约。

一、学科教学论教师专业身份的过程性建构

专业身份建构的过程性特征缘于人是一种过程性的存在者。人是什么？对于这个问题当然会有无数的回答，而没有一个所谓的标准答案。这一事实正好说明，人是一个具有无限可能性的存在者，人可以是一切，关键是看你愿意或者希望是什么。当然，人首先是一个生命有机体，这一物质性肉体组织的存在是人的存在前提。离开了它，人的精神与意义便失去了物质基础，但它绝不构成对人本质理解的核心，甚至只是微不足道的部分。人具有自在的自然属性和自为的社会属性这两重性："人直接地是自然存在物"，但是，"人不仅仅是自然存在物，而且是人的自然存在物，就是说，是自为地存在着的存在物，因而是类存在物"（马克思，2000）。人这类存在物存在的特质在于对意义的寻求。"人不仅仅是一种存在，而且是知道与理解存在，并赋予各种存在以命名与指称的特殊存在"（衣俊卿，1999），人是"探索存在的终极意义的存在"（赫舍尔，2007）。人对意义的理解具有无限的丰富性，因而对人是什么的回答必然是开放的，而没有一个终极的答案。如此一来，人就是永远生活在"去成为人"的过程之中的存在者。基于意义的寻求，人会不断地给自己描绘出"我应该是什么"的美好蓝图以引领"去成为人"的道路。人成为面向未来的存在者。"在把自己投入未来之前，什么都不存在⋯⋯人除了自己认为的那样以外，什么都不是。"（萨特，2005）正是在这个意义上，"人是什么"也就远不只是一个实然的问题，而表现出应然世界的特征。行走在这一追求应然世界的过程中的人永远也不能达

到终极，而只是"在路上"。

专业身份是认识专业工作者的存在状态的一个视角，或者说是从一个侧面对人的存在的认识。专业身份的建构同样具有过程性的特征，从而表现为"去成为××"的过程。这一过程的起点是专业身份的实然状态，就是对过去和当前的"我"具有何种专业身份之回答，表现为"我是……"的陈述方式；终点（或者称作"指向"）是专业身份的应然状态，是对"我"应该具有何种专业身份之回答，表现为"我应该是……"的陈述方式。个体对"我是……"的实然状态的认知主要通过经验的反思来获得。人是反思性的存在者，他通过对经验的概念化与重组来获得有关自我特征的认识。加德纳（H. Gardner，1943——　）的"多元智能理论"提出人具有 8 种智能，其中之一便是自我认识智能（即"反思智能"），指关于建构正确自我知觉的能力，并善于用这种知识计划和导引自己的人生（琳达·坎贝尔，布鲁斯·坎贝尔，狄瑾逊，2001）。反思（reflect）同样受到了唐纳德·A. 舍恩（D. A. Schon，1930—1997）（2007）的高度推崇，并提出了"行动中反映"（reflecting-in-action）和"实践中反映"（reflecting-in-practice）两个重要概念。需要明确的是，专业工作者所用来反思的经验不仅是自己的经验，也包括来自他者的有关"我"的自我的经验，如顾客、同事和同行对"我"的自我的经验，即"主我"与"客我"的统一。语言等符号为不同主体之间进行自我经验的交流与重组提供了支持条件，从而能够在不同主体内部建立起其对某个具体专业工作者的专业身份认同，也能够在不同主体之间建立起具有主体际性的专业身份认同。个体对"我应该是……"的应然状态的认知主要通过内化、反思与想象来形成。在实践中，专业工作者遇到的重要他人都对其应该具有的专业身份特征存在不同程度的期待，如顾客总是会在与专业工作者互动的过程中传递出希望专业工作者能够提供什么样的专业服务的有关信息。又如，专业共同体为了加强行业自律，制定出各种专业标准和伦理规范，这些也成为专业身份应该具有特征的具体描述。专业工作者将这些他者的期待与要求内化，并对自身的专业实践经验进行反思与整合，形成应然状态中专业身份的理想框架，最终完成个体对"我应该是……"的理论陈述。

专业身份的建构过程表现为一个"去成为"式的连续体。专业工作者都是从非专业工作者开始的，在取得专业共同体的资格认证和从业许可之后，专业工作者完成了专业身份建构的第一次质的飞跃。但这种制度性专业身份的获得，并不意味着文化性专业身份的确立。也就是说，专业共同体承认了你的专业身份，顾客和同事却不见得就认同你的专业身份。另外，制度性专业身份的获得也不是一劳永逸的，而是面临着不断的再认证。概言之，专业制度和专业实践中的市场机制会对专业工作者的专业身份认同持续地制造危机，如专业工作者评聘制度改革、专业资格认证制度的分级式管理、顾客对专业服务的满意度评价等。在这些威胁性因素的作用之下，专业工作者会担心在他者那里是否认同其专业身份。这种担忧使专业工作者随时都有可能遭遇到"我是谁"的困惑，从而面临种种负面的心理困扰。专业身份的认同与建构是专业工作者整个专业生涯中的永恒主题，他们正是在不断地解决专业身份认同危机的过程中成长的，也总是行走在"去成为"某种应然状态中的专业身份的路上。

如果说学科教学论教师在师范教育时代对自身专业身份的认同问题还比较隐蔽的话，而在教师教育大学化之后，其专业身份的认同问题便凸显出来。认同与建构学科教学论教师的专业身份成为其职业生涯中的重要主题，因为这不可能是一个一劳永逸的过程，而只能永远处在"去成为"的路上。每一位负责任的专业工作者随时都在追问"我实际是……"与"我应当是……"之间的差距，并通过建构的努力去逐步消弭这种差距。

二、学科教学论教师专业身份的关系性建构

本质主义（essentialism）和建构主义（constructionism）在对身份的理解上具有不同的立场。本质主义认为，世界及其所容纳的万物均存在一个恒定不变的规定性，身份所具有的本质特征不随时间而改变，这些特征先在地存在着并决定人们在社会中的身份和地位，人们无力选择与改变其身份。这样的身份理论视角能够适应前现代社会人们的生存境遇，人们的身份主要是由血缘、家族等非社会性因素先天决定而很难在后天改变，比如，出生于帝王之家和贫农之家的孩子，天生就具有不同的身份特征。但是，在现代社会，本质主义的身份视角必然无法抵抗建构主义的挑战。建构主义认为，行动与变化是社会发展的根本动力，静止不变是令社会窒息的毒药。波尔（A. Burr，1995—　）提出了社会建构理论的 4 大前提：保持对习以为常的知识的批评态度，知识具有历史的和文化的不确定性，知识与社会过程相联系，知识与社会行为相联系。在建构主义的视野中，一切社会事物都是处在不断的发展变化中的。专业身份是专业工作者在专业实践过程中形成的，表征其在专业共同体中所处坐标的自我特征的表意符号系统。专业身份的获得并非一蹴而就，而是处在不断的形成过程之中。"身份的形成过程是个人试图理解自己同时也被他人或环境所理解的一种

持续的建构过程"(Beijaard，Meijer，Verloop，2004)，身份建构是"一系列自我定义和对自我建构不断修正的过程"(Marchand，Parpart，2003)。专业身份的建构也就是个体在专业共同体中获得自我、他者、社会认同的专业自我的再认过程。

专业身份建构的关系性缘于人是一种关系性的存在者。自人类社会形成之日起，人就不再是一个孤独的存在者，而是处在社会总体的网络结构之中的存在者。马克思(1972)说："人的本质并不是单个人所固有的抽象物。在其现实性上，它是一切社会关系的总和。"人处在社会关系之中，与众多的他者具有千丝万缕的联系，对人的全部意义的理解也只能从社会关系中去获得。"对于各个个人来说，出发点总是他们自己，当然是在一定历史条件和关系中的个人，而不是思想家们所理解的'纯粹的'个人。"人是不能孤独地认识自己的，人的意义只能在关系之中去理解。"关系并非太虚幻境，它是真实人生惟一的摇篮。"(马丁·布伯，1986)自从人作为物质性的肉体产生之后，人逐步地与自我、自然、他人、思想、理论、意识形态等建立相应的关系。"是人创造了社会，而不是社会创造了人。人在创造社会的过程的一开始也就与社会关联着了，从而，同时就创造了与社会的关系。"(张楚廷，2006)人所面临的关系世界除了与社会的关系之外，还有与自然的关系，与精神实体的关系。在人创造关系之后，关系犹如一张巨大的网，笼罩着生活于其中的每一个人，作为一种客观化的力量制约着其中每一个个体的生长与发展。"有些关系蔓延到可见和难见的各个领域，有些关系深深地影响着人们的行为，有些关系通过种种途径渗透进人们的生活。有些关系被渲染得强大起来，有些关系事实上很强大。"(张楚廷，2006)每一个个体都处在关系网络结构之中，离开了关系，我们根本无法获得对一个人的任何正确的理解。身份的认同与建构是对人在其所处的关系世界中所具有的意义世界的理解。"身份在根本上属于一种'关系型'现象"(Beijaard,Meijer,Verloop，2004)。专业身份是对专业工作者在专业组织结构中所具有的专业自我特征的描述，在专业身份这一表意符号下所蕴含的正是专业自我所具有的关系性特征。因而，专业身份实质上是一种关系型的社会现象。

专业工作者是活动于一个特定的关系结构之中的存在者。不同于一般职业，专业职业对从业者有着更高、更严格的要求与规范，社会对专业工作者也有着更高的社会期待。顾客、同事和同行是专业工作者的重要他人。顾客是专业工作者的服务对象，同事是在同一个专业机构中的共同工作者，同行则是在机构之外更大的共同体中从事同一专业工作的人。能否发现、满足和引导顾客的需求，是专业工作者是否具有存在价值的重要判断标准之一，同事和同行则是专业工作者重要的合作伙伴和评价主体。专业工作者是否具有某种专业身份，这不只是专业工作者自我认同的问题，而且需要得到这些他者的认同。如果"专业工作者"的工作没有得到顾客的认同，他就不能建构起相应的专业身份。一个没有患者求医的"医生"，能称得上是医生吗？一个没有办理过法律诉讼案件的"律师"，算是真正的律师吗？类似地，一个专业工作者的专业身份还需要得到同事和同行的认同。也就是说，专业身份建构不只是专业工作者的自我建构，还需要顾客、同事、同行这些重要他人参与到专业身份建构过程中来。除此以外，共同体的组织制度也是一种重要的建构力量。专业不同于一般职业的显著特征就在于，专业具有包括专业伦理、专业知识、专业组织等在内的专业制度保障，专业制度为专业的存在设置了边界或者叫进入壁垒。专业工作者要获得专业身份的起码条件就是要获得专业制度的许可。总之，专业身份是一种关系性的社会现象，专业工作者是建构其专业身份的主体，但包括顾客、同事和同行在内在的重要他人及专业制度都是专业身份建构的重要参与者。因为他们都处在专业工作者所存在的关系结构之中，并对专业工作者的专业身份建构具有重要影响。

学科教学论教师的专业活动同样处在一张由众多他者构成的关系网之中，彼此之间错综复杂的联系，使其专业身份的建构不可能是"独角戏"，而是共同参与的"大合唱"。在内因与外因的辩证关系中，我们当然坚持内因起主导作用，但也不能否认或者轻视外因的作用。学科教学论教师专业身份的建构主要依靠自身的努力，却也离不开他者的参与。在他者身上表现出来的"客我"会成为学科教学论教师形成"主我"的重要资源。正是在"客我"与"主我"循环往复的互动过程中，专业自我的特征不断丰富起来并且形成自身的特色，专业身份才能逐步得到建构，专业身份的认同水平才能逐步提高。

三、学科教学论教师专业身份的规范性建构

专业具有鲜明的权力特征。专业社会学中存在两种理解专业的理论模式：特质模式和权力模式。特质模式强调专业内在地具有的不同于一般职业的规定性，权力模式则是从专业共同体对专业事务的控制权出发理解专业。拉尔森（M. S. Larson）将专业定义为一群提供某种专门服务的生产者，他们能够创建和控制销售自己专门技术和产品的市场。拉坚（G. Larkin）借用韦伯的"社会封闭"

（social closure）概念，将专业理解为"职业帝国主义"（occupational imperialism）。周钧（2009）在综合各种专业定义之后，将"专业"定义为："专业是一种职业，它具有对职业实施控制的权力和特征。这种控制权包括对市场的控制权、在与消费者关系上的控制权以及对分工制度的控制权。"权力理论模式下的专业共同体拥有较大的自治权。加勒西契（J. Gallessich）认为，专业自治意味着专业人员决定本专业的教育和培训标准，不受外行的评判和控制，并积极地帮助国家制定规范。专业共同体的自治形成了专业在社会职业系统中的垄断地位，制度性的专业边界为非本专业人员的进入设置了森严的壁垒（Gallessich，1982）。与此同时，也对本共同体中的成员形成了刚性的约束力。这不但是专业共同体伦理上的自律，也是社会管理者对专业共同体博弈的必然要求。为了不让专业工作者滥用专业权力，专业共同体必须对其成员建立具有较强约束力的制度规范。从权力与身份的关系来看，社会身份存在于权力关系之中，并通过权力关系而获得（Jenkins，1996）。专业工作者要想在共同体中获得公认的专业身份，就必须遵守共同体的制度规范，因为专业制度是由专业权力予以保障的。由此可见，专业工作者专业身份的获得不仅仅是个体的自主建构过程，也是主动遵守专业共同体及社会管理机构制度规范的社会建构过程。

从文化的角度来看，专业工作者在专业实践过程中形成了独特的专业文化，从而形成对专业工作者实践方式的规范作用。文化是"历史地凝结成的稳定的生存方式"，是"内在于人的一切活动之中，影响人、制约人、左右人的行为方式的深层的、机理性的东西"（衣俊卿，2001）。文化是在个体之间的互动过程中形成的，内隐于共同体成员的社会关系之中的约束力量。文化形成机制的自发性和表现形式的内隐性，使得社会成员不会刻意地留心它的存在，但实质上，它是一种规范社会成员行为的客观力量。每个社会成员都是形成特定文化的重要参与者，但每个具体的个体在社会文化形成中的力量又显得那么微不足道，以至于不得不接受文化力量对个人行为方式的规约。专业共同体也同样拥有自身的专业文化。这是专业工作者群体在专业实践过程中，通过与顾客、同事、同行及其他相关主体的社会互动而形成的。这种专业文化也许没有上升到制度规范的层面，但它已内化到专业工作者的实践方式之中，并且在专业实践中不断地承续和生成。习得、认可、内化特定的专业文化，是建构专业工作者专业身份的必要条件之一。对专业文化的排斥与否定必然会将自身排除到专业共同体之外，而无法建立专业身份认同。

专业文化与专业制度是建构专业身份的两种重要的规范力量。弗雷德逊（E.

Freidson）认为，专业这样一个有限的职业群落中每个个体都分享特定的、或多或少类同的制度和意识形态属性（Freidson，1994）。专业文化与专业制度二者之间并不存在不可逾越的鸿沟，而是具有某种程度的通约性。专业文化所象征的对某种实践方式的软性约束，完全可能上升到专业制度层面的刚性要求。学科教学论教师专业身份的建构过程，就表现为他们与专业文化、制度等规范性力量之间的互动过程。

总之，学科教学论教师专业身份建构具有鲜明的过程性、关系性和规范性特征，其最终指向是促进学科教学论教师专业身份认同和可持续的专业发展。

第四章

学科教学论教师专业身份的分析框架

通过理论研究和访谈调查，可以看出，专业责任、专业知识、专业发展、专业组织和专业实践是认同学科教学论教师专业身份的5个基本维度。学科教学论教师通过培养职前教师和在职教师的学科教学知识、能力与智慧来履行其专业责任。他们所要创造、传递和发展的知识不是学科专业知识，也不是纯粹的教育学知识，而是将学科知识和教育学知识在教学情境中有机融合后生成的学科教学知识。他们的专业发展不能按照学科专业教师的发展模式进行，而要形成具有自身特色的专业发展范式。在行政组织和学术组织关系中确立学科教学论教师的独立地位，是认同其专业身份的重要支持条件。中小学课堂教学情境是建立学科教学论教师反思性实践家特质的重要平台。由这5个维度构成的分析框架，是我们研究学科教学论教师专业身份的基本工具。

第一节
学科教学论教师专业身份的责任之维

一项普通职业要达到专业标准的首要条件，是为社会提供独特的服务，承担着其他专业工作者无法替代的专业责任。因此，专业责任也就构成了区分学科教学论教师与其他专业工作者不同专业身份的首要标志。那么"责任是什么""对谁负责任"和"负什么样的责任"则是认识学科教学论教师专业身份责任维度的3个基本问题。

一、专业责任是专业工作者首要的伦理规范

《汉语大词典》（1986）对"伦理"的解释有二："①事物的条理。②人伦道德之理，指人与人相处的各种道德准则。"在道德的意义上，"伦理"之意当然取后者，即人与人关系之理为伦理。人，从其为人之日起，就处在各种人际关系之中，也只能从人与人的关系之中获得人的存在论意义。马克思从"目的-手段"二重性的角度对人的关系本质的认识，深刻地揭示出了人应当具有的责任伦理。马克思（1979）指出："①每个人只有作为另一个人的手段才能达到自己的目的；②每个人只有作为自我目的（自我的存在）才能成为另一个人的手段（为他的存在）；③每个人是手段同时又是目的，而且只有成为手段才能达到自己的目的，只有把自己当作自我目的才能成为手段。"人是自我的目的，每个人都有权追求自我的幸福；人也是他人的手段，每个人都肩负着为他人承担责任的义务。只有在这种辩证关系之中，社会才能和谐，个人才能幸福。这是人之所以为人的质的规定性，每个人在享有自我权利的同时，也必然应当尽到自我责任。即便是普通人也当如此，何况专业工作者乎？

每个人在社会关系网络中都面临着多重社会关系，对于调节关系之伦理也自然会有多重性。从不同角度也可以提出对伦理的不同要求，如家庭伦理与学校伦理、教师伦理与医生伦理、经济伦理与生态伦理。责任自然伴随着这些伦理范畴而产生。"人的责任从本质上讲是一种关系范畴，它发生于人与一切外部

世界的现实关系中，而体现的却是人与人、人与自然、人与社会的各种关系。"（聂海洋，2009）《汉语大词典》（2003）对"责任"的解释是："①基本义：分内应做的事。②没做好分内应做的事，因而应承担的过失。"第一义是任何理性主体在行为发生之前自觉认识到的其行为的正当性，从这个意义上讲的责任，叫事前责任；第二义是行为主体对其行为发生之后所产生的后果所应采取的补救措施，叫事后责任。事前责任只是主体道德认知意义上的责任，事后责任是主体道德行为意义上的责任。从规范论或者管理主义的意义上谈论责任，往往侧重事后责任。就专业工作者而言，专业服务具有重要的社会价值和影响力，如医生之于人的生命、律师之于社会公正、教师之于人的发展。他们所提供的专业服务具有知识技能的专有性，对服务对象的福祉具有直接影响。专业工作者最重要的伦理规范就是对专业行为的责任。他们不但具有对专业负责的价值必要性，而且具有行动上的可行性。专业行为具有鲜明的自治、自主特征，专业工作者可以自由决策而不受外界干预。

责任是道德的根本，自由是责任的前提。康德（2005）说："只有出于责任的行为才具有道德价值"，"责任就是由于尊重规律而产生的行为必要性"。责任与自由是辩证统一的，只有建立于主体自由、自觉和自主行动基础上的责任才具有道德的意义，也才符合人之为人的本性。马克思（1979）说："一个种的全部特性、种的类特性就在于生命活动的性质，而人的类特性恰恰就是自由自觉的活动。"康德（2005）也认为，"我们必须承认每个具有意志的有理性的东西都是自由的，并且依从自由观念而行动"。要让专业工作者对其行为承担应有的责任，前提必须是其行为基于自由意志的行动。专业自治是普通职业上升为专业职业的重要标志之一。这意味着专业工作者的专业行为具有较大的自由度而免于受到外界的干预。基于自由与责任的辩证关系，专业责任是专业工作者首要的伦理规范。

二、学科教学论教师专业责任的结构性要素

责任是一个社会关系范畴，它从一个侧面表征了关系主体之间的伦理规范。学科教学论教师的专业身份认同与其专业发展是一个问题的两个方面。从外在形式上看，我们所研究的是学科教学论教师的专业身份认同问题；从实质内容上说，就是学科教学论教师的专业发展问题。一表一里的两个方面是辩证统一的。专业身份是专业工作者在专业实践过程中形成的，表征其在专业共同体中

所处坐标的自我特征的表意符号。专业身份所表征的"专业自我"并非孤立的稳定性存在，而是在与众多"自我"的相遇过程中不断生成的，具有鲜明的关系性、实践性、过程性、互动性和建构性特征。学科教学论教师要获得教师教育者的专业身份，只能在专业实践过程之中，与各种相关伙伴进行有效的互动才能最终得到建构。仅仅是孤芳自赏式的自我认同"我是教师教育者"还远远不够，更重要的是，与"我"相关的重要合作伙伴也要认同其教师教育者的专业身份。

在分析学科教学论教师专业责任的时候，首先需要明确在其专业活动中，与其形成关系的主体有哪些。学科教学论教师作为一个社会人，当然会面临着错综复杂的社会关系，如家庭关系、亲属关系、朋友关系等。在此，我们关注的是学科教学论教师作为一名专业工作者，在专业行为中为了完成专业任务而形成的社会关系及专业责任，而不考虑其他关系及其责任，如家庭责任。学科教学论教师主要面临 3 类专业责任主体。[①]

其一，国家与社会。教育与国家命运、社会发展之间具有显著相关性。一方面，经济社会发展为教育发展提供了稳固的物质基础；另一方面，教育事业的发展又为经济社会发展提供了人才智力支持。人力资本理论进行了大量的实证研究，来表明教育对经济增长的贡献。教育与社会的互动关系也是教育基本理论的基本原理之一。经过改革开放 30 多年的社会主义建设，中国各级各类教育事业的发展已从数量供给为主的外延式增长转向质量提升为主的内涵式发展。这也是不容争辩的客观事实。"百年大计，教育为本"；"教育大计，教师为本"。教育事业发展的焦点转移到教师和教师教育，教育质量提升的关键在于教师的专业水平，中小学教师的专业水平至少体现在学科专业和教学专业两个方面。然而，实际上，教师教育领域往往用学科专业遮蔽甚至替代教学专业。如果继续误解"学高为师"的基本内涵，固守"学科为王"的教师教育理念，不尊重教师职业的专业地位，那么，教育质量的提升便没有希望。教师专业的第一要义在于教学专业，而不是学科专业。只有认识到这一点，学科教学论教师的专业价值才能得到认可。学科教学论教师是最能体现教师专业性的教师教育者，是影响教师教育质量的重要因素之一。学科教学论教师通过培养高素质的教师专业人才履行其对国家与社会发展肩负的专业责任。

其二，职前教师。职前教师是中小学教师队伍的后备军和新生力量。在教

---

① 从关系平等性来看，关系双方或多方都是主体；站在其中某一方的立场，其他主体也可称作责任对象。

师教育大学化转型的过程中，职前教师的培养机构以高等学校为主，包括研究生、本科和专科 3 个层次。职前教师的培养质量是影响今后 30~40 年教育事业发展水平的重要变量之一。职前教师是学科教学论教师在当下的直接工作对象，是其面对的最明确的专业行为关系。从教育服务产品交易的角度来看，职前教师或政府向教师教育机构支付了教育费用，教师教育机构就负有提供高质量教育服务的责任。学科教学论教师是向职前教师提供教育服务的教师教育者，他当然负有提高职前教师人才培养质量的责任。在职前教师还没有走上工作岗位之前，其人才培养质量还未能接受实质性的检验，此时的责任还主要是一种事前责任，即从道德意识的角度，认识到自身有责任培养出高质量的教师。随着国家教师资格制度改革的不断深入，这一责任的内涵也随之发生了微妙的变化。《国家中长期教育改革和发展规划纲要（2010—2020）》和《国务院关于加强教师队伍建设的意见》都强调，实施教师资格制度和定期注册登记制度。2011 年，在浙江、湖北两省率先启动中小学教师资格考试和定期注册制度改革试点。2013 年 8 月，教育部发布了《中小学教师资格考试暂行办法》和《中小学教师资格定期注册暂行办法》，这标志着新的教师资格制度框架体系基本确立。师范生只有通过全国教师资格考试，才能申请教师资格。如果我们培养的师范生不能通过"国考"、无法取得教师资格，那么，师范院校举办的师范专业必然会陷入严重的合法性危机。按照目前的师范专业培养模式——通识课程+学科专业课程+教育专业课程+学科教学论课程（含实践课程），似乎应当由学科教学论教师对此负责。但事实上，他们究竟能否真正负得起这个责任呢？又该如何负责呢？这恐怕还有很多值得商榷的问题。但至少可以肯定的是，国家教师资格制度的改革进一步强化了学科教学论教师对职前教师的专业责任。

其三，在职教师。职前教师毕业后走上工作岗位就进入了在职教师范畴。在师范教育时代，由师范院校系统承担职前教师的培养，由教育学院系统承担在职教师的培训，两个系统各自为政、独立运转。在这样的制度框架下，学科教学论教师对在职教师的专业发展便没有责任。然而，在开放化的教师教育时代，教育学院系统逐步并入师范院校系统，教师培养与培训走向一体化。教师教育机构及其学科教学论教师对职前教师、在职教师都承担着特定的专业责任。事实上，随着教师队伍结构的不断优化，在职教师的培训将成为整个教师教育体系的重中之重。从教师专业发展的视角来看，一名中小学教师的专业发展是职前职后一体化的连续性过程，大学教师要为中小学教师专业发展提供持续性的专业支持。在这个社会生活方方面面飞速发展的时代，社会发展的新形势不断地对在职教师提出了新要求,中小学校和国家需要持续地向大学购买新的教育服务,从而要求在大学与中小学之间形成伙伴关系。这种专业责任不仅是职前教师培养阶段专业行为的延续,也是新的专业行为不断生成的客观要求。近年来,各级政府通过"国培""省培""市培""校培"等多层次、多途径,投入巨量资源向教师教育机构购买在职教师的教育服务。在我们看来,学科教学论教师理所应当地是在职教师培训项目的首席专家。他们的专业领域最能切合中小学教师的专业发展需求,与中小学教育的紧密联系使他们在教师培训项目中最有发言权。可以毫不夸张地说,只有他们主持的教师培训项目,才会是更加有效的。如果由那些所谓的"学术权威"来组织教师培训,那么,其效果往往不尽如人意。因为他们尽管是学科的内行或者教育的专家,但是他们不研究学科教学,也就不了解中小学教师的现实需求。

总之,学科教学论教师对国家与社会、职前教师和在职教师负有专业责任。而对这些专业责任履行情况的监督,除诉诸学科教学论教师自身的道德反省之外,更要接受教师教育机构或第三方机构的评估、监督与问责。

三、学科教学论教师专业责任的实体性内容

既然已明确学科教学教师对国家与社会、职前教师和在职教师 3 类社会主体负有专业责任,那么,紧接着的问题是:他们负有什么样的专业责任?即专业责任的实体性内容是什么?

对于国家与社会而言,学科教学论教师专业责任的体现与其他教育工作者具有相当大程度的共性,即通过培养人才来承担对国家和社会的专业责任。一国经济社会的发展越来越依靠其科技创新能力,创新型国家建设成为中国未来发展的重要战略。科技创新能力的增强依赖于一大批科技创新人才,教育担负着培养科技创新人才的历史重任,而这一历史重任的实际承担者是教师。如果说中小学教师是培育国家科技创新能力的重要力量,那么,培养中小学教师的教师教育者就起着更加基础性的作用,学科教学论教师自然位于其中。学科教学论教师服务于国家建设的途径不是通过科技成果创新,而是通过服务于基础教育而最终完成服务于国家、服务于社会的目的。这是学科教学论教师服务于国家与社会的特殊性,但是,如化工学院、物理学院、生命科学学院等专业学院的学科专业教师则不同,他们可以通过科技创新成果的转化服务于社会并直接体现其社会价值。学科教学论教师通过服务于基础教育而体现其社会价值的

间接性或隐蔽性，使学科教学论教师往往羡慕学科专业教师而对自身社会价值认同产生困惑。学科教学知识是教师专业的核心，培养教师学科教学知识与能力的学科教学论教师是提高教师质量乃至教育质量的关键。

对于职前教师和在职教师而言，学科教学论教师的专业责任主要体现在发展他们的学科教学知识、能力与智慧。从教师教育一体化的立场来看，职前教师和在职教师只是教师专业发展的不同阶段，并不存在实质性的差异，因此，我们把这两类主体的责任内涵结合在一起来分析。在教师教育过程中，始终有一个核心问题是无法回避的——什么样的教师是好教师？教师的专业性究竟在哪里？教师教育大学化或许能够提高职前教师学科专业知识的学术性水平，但作为一名教师来讲，仅有学科专业知识是不够的。国内外大量的研究表明，新入职教师尽管掌握了学科专业知识，但依然存在不会教的问题。处于职业生涯初期的教师在学科知识和学科教学知识理解，以及课堂教学特征方面与专家教师存在着显著差异（李琼，2009）。新手教师难以将教学内容与教学情境相结合，难以对学生实施有效的教育影响，从而降低了教学效率。美国学者 Massey（2004）通过对 3 名初任语文教师的研究发现，初任教师缺乏把教学法知识整合进课堂教学的能力。在全民教育水平普遍提高的时代背景下，小学生的家长普遍具有了小学以上的学历程度。如果仅仅是掌握教学内容就可以当好教师，那么，从知识论的角度看，将小学生送进学校并不是必然的。目前，在欧美国家流行的"在家上学"现象就是抗拒学校教育低效的具体体现。教师教育的目的不是让中小学教师"学富五车"，而是要让中小学教师掌握如何将特定的教学内容传递给中小学生，进而培育他们的健全人格。因此，学科教学论教师专业责任伦理的实体性内容，就是通过培养教师的学科教学知识、能力与智慧来履行其肩负的对国家与社会、职前教师和在职教师的专业责任。

第二节
学科教学论教师专业身份的知识之维

普通职业几乎是人人都可从事的职业，它对从业者没有特定的从业要求。

而专业工作者要履行其肩负的专业责任，就必须拥有一套特殊的知识与技能体系，这是将专业工作者与非专业工作者区分开来的重要标志之一。不同专业的专业工作者所要具备的知识与技能体系也具有自身的特殊性。在专业身份的知识维度上，学科教学论教师与学科专业教师之间就存在相当大的差异。

一、学科教学知识是教师专业发展的核心内容

在 20 世纪 80 年代美国教师的专业化运动中，斯坦福大学舒尔曼（L. S. Shulman）教授对教师资格标准的研究发现，当时的教师资格认证标准中缺少了对教师学科知识的要求，他将其称作"缺失的范式"。舒尔曼（Shulman）提出，一名教师应当具备的"教师知识"包括 7 个部分：学科内容知识、普通教学法知识、课程知识、学科教学法知识、学习者知识、教育情境知识，以及教育哲学和历史知识（Shulman，1987）。"学科教学知识"（pedagogical content knowledge，PCK）是综合学科专业知识与教育学知识去理解特定主题，以确定如何组织、呈现学科专业知识从而适应不同学生的兴趣和能力的教学知识类型。综合与整合是学科教学知识的本质特征。只有把学科专业知识与教育教学知识整合起来，才能结束"两张皮"的现象。学科教学知识的概念提出之后，在教师教育界产生了广泛的影响。华盛顿大学的格罗斯曼（P. L. Grossman）在总结前人研究成果的基础上，提出了教师知识的 4 个领域：普通教学法知识、学科专业知识、学科教学法知识和场景知识（Grossman，1990）。学科教学知识包括关于学科教学目的的知识、学生对特定主题理解的认识、特定内容的课程知识和教学策略。还有学者将静态的"学科教学知识"扩展为动态的"学科教学认识"，指教师对一般教学法、学科内容、学生特征和学习情境等知识的综合理解（Cochran，et al.，1993）。

学科教学知识是体现教师职业专业性的根本标志。格罗斯曼认为，"唯有学科教学知识才能区分学科专家和有经验教师之间的差别"（周钧，2009）。中国学者通过对初中教师的实证调查研究，也得出了基本相同的结论："各种教师知识在区分优秀教师与普通教师的过程中所起的作用不同，在这些知识中学科教学知识所起的作用最大。"（韩继伟，等，2011）"学科教学知识是教师从事教育教学活动的知识基础，在教师知识中处于统领性的核心地位，它从根本上决定了教师职业的专业性。"（唐泽静，陈旭远，2010）有学者认为，学科教学知识是教师专业发展的核心这一观点，已经在学界达成了共识（刘义兵，郑志辉，

2010）。如果说学科教学知识已然成为教师知识和教师专业发展的核心，那么，建构教师的学科教学知识当然是教师教育的重要任务之一。库利（T. J. Cooney）认为，"教师获取学科教学知识的途径是教师教育的支撑点之一，相应地它应当成为教师教育研究的焦点"（Cooney，1994）。教师专业化的核心问题是发展学科教学知识，学科教学知识是教师专业发展的前提性条件。要改变当前教师专业发展的现实困境，就需要从学科教学知识的视角出发，构建实践型的职前教师教育和在职培训，积极引导和帮助教师在反思建构中不断生成学科教学知识，从而获得专业成长和发展（唐泽静，陈旭远，2010）。"只有将特定的学科内容与学生的思维特点结合起来，将学科的知识转化为教学中的知识，才能真正促进教师专业知识的发展，提高学生的学习成效。"（李琼，2009）"学科教学知识"被列为美国教师教育认可委员会2001年版认可标准的重要内容，也在中国2011年《教师教育课程标准（试行）》中有所体现。总之，学科教学知识是教师知识体系中的核心，也是教师专业发展的重要内容。

如果说建构教师的学科教学知识是教师教育的重要任务这一命题能够成立，那么，紧接着的问题必定是：谁承担这一职能？回答只能是学科教学论教师这一类独特的教师教育者。学科教学论教师具有学科专业知识背景，又具有教育教学知识背景，具有整合与融合两类不同知识从而形成独特知识类型的天然优势。这是学科专业教师或者教育学教师所不具有的。这从知识论的角度确立了学科教学论教师专业身份不可替代的独特专业价值。

二、学科教学学术是探究与应用相结合的学术

"学术"（scholarship）一词由词根"scholar"（学者）加后缀"-ship"构成。"-ship"表示一种状态、地位、身份和职位。根据《韦氏大学辞典》（1987），"学者"是在某个领域进行高深研究的人或者一个有知识的人；"学术"是一位学者的性格、品格、活动或成就。《辞海》中将"学术"界定为："较为专门的、系统的学问"，学术即为系统的高深学问，显然不同于街头巷尾所传递的常识性和经验性的言说。在《中国现代学术经典》一书的序中，刘梦溪借用梁启超的《学与术》中对"学"与"术"的解释：学也者，观察事物而发明其真理者也；术也者，取所发明之真理而至诸用者也。"从哲学视角看，'学'是指知识、学问、科学等，是认识世界的范畴，解决'是什么'和'为什么'的问题；'术'是指技术、方法、手段、途径和技巧等，属于改造世界的范畴，解决'怎么办'的

问题。"（吕立志，2011）也就是说，学术本身是理论与经验形态的统一。大学是研究和传递高深学问之所，大学教师是活动在大学场景中的学术人，他们以从事学术活动为志业。"高校教师从事的是一种学术性职业，学术性是高校教师的最基本特质，是高校教师职业生涯的核心，自然也是衡量高校教师专业发展水平的重要价值向度。"（曲铁华，冯茁，2009）一个完整的学术概念既包含"学"，也包含"术"。"学"是根基，是"术"之依据；"术"是发展，是"学"之应用。

如果说从事学术活动是大学教师的基本生存形态，那么，什么样的活动算是学术活动？在19世纪以前，教学几乎是大学的唯一职能。但自德国洪堡大学改革以后和美国威斯康星理念提出之后，教学、科研和服务成为其3大基本职能。科学研究被当之无愧地视作学术，而教学则在相当大程度上被科学研究遮蔽，这一现象在第二次世界大战以后表现得更加明显。以美国为例，美国大学普遍出现了对教师评价"重科研、轻教学"的现象，"不出版则出局"（publish or perish）成为大学教师的生存状态的真实写照。大学教师"用在教学上的时间和提高教学质量的努力得不到学校真正的重视和认可，只有在大学中承担科研课题的教师才能够获得较高的地位"（王玉衡，2012）。大学教授的"教学大逃亡"（flight from teaching）所带来的必然后果，是教学质量的下降。这何尝不是当今中国大学教师所面临的客观现实呢？学术内涵的拓展势在必行。美国学者佩里诺（G. R. Pellino）和布莱克伯恩（R. T. Blackburn）等提出5种学术："作为专业活动的学术""作为艺术家活动的学术""作为创新活动的学术""作为社区服务的学术"（scholarship as community service）、"教育学学术"（scholarship as pedagogy）（王玉衡，2012）。1990年，美国卡内基教学促进会前主席博耶（Boyer，2003）提出4种大学学术：探究的学术（科研）、整合的学术（检证）、应用的学术（社会服务）和传播知识的学术（教学）。博耶正式提出"教学学术"之后，在美国高等教育领域产生了巨大影响，有学者将其视作"美国高等教育的分水岭"。

"教学学术"对学科教学论教师专业身份的认同与建构具有重要的价值。教师教育大学化将教师教育者纳入到大学的制度环境中来，接受大学文化的浸染。如果说整个大学形成了一种"重科研、轻教学"的文化生态，从而让教学型的教师面临严峻的生存压力的话，那么，教师教育者就往往被视为缺乏科研学术水准的大学教师。在教师教育者集团中，学科教学论教师与学科专业教师共处于同一个组织生态中，其专业地位更不被学科专业教师所认可。因此，造成了学科教学论教师在现实中的尴尬地位。但是，"教学学术"理念为学科教学论教师在大学中学术地位的合法性提供了有力的辩护。作为以培养中小学教师为己任的教师教育者，学科教学论教师的"教学学术"又具有自身的特殊内涵。学科教学论教师的"学科教学学术"中的"学科"是科学意义上的学科经过转化之后的中小学课程意义上的学科，学科教学论教师的"教学学术"是探讨如何在中小学课堂实施课程的"学科教学学术"，而不是一般意义上的大学教学学术。既然教师教育取得大学化的合法地位，那么，学科教学学术也应当在大学学术体制中得到认可。

博耶对"学术"的分类深化了对学术内涵的理解，但彼此孤立地看待每一类学术活动又有失偏颇。学科教学学术不仅仅是传播知识的学术，同时也是探究的学术，传播知识的过程本身应当成为探究的对象，这样才能更有效地提高教学质量。在既从事探究知识也从事传播知识的意义上，学科教学论教师与学科专业教师具有同等重要的专业地位。

三、学科教学论是学科教学论教师的学术平台

学科（discipline，或译作"学科规训"）是对学术活动专业分工的制度认可。在人类知识急剧膨胀的当今时代，知识总量以几何级数式地不断递增，以知识生产和传递为核心任务的学术活动只能按照专业化的模式来进行组织。马克斯·韦伯（M. Weber，1864—1920）（2005）曾明确地说："学术已达到了空前专业化的阶段，而且这种局面会一直继续下去……个人只有通过最彻底的专业化，才有可能具备信心在知识领域取得一些真正完美的成就……任何真正明确而有价值的成就，肯定也是一项专业成就。"学科的实质就是运用一套制度体系将学术活动的专业分工固定下来，从而对学术人及其活动形成制度性的权力规约，而不单单是知识的活动。"学科规训从来都负载着教育上难解的谜团，也就是既要生产及传授最佳的知识，又需要建立一个权力结构，以期可以控制学习者及令该种知识有效地被内化。"（华勒斯坦，沙姆韦，梅瑟-达维多，等，1999）因此，学科是一种社会践行，它是"历史的产物，并以一定的措辞建构起来"（华勒斯坦，沙姆韦，梅瑟-达维多，等，1999）。尽管也有不少学者对学科所蕴藏的强大权力表示质疑与批判，但是，学科对学术有效组织的社会功能却是不可忽视的。事实上，现代学科体系和制度正是学术活动正常开展的有力保障，大学的一切学术活动甚至是大学的组织结构，都是按照学科类别来组织运行的。

学科教学论是一门什么样的学科？对其学科性质的认识是首要问题。吴俊

明（2003）认为，"学科教学论是研究如何使有关的一般理论跟学科教学实际情况相结合，来指导学科教学实践，并且在学科教学实践基础上研究有关的一般理论，对有关的一般理论进行整合、补充、发展和完善的学科，其核心是以实践为目的的理性设计"。王克勤等（2004）认为，学科教学论是研究学科教学理论及其应用的一门教育学科，它与课程论、教学论并列为教育学一级学科之下的三级学科。在21世纪，学科教学论的发展遇到了各种障碍，刘正伟（2005）倡言要进行学科教学论的范式转换。学科教学论的学科定位应该是为教师职业之旅奠基，以培养反思型教育实践专家为出发点，强化实践性课程知识，倡导案例、叙事，不断从相关学科中吸收新鲜的话语体系，从而实现学科教学论的范式转换。

根据学科的特性，既然学科是学术专业分工的制度认可，学科教学学术是学术之一类，那么，学科教学学术应该被纳入到学科制度体系之中；既然大学的学术活动都是按照学科体系来组织运行的，从事的学科教学学术的学科教学论教师也应该在学科体系中找到自身的坐标。否则，学科教学论教师作为一个活动在大学的学术人，根本不知道自己的坐标在哪里，专业身份无从认同，更无从建构。加强学科教学学科（也称作"学科教学论"或"学科教育学"）建设势在必行，提高学科教学论的学科地位，是认同与建构学科教学论教师专业身份的重要基础。

第三节
学科教学论教师专业身份的发展之维

任何一个专业和专业工作者都处在连续的发展过程中。只有通过持续的专业发展，一个普通职业才有可能逐步成为成熟专业，一名普通工作者才能逐步成为新手专业人员和成熟专业人员。在实现专业和专业人员这种质的飞跃的过程中，专业发展起着至关重要的作用。众所周知，促进中小学教师的专业发展已成为教师政策的主导方向，那么，以促进中小学教师专业发展为己任的学科教学论教师的专业发展更应当受到高度重视。

一、学科教学论教师专业发展的重要意义

在当前教师教育的变革过程中，教师专业化或教师专业发展的理念已被广泛接受。从逻辑上讲，要培养出专业的教师，首先要有专业的教师教育者；要促进教师的专业发展，首先要有教师教育者的专业发展。也就是说，教师教育者的专业发展在教师教育体系中应当居于优先发展的地位。但是，对教师教育者的专业发展并没有得到应有的重视，甚至被忽略。埃莉奥诺拉·维莱加斯-赖默斯（E. Villegas-Reimers）在其由联合国教科文组织国际教育计划研究所发表的论文《教师专业发展：国际文献述评》（*Teacher professional development: an international review of the literature*）中指出，教师教育者的专业发展作为教师专业发展的一个方面却被人们忽略了。我国也有学者指出，"这些关于教师专业发展的论述，大多都不曾质疑教师教育者自身的专业发展问题，好像当下只要具有教师教育者的身份，就是当然的'专业'的教师教育者，甚而具有帮助和促进他人实现教师专业发展的能力。这种判断，不仅不能促进教师专业化，而且有碍教师专业化"（李学农，2012）。

随着教师教育大学化和师范院校综合化转型，原有的教师教育者身份不断分化和消解。学科专业教师、教育学者、中小学经验型教师都不再是专业的教师教育者（李学农，2012）。学科教学论教师是保持教师教育"师范性"、促进教师教育健康发展的专业教师教育者，其专业发展的水平直接关系到教师人才培养质量乃至基础教育质量。因此，促进学科教学论教师的专业发展具有重要的现实意义。

二、学科教学论教师专业发展的基本内容

澳大利亚莫纳什大学（Monash University）的约翰·洛克伦（Loughran，2006）教授在《建构教师教育的教育学》（*Developing a Pedagogy of Teacher Education*）一书中提出一个重要的观点：理解教学和学习教学（understanding teaching and learning about teaching）是教师专业的核心。学科教学论教师是为了并依托中小学课堂教学而存在的，其专业发展的核心内容也是围绕中小学的课堂教学而展开的。如果学科教学论教师不向中小学课堂教学学习，不理解中小学课堂教学，那么，就根本不能完成培养教师学科教学知识和能力的责任。

李学农（2012）将教师教育者（当然包含学科教学论教师）专业发展的内

容概括为 3 个方面："专业的'教'、专业的教'教'和专业的教'学教'。""专业的'教'"是从专业的视角获得对中小学课堂教学的理解，从而获得对中小学课堂教学规律、特点、方式、方法的整体把握。这是学科教学论教师开展专业工作的基点，也是其专业发展的基点。没有对中小学课堂教学的专业理解，学科教学论教师就根本不可能成为专业的教师教育者。"专业的教'教'"指学科教学论教师如何进行以教师为教学对象的教学设计，有效地帮助教师获得对"教"的专业理解，从而使他们能够胜任中小学课堂教学工作即教师的专业发展。"专业的教'学教'"就是"把学做教师的方法教给学习者，以便于学习者能够在教师教育活动中自主地'学教'，自主地获得专业发展"（李学农，2012）。这3 个方面相对完整地概括了学科教学论教师专业发展的内容体系。

三、促进教师教育者专业发展的国际经验

早在 1920 年，美国就成立了教师教育者协会（The Association of Teacher Educators，ATE），是一个致力于提高教师教育者专业水平的独立机构。到 20 世纪 90 年代，美国学区的新发展引起基于大学的教师教育项目发生了新的变革，教师教育者的来源越来越多样化，致使教师教育者的角色越发混乱。如何界定教师教育者的角色成为紧迫的现实问题。正是在这样的背景下，美国教师教育者协会于 1992 年着手组建《教师教育者标准》制定工作小组，项目正式启动。1996 年 2 月，《教师教育者标准》得到教师教育者协会通过，并任命了一个教师教育者标准委员会负责探索标准的实施和使用。2003 年，Van Tassel 主席任命第二个委员会负责对《教师教育者标准》进行修订并开发应用标准进行评估的具体程序。2006 年，McCarthy 主席任命新的委员会继续对标准进行修订，并在 2008 年的冬季会议上颁布（详见附录 1）。2008 年的标准包括 9 个项目，其中，"专业发展"是美国《教师教育者标准》的重要项目之一，具体的指标包括：

系统地反思自身的实践和学习；
积极参与具有明确专业学习目标的专业发展活动；
培养并保持一种教与学的哲学，这种哲学能够通过对研究和实践的深入理解得到持续性的检视；
参与并反思专业学习与发展共同体的学习活动；

将生活经验运用到教与学的活动中。

为评估上述指标的达成情况,《教师教育者标准》还列举了具体的、可操作性的证明材料:

陈述教与学的哲学;
参与专业发展活动的证据;
自我评价;
专业发展的文本证据;
参与专业发展活动获得经验的证据;
佐证书;
反思日志。[①]

20 世纪 90 年代中后期,为提高荷兰教师的教育水平,改善教师教育者专业素质,荷兰教师教育工作者协会提出了"构建教师教育者专业标准和促进教师教育者专业发展"的设想,于 1999 年 6 月出台了第一套教师教育者专业标准,之后在第一套的基础上不断修正并完善,于 2003 年和 2008 年分别制定了第二套和第三套教师教育者标准。第二套教师教育者专业标准施行了 5 年,这套标准主要包括 6 个基本方面:专业能力、专业知识、专业技能、专业态度、专业价值观和专业品质。在专业能力中明确提到"个人专业发展能力:评估自身的表现,并通过反思来改进教育教学实践"(李玲,邓晓君,2010)。

教师专业发展的理念已被我国教育界广泛接受,可教师教育者的专业发展居然还没有受到应有的关注,这实在令人费解。教师教育者是培养教师的人,承担着为教师终身专业发展提供支持的社会职能。如果没有教师教育者的专业发展,那么,教师的专业发展如何可能?从美国、荷兰这些西方发达国家来看,"通过制定科学合理的教师教育工作者专业标准来提高教师教育质量、推动教师教育工作者专业发展已经成为各国学术界的共识"(李玲,邓晓君,2010)。制定教师教育者标准只是一种手段和方法,其根本的指向是教师教育者的专业发展,包括学科教学论教师在内的教师教育者需要加强自身的专业发展,如此才能更好地完成培养中小学教师的专业责任。

---

① 美国教师教育者协会.2008.教师教育者标准.http://www.ate1.org/pubs/Standards.cfm〔2016-03-23〕.

第四节
学科教学论教师专业身份的组织之维

专业身份这套符号体系所表达的实质内容是专业工作者在专业活动中形成的社会关系特征。离开了社会关系，根本就无法理解专业身份的内涵。即使是专业活动中形成的社会关系也会是千丝万缕，但总有一些基本的社会关系是相对稳定的。将这些基本的社会关系稳定下来不仅是必要的，而且是可行的。而将这些基本社会关系稳定下来的方式就是建立统摄它们的组织机构。组织机构为稳定这些基本社会关系提供了有力的保障，也为理解专业工作者的专业身份提供了一个视角。

一、专业身份认同与建构的组织特征

身份在根本上属于一种"关系型"现象，专业身份只存在于特定的社会关系之中，这是由人的存在特性所决定的——人在本质上就是各种社会关系的产物。因此，离开了社会及其关系，专业身份是无法得到恰切的理解的。而在高度现代化的当今社会，各种社会关系往往表现出组织化的特征，也就是通过组织制度将一些社会关系固定下来，从而表现出相对稳定的特征，有学者将其称为"组织化社会"。在组织化社会中，组织是人获得其社会生命的根本凭借。"人依赖于组织就像依赖于空气、阳光和水一样。没有空气、阳光和水，人的自然生命就会丧失，没有组织，人也就没有了社会生命。"（张康之，2008）组织作为超越个人有限性的重要手段，自人类社会之初便已产生，随着社会生产力水平的不断发展，其社会的组织化水平也不断提高。"农业社会主要是通过自然空间把人们整合到了一起，工业社会则主要是通过组织这一社会空间而实现社会整合的。"（张康之，2008）如今，组织渗透进社会生活的每一个角落，任何一个个体都必然会归属于某个或某几个组织。"组织不仅成为现代人最为主要的存在方式与发展形态，而且也是社会良性发展和有机团结得以可能的重要载体。"（蒋玉，刘绛华，2011）

既然专业身份是一种关系型现象,而社会关系又呈现出鲜明的组织化特征,那么,专业身份的认同与建构也只能在组织化社会的视阈中才能够得到有效的理解。组织给专业工作者设定了一个基本的专业活动场域,只有特定专业的专业人员才会在特定的场域中从事特定的专业活动。这正如拿着手术刀出现在医院这种组织机构中的就一定不会是律师或者会计师,我们也不会把在法庭辩论中振振有词的人当作科学家。学科教学论教师要获得专业身份的认同,也需要拥有特定的组织特征,这些组织特征构成了身份识别的重要符号。一般而言,学科教学论教师是活动在大学中的教师,这当然是没有错的。但是,在组织机构越来越巨型化的时代,组织中的专业人员也越来越多样化,就像在医院工作的不一定都是医生一样。医院的正常运转,除了医生之外,还需要会计师、管理者等,大学亦然。在学科化组织的大学机构中,即使同样是大学教师,又有从事不同专业教学与研究工作的区别,而这之间的区别甚至是天壤之别。因而,在一个层级制的组织机构中,一个特定个体的身份确认还要具体考察其更准确的组织坐标。比如,同样在大学,物理学院与政治学院的大学教师的专业身份是不同的。即使同在物理学院的大学教师,将其专业活动定位在(或侧重)科学探究还是教师教育,也就形成了不同的专业身份——物理学者还是教师教育者。这往往又体现在二级学院下设教研室这一基层组织机构的差别上。因此,要解决"我是谁"的身份问题,首先要明确"我在哪里""我属于哪里"这类组织身份问题。

二、学科教学论教师的行政组织关系

组织化社会中的每一个社会成员都有特定的组织归属,这种归属感是个体获得本体安全的重要方式。如果一个人找不到稳定的组织归属感,其内心便容易陷入焦虑、惶恐、不安等消极的心理体验,从而失去本体安全。专业工作者是活动于社会中的重要群体,因为当今社会不但是组织化社会,也是专家统治的社会。人们日常生活的方方面面越来越依靠专家的意见,从而受到专家的支配和影响。学科教学论教师作为以教师教育为己任的专业人员,建立组织归属感是其专业身份建构的基础,其组织关系有两种基本类型:一是行政组织关系,二是学术组织关系。

行政组织关系是社会成员组织归属感的基础。任何一个社会公民都可以在国家行政体系中找到自己的组织坐标,农村村民抑或城市居民概莫能外。大学将社会行政体系浓缩并复制到学校中来，从而形成了一个庞大的科层制组织体系。只有确立这种属于自己的组织坐标，"我"才知道"我来自哪里"，进而追寻"我是谁"的本体论问题，身份的认同也才可能建立起来。从生活经验来看，当个体在介绍"我是谁"的时候，往往从"我来自哪里"开始。比如，一位外出讲学的大学教授，在做自我介绍的时候，往往从"我是来自××大学××学院的×××"开始。如果某学者面对一群法学院的学生介绍，"我是来自××大学教育学院的×××"，那么，可以预见，听众对其专业身份的认同必定会大打折扣，即使他可能真的对法学颇有研究。这足见行政组织关系对于特定个体身份认同的基础性地位，那么，学科教学论教师是否具有普遍认同的专业身份，其重要前提之一也在于对其行政组织关系的认识。根据已有的文献研究，学科教学论教师的行政组织关系存在两种情况：一是学科教学论教师归属于学科专业学院。这是历史上独立师范教育体系的一贯做法，时至今日，大多数教师教育机构仍然沿用此种组织设计方法。二是将各学科教学论教师集中到专门组织机构。究竟哪种组织模式更有利于学科教学论教师的专业发展？这必然面临着严重的分歧和争论。支持前者的认为学科教学论教师不能脱离学科专业，支持后者的认为这样更有利于学科教学论教师的专业发展。我们的立场是支持后者，即将学科教学论教师集中于专门教师教育机构，这样更有利于建立学科教学论教师的组织归属感和提高他们对专业身份的认同水平。

三、学科教学论教师的学术组织关系

学科教学论教师的专业性要求理论与实践紧密结合。虽然任何学术研究都存在理论联系实践的问题，但是，这一点在学科教学论教师身上体现得最为鲜明。有一种观点认为教师教育机构开设的学科教学论课程应该让中小学资深教师来承担，这是典型的重实践、轻理论的倾向。诚然，中小学资深教师具有丰富的中小学课堂教学实践经验，但是，专业化的中小学课堂教学不仅需要实践经验，更需要理论的学术引领。中小学教师可以适当参与学科教学论课程的教学任务，但这只是"锦上添花"，而不能是"中流砥柱"。还有一种观点认为学科专业教师当然地可以从事学科教学论课程教学工作。学科专业教师虽然具有扎实深厚的学科专业学术理论，但它不是学科教学学术。这种观点是对学科教学论教师专业地位的根本消解，实质上也是对教师专业的根本消解。

学术是现代大学的生命，学术研究是大学教师专业发展的核心内容。学科

教学论教师是大学教师，当然要开展学术研究，但是，学科教学论教师的学术研究是遵循实践逻辑的独特学术活动。它研究学科教学实践，也为了改进学科教学实践，而并非以单纯的理论建构为其最高目的。对学科教学学术的探究不同于传统的学科学术活动的探究，它遵循着不同的学术范式。忽视学科教学论教师学术研究的特殊性，就会使学科教学论教师的专业发展在错误的方向上渐行渐远。因此，学科教学论教师专业身份的存在不仅需要行政组织关系的支撑，也需要学术组织关系的支持。

第五节
学科教学论教师专业身份的实践之维

实践是专业工作者的基本存在方式，但专业工作者的实践又并非单纯意义上的"行动"或者"做"。因为专业是智能型的职业，专业工作者的实践应当是理智操作与肢体动作的统一。在专业工作者的实践之中和实践之后的全过程中，无时不应伴随着理性的思考。将反思与实践融合的反思性实践，是专业工作者行动方式的典型特征之一，也是认同与建构学科教学论教师专业身份的重要维度之一。

一、反思性实践是专业工作者的行动方式

专业在当今社会取得了全面的胜利，它甚至成为任何一种普通职业所效仿的标尺，专业工作者所拥有的专业自主权也成为每一个从业人员顶礼膜拜的特权。"对专业工作者而言，他们必须能够以他们的特别知识给一些人提供好处，而这些人与他们的关系，可以让专业工作者展现其权威性与其所要求的专业自主性。"（唐纳德·A.舍恩，2007）专业工作者与当事人之间的契约关系在一组共享的制度性和非制度性的规范下得到维持。在科技理性的传统专业范式中，承担知识生产任务的研究者和承担问题解决任务的实践者之间形成了社会职能的分野。"研究者进行基础科学与应用科学研究，并由其中衍生出诊断与解决实践问题的技术；实践者则提供问题给研究者作研究，

并检验其研究结果的效用。"（唐纳德·A.舍恩，2007）研究者与实践者区别开来，并且研究者通常享有比实践者更高的专业地位。这样就形成了专业领域中研究与实践之间的二元对立，理论与实践之间盘根错节的矛盾也正由此而产生。"研究与实践倾向于走两条不同的路径，研究者与实践者越来越像是生活在不同的世界，追求不同的事业，彼此之间几乎不交流。"（唐纳德·A.舍恩，2007）专业教育在特定专业知识的复制过程中发挥着重要的作用。"在过去的 400 多年来的主流传统中，'专业'所强调的特殊知识根植于高等学习机构进行科学研究所发展出来的理论与技术之中。"（唐纳德·A.舍恩，2007）正是高等教育机构中的专业教育把专业知识与专业权力连接起来，才形成了学科规训的力量。"权力——知识关系中间的连接号是历史上不断在改变之中的教育实践方式，人们在这些结构中学以致学。"（华勒斯坦，沙姆韦，梅瑟-达维多，等，1999）

在传统科技理性形成的专业范式中，理论与实践之间形成了壁垒森严的二元分野，并在学科规训制度的保障之下得到不断的保存与复制。这种传统专业范式在专业知识世界与真实生活世界之间形成了一道鸿沟，专业工作者对于真实生活世界的行动效力正在受到质疑，由此而产生了反专业化（counterprofessionals）和去专业化（deprofessionalization）的思潮。这实际上对传统专业范式中的专业知识基础的实践效力提出了挑战，寄希望于通过专业教育培养出来的专业人员将理论成果运用于实践而解决实践中的问题，似乎只是一种乌托邦式的设想。理论研究对现实世界进行夸张式的抽象和简单化处理，为了使研究成果具有更普遍的适用性，它不得把精彩纷呈的特殊情况逐一进行排除。但当专业工作者将这种知识应用于实践之中时，麻烦便产生了。"在真实的实践工作中，问题并不以实践者假设的模样出现，它们是由令人困惑、苦恼及未确定的问题情境中的林林总总所建构的。"（唐纳德·A.舍恩，2007）因而，在专业实践中，更重要的不是进入实践之前的理智操作，而是在行动过程之中和之后对行动的反映（reflecting-in-action，reflecting-on-action）。理论的"高地"或许对专业人员具有充分的吸引力，但是，人们更关切的是"低洼湿地"中的真实问题。在专业实践中，专业工作者所知道的远远超出他所能够说出的。对于专业工作者来说，更重要的是在行动中和对行动的反映性思考。因而，反映性实践是专业工作者最根本的行动方式。

二、反思性实践家是教师专业的基本特征

教师职业要获得像医生、律师、会计师、设计师等专业工作者的专业地位，就必须遵循一般专业的内在特征。更直接地说，教师只有通过舍恩研究一般专业工作者时所提出的"反映性实践"，才能建构起他自身的专业身份。教师所面对的工作对象——儿童，总是独特的，即使同样是学习困难的儿童，各自的情况也是迥然不同的。"教师即使可以轻易作出解释，也不能认为他们过去的经验足以解释一切"（唐纳德·A.舍恩，2007）。教师的专业性正体现在对独特问题的独特解决方式，而不是通过专业教育获得放之四海而皆准的普遍原则进而运用到生动的实践情境之中。

传统的教师教育就进入了技术理性专业范式的误区，寄希望于通过教师教育让职前教师掌握教育教学的基本知识、原理、规律、原则、技术和技能，进而在课堂教学中可以灵活运用以实现教育目标。"把教育过程视为科学原理与技术的阐释与控制，乃是现代的诱惑和欲望。"（佐藤学，2003）教育实践被当作技术性实践，教师则成为"技术熟练者"（technical expert）。教师教育过程就等同于职业训练过程，重要的是教育内容知识，再加上教师职业技术培训，就能够培养出一名合格的教师。这种教师质量观实质上就是"学者必为良师"的教学常识观在近现代教育中的延续和直接反映，在所谓的教师"双专业"口号之下，从实质上取消了教学的专业性，教学变成了任何一个有知识的人都可以从事的职业。与前述专业工作者所面临的理论研究与实践之间的矛盾一样，教育理论在被运用于教育实践的时候，仍然显得苍白无力。因而，问题的关键是对教师专业的内核进行重新认识。教师并不是理论研究成果的消费者和使用者，而是深深扎根于教育实践之中的"反思性实践家"（reflective practitioner）。教师"专业成长的性质是，在复杂情境的问题解决过程中所形成的'实践性认识'（practical epistemology）的发展"（佐藤学，2003）。"技术熟练者"教师的专业行为是将经过简单化、抽象化处理的、外在于教师主体的、确定性的知识原理应用于充满不确定性的教学情境，其内在的矛盾性昭然若揭，其在实践中的效力也可想而知。"反思性实践家"教师的专业行为是在主体内外在经验的交互作用中挖掘意义的多样性与丰富性，支配其行为的是一种在"不确定性"生活世界中形成的"实践性学识"（practical wisdom）。教师专业形象从"技术熟练者"向"反思性实践家"的转换，体现出对教师专业根本属性的认识得到了进一步提升。"'反思'与'审察'两种实践性思考的能力，称为教师的'实践性学识'

（practical wisdom），视为教师的专业属性的基础。"（佐藤学，2003）基于这样的理解，教师专业就不是对普遍知识原理的运用，教师实践是在行动中对实践性学识的运用，同时也是实践性学识的不断生成过程。

三、学科教学论教师专业身份的实践特征

专业实践是反映性实践，教师是反思性实践家，那么，旨在培养教师的学科教学论教师的专业身份就必然要求具有鲜明的实践特征。学科教学论教师的反思性专业实践不仅仅是为了改进自身的专业实践，而且要改进其工作对象的专业实践，甚至后者是更为重要的。从目的与手段的关系来看，学科教学论教师自身专业实践的改进是为了让教师（尤其是职前教师）更顺利地投入专业实践。这正是学科教学论教师专业实践的特殊性所在。

学科教学论教师的专业行为主要是在大学课堂中与职前教师构成的实践性关系。这种实践性关系具有鲜明的指向性，即帮助和引导职前教师适应未来的课堂教学实践。在这种实践性关系中，学科教学论教师的专业责任不在于传递高深的学科专业知识，因为那是学科专业教师的责任；而是教会职前教师教学，即如何经过课程化组织之后将学科专业知识有效地传递给学生，这是学科教学论教师最核心的专业任务。也就是说，学科教学论教师的存在价值，就是让大学培养出来的职前教师能够富有胜任力地走进中小学课堂，除此之外，学科教学论教师就没有存在的合法性。寄希望于一门学科教学论课程就培养出合格的中小学教师，这是一项看似不可能完成的艰巨任务。其艰难确实是客观的，更可怕的问题是，这项艰难的任务还没有引起足够的重视，甚至也没有引起学科教学论教师的足够重视。如此，教师教育就永远停留在"学者必为良师"的常识教师质量观，教育质量的真正提升便难以实现。从提高教师专业地位、促进教育质量提升的立场出发，必须凸显学科教学论教师专业身份的实践性，迂阔空疏的理论说教是无法改进教学实践的。

强调学科教学论教师专业身份的实践性并不意味着理论的无用性，没有理论引领的实践只是经验之谈，这违背了人类实践的一般原理，人的实践一刻也离不开理论思维的指导。问题的关键只在于，需要一种什么样的理论。学科教学论教师专业的实践性所拒绝的只是纯粹的理性思辨，而迫切需要的正是源于实践、为了实践的"实践性学识"。这种实践性学识是主体在实践性情境中生成的具有丰富意义的理论，它所具有的实践指导作用远胜于追求普遍规律的纯粹

理论研究成果。基于这样的认识，学科教学论教师就不是学科专业理论或者教育科学理论的应用者，而是以改进学科教学实践为目的的学科教学学术的生产者和传递者。

学科教学论教师的实践性学识的生成当然离不开对自身专业实践的反思。但更重要的是，需要与中小学课堂教学实践之间保持紧密的合作关系。中小学课堂是学科教学论教师专业实践的根本指向，也是其专业工作对象的最终去处。不了解中小学课堂教学，学科教学论教师专业身份的建构便失去了生存的基本土壤。当然，与中小学校之间的实践性合作也并不意味着对中小学课堂的一味迁就与适应，而是要充分发挥专业工作者的学术引领作用，在向中小学课堂学习的同时，将改进中小学课堂教学作为最终的目的。

总而言之，专业是一种专门性职业，它具有不同于普通职业的特殊规定性。"责任、知识、组织、发展、实践"是认同与建构学科教学论教师专业身份的5个重要维度。学科教学论教师承担着培养教师学科教学知识、能力和智慧的专业责任。他们所探究和传授的知识不是学科专业知识，也不是一般性的教育专业知识，而是关于如何将学科专业知识进行有效教学的学科教学知识。学科教学知识是具有鲜明的实践性的知识类型，探究和传递学科教学知识具有不同于理论性学科专业知识的独特范式。知识类型的差异性决定了学科教学论教师具有不同于其他大学教师的专业发展路径和方式。这种差异性绝不应亚于文学与物理学之间的差异，因而，将学科教学论教师分散在各个专业学院并不利于学科教学论教师的专业发展。尽管不同学科的学科教学论教师之间也存在各自的特点，但是从中小学生的全面发展考虑，人为的分科课程教学本身就需要加强不同学科内容知识的整合。如果将视角转到基础教育、转到中小学生的全面发展，那么，整合不同学科的学科教学论教师于专门组织机构更有利于教师教育资源的整合，从而提高教师教育质量和基础教育质量。虽然学科教学论教师是活动于大学制度环境中的"学术人"，但其专业的特殊性决定了其专业发展离不开与中小学课堂教学之间的紧密联系。

第五章

学科教学论教师专业身份的认同结构

我们基于专业责任、专业知识、专业发展、专业组织和专业实践这5个基本维度构成的分析框架设计调查问卷，运用因子分析法对各样本的调查数据进行统计分析，寻找影响不同主体认同学科教学论教师专业身份的潜在结构。调查发现，学科教学论教师对自我专业身份的认同结构由专业实践、专业知识、专业责任、专业组织、专业认知和专业发展6个因子构成。专业发展、专业责任、专业知识和专业组织是影响学科专业教师对学科教学论教师专业身份认同的4个因子。职前教师对学科教学论教师专业身份认同主要有专业责任、专业组织和专业发展3个因子。中小学教师对学科教学论教师专业身份的认同结构由专业知识、专业组织、专业发展、专业特质和专业实践5个因子构成。

第一节
学科教学论教师的认同结构

自我认同是学科教学论教师专业身份认同的重要方面。我们运用主成分分析法对调查数据进行统计分析发现，学科教学论教师对自我专业身份的认同结构由专业实践、专业知识、专业责任、专业组织、专业认知和专业发展 6 个因子构成。这 6 个因子能够解释总方差的 69.773%，具有较高的解释力。

一、研究方法

我们按照学科教学论教师专业身份认同的分析框架，设计了由 25 个项目构成的学科教学论教师对自我专业身份认同的初始问卷（简称"学科教学论教师问卷"）。问卷设计采用李克特五点计分法，其中有 7 个项目采用逆向赋值。在 A、B、C 3 所承担教师教育任务的高等院校（其中：1 所全国重点高校、1 所省属重点高校、1 所省属新建高校）开展调查，发放问卷 98 份，收回 87 份，回收率为 88.78%，其中有效问卷 83 份。运用相关分析法对问卷进行项目分析，将被试在每个项目上的得分与其问卷总分之间的相关系数作为鉴别力指数，将达不到显著性水平要求的项目剔除。依此标准，剔除了 7 个项目，正式问卷由 18 个项目构成（见附录 2）。

运用 Cronbach α 系数作为衡量指标来考察问卷的信度状况。Cronbach's α 系数也称内部一致性系数，通过对问卷项目与项目之间一致性来分析整个问卷的信度。一般要求 Cronbach's α 系数大于 0.70，才能达到调查问卷的信度要求（倪雪梅，2010）。学科教学论教师问卷的 Cronbach's α 系数为 0.814，符合问卷的信度要求。为提高调查问卷的内容效度，在问卷设计过程中，征求了多位教育学、心理学领域的教授、博士和学科教学论教师的意见，对初始问卷进行了反复修改，力求问卷项目设计能够达到预期研究目的，能够真正把握住影响学科教学论教师对自我专业身份认同的潜在因素。从对正式问卷调查数据的统计分析结果来看，6 个因子解释了总方差的 69.773%，所有项目的共同度为

0.570~0.883。这在相当程度上保证了学科教学论教师问卷的建构效度。最后，运用 SPSS19.0 统计软件完成数据分析。

二、分析结果

（一）KMO 检验和 Bartlett 球形检验

因子分析的前提条件是样本数据能够通过 KMO 检验和 Bartlett 球形检验，以表明对数据进行因子分析的适切性。KMO 检验以检验变量间的偏相关是否很小。根据 KMO 检验标准，KMO 值越接近 1 越好，一般规定 0.90 以上为极好，0.80 以上为较好，0.70 以上为一般，0.60 以上为可以接受，0.50 以上为差，0.50 以下为不可接受（魏淑华，2008）。Bartlett 球形检验则是用来验证相关矩阵是否为单位阵即各变量间是否独立，如果不能否定相关矩阵为单位阵，就说明各变量可能独自提供了一些信息，因而不适合采用因子模型。对学科教学论教师问卷的数据分析结果，KMO 值为 0.669，可以运用因子分析；Bartlett 球形检验的卡方值为 595.494（自由度为 153，p=0.000），否定了相关矩阵为单位阵的零假设，各变量之间存在显著的相关性，可以运用因子分析。

（二）原始变量共同度

共同度（communalities）表征所提取的因子对该项目的贡献。共同度越大，表明该项目能被所有因子共同解释的程度越高，运用因子解释样本数据所丢失的信息也就越少。学科教学论教师问卷的所有项目被提取的因子解释的共同度为 0.570~0.883。从各个原始变量的具体情况来看，XKJX03、XKJX06、XKJX11 这 3 个原始变量的共同度分别为 0.570、0.578 和 0.570，这 3 个变量在因子分析后，能够被因子解释的方差相对较少，丢失的信息相对较多。其他变量的共同度均大于 0.60，如表 5-1 所示。这表明，因子能够较好地解释原始变量，从而论证了因子分析所提取因子具有较大合理性。

表 5-1 学科教学论教师问卷的变量共同度

原始变量	因子提取前的变量共同度	因子提取后的变量共同度
XKJX01	1.000	0.781
XKJX02	1.000	0.635
XKJX03	1.000	0.570
XKJX04	1.000	0.671

原始变量	因子提取前的变量共同度	因子提取后的变量共同度
XKJX05	1.000	0.681
XKJX06	1.000	0.578
XKJX07	1.000	0.825
XKJX08	1.000	0.627
XKJX09	1.000	0.634
XKJX10	1.000	0.614
XKJX11	1.000	0.570
XKJX12	1.000	0.883
XKJX13	1.000	0.790
XKJX14	1.000	0.741
XKJX15	1.000	0.744
XKJX16	1.000	0.727
XKJX17	1.000	0.731
XKJX18	1.000	0.757

注：因子提取方法为主成分分析法；18个原始变量名的代码 XKJX01、XKJX02、XKJX03……XKJX18 的具体含义与"附录2"中的18个题项相对应

（三）方差解释

方差解释就是每个因子对所有原始变量总方差的贡献率。在因子分析的初始解中，利用主成分分析法得到18个因子，按照特征值（eigenvalues）大于1的标准选取了6个因子。这6个因子的特征值分别为5.086、2.018、1.698、1.442、1.249 和 1.067，总共能够解释原始变量总方差的 69.773%。经最大方差法正交旋转后，6个因子的特征值分别为2.576、2.320、2.123、2.084、2.022 和 1.433，能够解释原始变量总方差的比例分别为14.313%、12.888%、11.797%、11.580%、11.234%和7.962%（表 5-2）。

表 5-2 学科教学论教师问卷的方差解释

成分	初始特征值			提取平方和载入			旋转平方和载入		
	特征值	方差的百分比/%	累积百分比/%	特征值	方差的百分比/%	累积百分比/%	特征值	方差的百分比/%	累积百分比/%
1	5.086	28.257	28.257	5.086	28.257	28.257	2.576	14.313	14.313
2	2.018	11.212	39.469	2.018	11.212	39.469	2.320	12.888	27.201
3	1.698	9.431	48.900	1.698	9.431	48.900	2.123	11.797	38.997
4	1.442	8.011	56.911	1.442	8.011	56.911	2.084	11.580	50.577
5	1.249	6.937	63.848	1.249	6.937	63.848	2.022	11.234	61.812
6	1.067	5.925	69.773	1.067	5.925	69.773	1.433	7.962	69.773
7	0.888	4.934	74.708						

成分	初始特征值			提取平方和载入			旋转平方和载入		
	特征值	方差的百分比/%	累积百分比/%	特征值	方差的百分比/%	累积百分比/%	特征值	方差的百分比/%	累积百分比/%
8	0.717	3.983	78.690						
9	0.683	3.795	82.486						
10	0.631	3.507	85.993						
11	0.556	3.088	89.081						
12	0.464	2.577	91.657						
13	0.404	2.244	93.901						
14	0.322	1.786	95.687						
15	0.264	1.467	97.154						
16	0.215	1.194	98.349						
17	0.185	1.028	99.377						
18	0.112	0.623	100.000						

注：因子提取方法为主成分分析法

（四）因子载荷矩阵

在初始因子载荷矩阵中，18 个原始变量在 6 个因子上的载荷比较分散且大多集中在因子 1 上（表 5-3）。这说明，原始变量与因子 1 的关系相当密切，能够反映大部分原始变量的信息。但是，其他因子的解释效果不甚明晰，需要对其进行旋转。

表 5-3　学科教学论教师问卷旋转前的因子载荷矩阵

原始变量	因子 1	因子 2	因子 3	因子 4	因子 5	因子 6
XKJX07	0.708	0.324	-0.204	-0.344	0.086	-0.228
XKJX16	0.707	-0.219	-0.243	-0.283	-0.091	0.176
XKJX15	0.675	-0.196	-0.443	-0.021	0.087	0.216
XKJX02	0.674	0.158	0.109	-0.159	-0.123	-0.322
XKJX09	0.594	-0.053	0.023	-0.230	-0.474	-0.017
XKJX06	0.586	0.302	-0.139	0.069	0.167	-0.303
XKJX03	0.572	-0.234	0.300	0.172	0.258	-0.045
XKJX10	0.553	-0.031	0.284	0.018	-0.433	0.196
XKJX18	0.534	-0.519	0.117	0.245	0.274	-0.234
XKJX08	0.472	0.414	-0.053	0.461	0.111	0.074
XKJX17	0.375	-0.676	0.172	0.058	0.035	0.315
XKJX05	0.291	0.517	-0.330	0.249	-0.385	0.097
XKJX01	0.372	-0.063	0.654	-0.187	-0.323	-0.266
XKJX14	0.527	-0.366	-0.563	-0.051	-0.019	0.097
XKJX11	0.399	0.196	0.480	-0.018	0.189	0.325
XKJX12	0.515	0.181	0.131	0.743	-0.068	0.107
XKJX04	0.506	0.248	0.083	-0.236	0.528	-0.108
XKJX13	0.130	0.465	0.210	-0.382	0.206	0.569

注：因子提取方法为主成分分析法

运用最大方差法对初始因素载荷矩阵进行正交旋转，得到新的因子载荷矩阵，如表 5-4 所示。经过旋转之后，有 3 个原始变量在因子 1 的载荷相对较高，有 4 个原始变量在因子 2 的载荷相对较高，有 3 个原始变量在因子 3 的载荷相对较高，有 3 个原始变量在因子 4 的载荷相对较高，有 3 个原始变量在因子 5 的载荷相对较高，有 2 个原始变量在因子 6 的载荷相对较高。

表 5-4 学科教学论教师问卷旋转后的因子载荷矩阵

原始变量	因子 1	因子 2	因子 3	因子 4	因子 5	因子 6
XKJX14	0.821					
XKJX15	0.788					
XKJX16	0.731					
XKJX07		0.778				
XKJX04		0.685				
XKJX06		0.655				
XKJX02		0.574				
XKJX01			0.782			
XKJX09			0.671			
XKJX10			0.667			
XKJX18				0.769		
XKJX03				0.643		
XKJX17				0.634		
XKJX12					0.883	
XKJX08					0.719	
XKJX05					0.598	
XKJX13						0.857
XKJX11						0.609

注：①因子提取方法为主成分分析法；②旋转方法为最大方差法；③旋转在 12 次迭代后收敛；④为了更清晰地显示旋转后因子载荷的分布特征，只列出了大于 0.45 的载荷值

（五）因子命名

根据上面的统计分析，6 个因子解释了总方差的 69.773%，所有项目的共同度为 0.570～0.883。因子命名主要依据在该因子上载荷较高的项目所隐含的意义来进行，并参照原理论模型的 5 个维度，具体命名如下。

第一个因子共有 3 个项目载荷较高，该因子经正交旋转后的特征值为 2.576，能解释总方差的 14.313%。这 3 个项目主要涉及通过面向实践和参与实践建构学科教学论教师专业身份、与中小学教师合作开展课堂教学实践与研究、

与中小学教师合作提升学科教学论教师的专业实践能力，其实质都在强调学科教学论教师专业身份的实践特质。因此，将该因子命名为"专业实践"。

第二个因子共有 4 个项目载荷较高，该因子经正交旋转后的特征值为 2.320，能解释总方差的 12.888%。这 4 个项目以学科教学知识为中心，涉及学科教学知识的类型、价值和应用。因此，将该因子命名为"专业知识"。

第三个因子共有 3 个项目载荷较高，该因子经正交旋转后的特征值为 2.123，能解释总方差的 11.797%。这 3 个项目涵盖了学科教学论教师对教师教育事业的责任、对职前教师和在职教师的责任、作为教师教育者的责任。因此，将该因子命名为"专业责任"。

第四个因子共有 3 个项目载荷较高，该因子经正交旋转后的特征值为 2.084，能解释总方差的 11.580%。这 3 个项目以学科教学论教师专业平台为核心，涉及高校教师教育学院和中小学课堂两大组织。因此，将该因子命名为"专业组织"。

第五个因子共有 3 个项目载荷较高，该因子经正交旋转后的特征值为 2.022，能解释总方差的 11.234%。这 3 个项目涉及学科教学论教师对学科教学论学术性、自身专业发展模式、专业工作有效性的基本观点。因此，将该因子命名为"专业认知"。

第六个因子共有 2 个项目载荷较高，该因子经正交旋转后的特征值为 1.433，能解释总方差的 7.962%。这 2 个项目分别涉及学科教学论教师的专业发展目标和专业发展方式。因此，将该因子命名为"专业发展"。

第二节
学科专业教师的认同结构

学科专业教师是学科教学论教师在高校工作的同事，他们共同营造了高校的学术文化生态，并对学科教学论教师形成了制度约束。因而，学科专业教师是认同学科教学论教师专业身份的重要他者。运用主成分分析法对调查数据进行统计分析发现，学科专业教师对学科教学论教师专业身份的认同结构由专业发展、专业责任、专业知识和专业组织 4 个因子构成。这 4 个因子能够解释总方差的 62.599%，具有较高的解释力。

一、研究方法

在现有的教师教育组织模式下，学科教学论教师一般分散在各个学科专业学院。学科专业教师成为学科教学论教师专业生涯中的重要伙伴，直接影响到学科教学论教师的专业身份建构。依据学科教学论教师专业身份认同的理论模型，初步形成了由 25 个项目构成的学科专业教师对学科教学论教师专业身份认同问卷（简称"学科专业教师问卷"）。问卷设计采用李克特五点计分，其中有 6 个项目为逆向赋值。在 A、B、C 3 所承担教师教育任务的高等院校的有关专业学院开展问卷调查，发放问卷 220 份，收回 205 份，回收率为 93.18%，其中有效问卷 201 份。运用相关分析法对问卷进行项目分析，将被试在每个项目上的得分与其问卷总分之间的相关系数作为鉴别力指数，并结合因子载荷的分析结果，剔除了 7 个项目，正式问卷由 18 个项目构成（见附录 3）。

主要通过 Cronbach's α 系数作为衡量指标来考察问卷的信度状况。Cronbach's α 系数也称内部一致性系数，通过问卷项目与项目之间的一致性来分析整个问卷的信度。一般要求 Cronbach's α 系数大于 0.70，才能达到调查问卷的信度要求。学科专业教师问卷的总体 Cronbach's α 系数为 0.871，符合问卷的信度要求。为提高调查问卷的内容效度，在问卷设计过程中，征求了多位教育学、心理学领域的教授、博士和学科专业教师的意见，对初始问卷进行了反复修改，力求问卷项目设计能够达到预定的研究目的，能够真正把握住影响学科专业教师认同学科教学论教师专业身份的潜在因素。通过对试调查的数据进行初步的统计分析，按照统计学原则对不合理项目进行补充、完善。从正式问卷调查数据的统计结果来看，所提取的 4 个因子解释了总方差的 62.599%，所有项目的共同度为 0.422～0.761。这在相当程度上保证了学科专业教师问卷的建构效度。最后，主要运用 SPSS19.0 统计软件完成数据分析。

二、分析结果

（一）KMO 检验和 Bartlett 球形检验

因子分析的前提条件是运用 KMO 检验和 Bartlett 球形检验对相关系数矩阵

进行假设检验，以表明对数据进行因子分析的适切性。对学科专业教师问卷的数据分析结果，KMO 值为 0.846，可以运用因子分析；Bartlett 球形检验的卡方值为 1804.650（自由度为 153，$p=0.000$），否定了相关矩阵为单位阵的零假设，各变量之间存在显著的相关性，可以运用因子分析。

（二）原始变量共同度

共同度表征所提取的因子对该项目的贡献。共同度越大，则说明该项目能被所有因子共同解释的程度越高，运用因子解释样本数据所丢失的信息也就越少。学科专业教师问卷的所有项目被提取的因子解释的共同度为 0.422～0.761，除 XKZY 13 的共同度低于 0.50 以外，其余项目的共同度均高于 0.50（表 5-5），这表明通过因子分析所提取的因子能够较好地解释原始变量。

表 5-5　学科专业教师问卷的原始变量共同度

原始变量	因子提取前的变量共同度	因子提取后的变量共同度
XKZY01	1.000	0.539
XKZY02	1.000	0.542
XKZY03	1.000	0.740
XKZY04	1.000	0.610
XKZY05	1.000	0.608
XKZY06	1.000	0.612
XKZY07	1.000	0.698
XKZY08	1.000	0.545
XKZY09	1.000	0.736
XKZY10	1.000	0.668
XKZY11	1.000	0.574
XKZY12	1.000	0.761
XKZY13	1.000	0.422
XKZY14	1.000	0.687
XKZY15	1.000	0.702
XKZY16	1.000	0.683
XKZY17	1.000	0.578
XKZY18	1.000	0.565

注：因子提取方法为主成分分析法；18 个原始变量名的代码 XKZY01、XKZY02、XKZY03……XKZY18 的具体含义与"附录 3"中的 18 个题项相对应

（三）方差解释

方差解释率是每个因子对所有原始变量总方差的贡献率。在因子分析的初始解中，利用主成分分析法得到 18 个因子，按照特征值大于 1 的标准选取了 4 个因子。这 4 个因子的特征值分别为 7.268、1.700、1.228 和 1.071，能够解释

原始变量总方差的比例分别为 40.377%、9.446%、6.824%和 5.952%。经最大方差法正交旋转后，4 个因子的特征值分别为 4.095、2.736、2.323 和 2.114，能够解释原始变量总方差的比例分别为 22.751%、15.200%、12.904%和 11.744%，总共能够解释原始变量总方差的 62.599%（表 5-6）。

表 5-6　学科专业教师问卷的方差解释

成分	初始特征值			提取平方和载入			旋转平方和载入		
	特征值	方差的百分比/%	累积百分比/%	特征值	方差的百分比/%	累积百分比/%	特征值	方差的百分比/%	累积百分比/%
1	7.268	40.377	40.377	7.268	40.377	40.377	4.095	22.751	22.751
2	1.700	9.446	49.824	1.700	9.446	49.824	2.736	15.200	37.951
3	1.228	6.824	56.648	1.228	6.824	56.648	2.323	12.904	50.855
4	1.071	5.952	62.599	1.071	5.952	62.599	2.114	11.744	62.599
5	0.980	5.446	68.045						
6	0.774	4.298	72.343						
7	0.767	4.262	76.605						
8	0.648	3.600	80.205						
9	0.600	3.335	83.540						
10	0.561	3.117	86.657						
11	0.470	2.613	89.270						
12	0.402	2.235	91.506						
13	0.346	1.919	93.425						
14	0.305	1.697	95.122						
15	0.290	1.611	96.732						
16	0.218	1.214	97.946						
17	0.210	1.165	99.111						
18	0.160	0.889	100.000						

注：因子提取方法为主成分分析法

（四）因子载荷矩阵

在因子载荷矩阵旋转前，18 个原始变量在 4 个因子上的载荷大多集中在因子 1 上（表 5-7）。这说明，原始变量与因子 1 的关系相当密切，能够反映大部分原始变量的信息。但是，其他因子的解释效果不甚明晰，仍需要对其进行旋转。

表 5-7　学科专业教师问卷旋转前的因子载荷矩阵

原始变量	因子 1	因子 2	因子 3	因子 4
XKZY16	0.745	−0.318	−0.068	0.153
XKZY04	0.716	−0.189	0.249	0.007
XKZY07	0.701	0.236	0.107	−0.372
XKZY15	0.682	−0.415	−0.133	0.215
XKZY11	0.676	0.089	0.325	0.053
XKZY01	0.662	0.075	−0.163	−0.261
XKZY14	0.650	0.007	−0.375	0.352
XKZY03	0.647	−0.458	0.242	−0.231

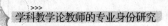

续表

原始变量	因子1	因子2	因子3	因子4
XKZY08	0.644	−0.330	−0.143	−0.011
XKZY10	0.635	0.231	0.030	−0.459
XKZY18	−0.628	−0.108	0.367	0.152
XKZY13	0.623	−0.168	0.023	−0.067
XKZY05	0.617	−0.417	0.203	0.107
XKZY12	0.590	0.348	0.329	0.428
XKZY06	0.585	0.336	−0.323	−0.229
XKZY17	0.578	0.333	−0.268	0.249
XKZY02	0.535	0.413	−0.141	0.256
XKZY09	0.462	0.470	0.547	0.054

注：因子提取方法为主成分分析法

　　运用最大方差法对初始因素载荷矩阵进行正交旋转后得到新的因子载荷矩阵。经过旋转之后，有7个原始变量在因子1的载荷相对较高，有5个原始变量在因子2的载荷相对较高，有3个原始变量在因子3的载荷相对较高，有3个原始变量在因子4的载荷相对较高（表5-8）。

表5-8　学科专业教师问卷旋转后的因子载荷矩阵

原始变量	因子1	因子2	因子3	因子4
XKZY03	0.776			
XKZY15	0.754			
XKZY05	0.750			
XKZY16	0.728			
XKZY08	0.647			
XKZY04	0.644			
XKZY13	0.531			
XKZY10		0.746		
XKZY07		0.699		
XKZY06		0.648		
XKZY01		0.594		
XKZY18		−0.544		
XKZY14			0.711	
XKZY17			0.665	
XKZY02			0.600	
XKZY09				0.822
XKZY12				0.738
XKZY11				0.546

注：①因子提取方法为主成分分析法；②旋转方法为最大方差法；③旋转在7次迭代后收敛；④为了更清晰地显示旋转后因子载荷的分布特征，只列出了大于0.45的载荷值

（五）因子命名

　　根据上面的统计分析，4个因子解释了总方差的62.599%，所有项目的共同度为0.422～0.761。因子主要依据在该因子上载荷较高的项目所隐含的意义来命名，并参照原理论模型的5个维度，具体命名如下。

　　第一个因子共有7个项目载荷较高，该因子经正交旋转后的特征值为4.095，能解释总方差的22.751%。该因子主要涵盖学科教学论教师的专业发展路径与

方式、实践取向、深入中小学课堂开展教学与研究等。因此，将该因子命名为"专业发展"，其核心是实践取向。从学科专业教师的视角来看，实践取向在学科教学论教师的专业发展中占据着举足轻重的地位。

第二个因子共有 5 个项目载荷较高，该因子经正交旋转后的特征值为 2.736，能解释总方差的 15.200%。这 5 个项目主要涉及学科教学论的学术性、学科教学论课程的价值、学科教学论教师的应然专业责任和履职情况。因此，将该因子命名为"专业责任"，其核心是专门知识。在学科专业教师看来，学科教学论教师的专业责任重点在于能够为职前教师和在职教师提供独特的知识。

第三个因子共有 3 个项目载荷较高，该因子经正交旋转后的特征值为 2.323，能解释总方差的 12.904%。这 3 个项目围绕的中心是学科教学论的学科建设问题，包括学科体系、学科地位、学科价值。因此，将该因子命名为"学科建设"或"专业知识"。与学科教学论教师对自我专业身份认同结构中的"专业知识"类似但侧重点不同，学科专业教师明显强调学科建设在专业身份认同与建构中的地位。

第四个因子共有 3 个项目载荷较高，该因子经正交旋转后的特征值为 2.114，能解释总方差的 11.744%。这 3 个项目主要涉及学科教学论教师的组织机构归属问题，包括学科教学论教师的发展平台、组织归属、专门机构。因此，将该因子命名为"专业组织"。其重点是调整高校内部的治理结构，让学科教学论教师产生明确的组织归属感，而没有将中小学校纳入组织体系建设中来。

第三节
职前教师的认同结构

职前教师是学科教学论教师在高校的工作对象，是认同学科教学论教师专业身份的重要他者。我们运用主成分分析法对调查数据进行统计分析发现，职前教师对学科教学论教师专业身份的认同结构由专业责任、专业组织和专业发展 3 个因子构成。这 3 个因子能够解释总方差的 52.446%，具有较高的解释力。

一、研究方法

职前教师是学科教学论教师的专业服务对象之一。学科教学论教师的专业身份认同与建构离不开职前教师的视角。按照学科教学论教师专业身份认同的分析框架，我们初步设计了由 25 个项目构成的职前教师对学科教学论教师专业身份认同问卷（简称"职前教师问卷"）。问卷设计采用李克特五点计分，其中 7 个项目为逆向赋值。在 A、B、C 3 所承担教师教育任务的高等院校的有关专业学院开展问卷调查，发放问卷 330 份，收回 310 份，回收率为 93.94%，其中有效问卷 295 份。对项目与其总得分的相关度达不到显著性要求的 5 个项目剔除，与此同时，剔除了经初步因子分析后共同度严重偏低的 4 个项目，正式问卷由 16 个项目构成（见附录 4）。

主要通过 Cronbach's α 系数作为衡量指标来考察问卷的信度状况。Cronbach's α 系数也称内部一致性系数，通过对问卷项目与项目之间的一致性来分析整个问卷的信度。一般要求 Cronbach's α 系数大于 0.70，才能达到调查问卷的信度要求。职前教师问卷的 Cronbach's α 系数为 0.850，符合问卷的信度要求。为提高调查问卷的内容效度，在问卷设计过程中，征求了多位教育学、心理学领域的教授、博士和学科专业教师的意见，对初始问卷进行了反复修改，力求问卷项目设计能够达到预定的研究目的，能够真正把握住影响学科专业教师认同学科教学论教师专业身份的潜在因素。通过对试调查的数据进行初步的统计分析，按照统计学原则对不合理项目进行补充、完善。从正式问卷调查数据的统计结果来看，3 个因子解释了总方差的 52.446%，所有项目的共同度为 0.446~0.662。这在相当程度上保证了职前教师问卷的建构效度。最后，主要运用 SPSS19.0 统计软件完成数据分析。

二、分析结果

（一）KMO 检验和 Bartlett 球形检验

因子分析的前提条件是运用 KMO 检验和 Bartlett 球形检验对相关系数矩阵进行假设检验，以表明对数据进行因子分析的适切性。对职前教师问卷的数据分析结果，KMO 值为 0.908，可以运用因子分析；Bartlett 球形检验的卡方值为 1580.848（自由度为 120，$p=0.000$），否定了相关矩阵为单位阵的零假设，各变量之间存在显著的相关性，可以运用因子分析。

（二）原始变量共同度

共同度表征所提取的因子对该项目的贡献。共同度越大，则说明该项目能被所有因子共同解释的程度越高，运用因子解释样本数据所丢失的信息也就越少。职前教师问卷的所有项目被提取的因子解释的共同度为 0.446～0.662（表5-9）。这表明提取的因子能够较好地解释原始变量。

表 5-9　职前教师问卷的原始变量共同度

原始变量	因子提取前的变量共同度	因子提取后的变量共同度
ZQJS01	1.000	0.538
ZQJS02	1.000	0.584
ZQJS03	1.000	0.580
ZQJS04	1.000	0.555
ZQJS05	1.000	0.449
ZQJS06	1.000	0.508
ZQJS07	1.000	0.467
ZQJS08	1.000	0.521
ZQJS09	1.000	0.480
ZQJS10	1.000	0.469
ZQJS11	1.000	0.555
ZQJS12	1.000	0.446
ZQJS13	1.000	0.662
ZQJS14	1.000	0.529
ZQJS15	1.000	0.491
ZQJS16	1.000	0.558

注：因子提取方法为主成分分析法；16 个原始变量名的代码 ZQJS01、ZQJS02、ZQJS03……ZQJS16 的具体含义与"附录 4"中的 16 个题项相对应

（三）方差解释

表 5-10 显示了因子的方差解释，也就是每个因子对所有原始变量总方差的贡献率。在因子分析的初始解中，利用主成分分析法得到 16 个因子，按照特征值大于 1 的标准选取了 3 个因子。在经过因子旋转之后，这 3 个因子的特征值分别为 3.987、2.279、2.126，能够解释原始变量总方差的比例分别为 24.918%、14.242%、13.287%，累积解释原始变量总方差的 52.446%。

表 5-10　职前教师问卷的方差解释

成分	初始特征值			提取平方和载入			旋转平方和载入		
	特征值	方差的百分比/%	累积百分比/%	特征值	方差的百分比/%	累积百分比/%	特征值	方差的百分比/%	累积百分比/%
1	6.097	38.108	38.108	6.097	38.108	38.108	3.987	24.918	24.918
2	1.170	7.314	45.422	1.170	7.314	45.422	2.279	14.242	39.159
3	1.124	7.023	52.446	1.124	7.023	52.446	2.126	13.287	52.446
4	0.942	5.890	58.336						
5	0.852	5.326	63.662						
6	0.716	4.475	68.137						

续表

成分	初始特征值			提取平方和载入			旋转平方和载入		
	特征值	方差的百分比/%	累积百分比/%	特征值	方差的百分比/%	累积百分比/%	特征值	方差的百分比/%	累积百分比/%
7	0.695	4.343	72.480						
8	0.630	3.939	76.418						
9	0.613	3.830	80.249						
10	0.568	3.547	83.796						
11	0.529	3.304	87.100						
12	0.514	3.210	90.310						
13	0.449	2.807	93.117						
14	0.436	2.727	95.844						
15	0.350	2.190	98.034						
16	0.314	1.966	100.000						

注：因子提取方法为主成分分析法

（四）因子载荷矩阵

在进行因子旋转前，16 个原始变量在 3 个因子上的载荷大多集中在因子 1 上，原始变量与因子 1 的关系相当密切，能够反映大部分原始变量的信息（表 5-11）。但是，其他因子的解释效果不甚明晰，需要对其进行旋转。

表 5-11　职前教师问卷旋转前的因子载荷矩阵

原始变量	因子 1	因子 2	因子 3
ZQJS11	0.734	0.105	−0.074
ZQJS14	0.704	0.104	−0.148
ZQJS04	0.704	0.187	0.156
ZQJS13	0.684	0.399	−0.187
ZQJS09	0.674	−0.017	0.159
ZQJS01	0.670	0.290	0.066
ZQJS07	0.662	0.168	−0.017
ZQJS10	0.654	0.021	0.202
ZQJS05	0.637	−0.066	0.198
ZQJS06	0.604	−0.363	−0.107
ZQJS15	0.600	0.282	−0.226
ZQJS08	0.573	−0.434	−0.067
ZQJS12	0.474	−0.328	0.338
ZQJS02	−0.431	0.538	0.330
ZQJS03	0.445	−0.137	0.603
ZQJS16	0.513	−0.144	−0.524

注：因子提取方法为主成分分析法

对初始因素载荷矩阵进行因素旋转后得到新的因子载荷矩阵，如表 5-12 所示。经过旋转之后，有 8 个原始变量在因子 1 的载荷相对较高，有 4 个原始变量在因子 2 的载荷相对较高，有 4 个原始变量在因子 3 的载荷相对较高。

表 5-12　职前教师问卷旋转后的因子载荷矩阵

原始变量	因子 1	因子 2	因子 3
ZQJS13	0.804		
ZQJS15	0.676		
ZQJS01	0.673		
ZQJS11	0.636		
ZQJS14	0.628		
ZQJS04	0.616		
ZQJS07	0.608		
ZQJS09	0.466		
ZQJS03		0.751	
ZQJS12		0.606	
ZQJS05		0.489	
ZQJS10		0.474	
ZQJS02			−0.755
ZQJS16			0.610
ZQJS08			0.603
ZQJS06			0.587

注：①因子提取方法为主成分分析法；②旋转方法为最大方差法；③旋转在 12 次迭代后收敛；④为了更清晰地显示旋转后因子载荷的分布特征，只列出了大于 0.45 的载荷值

（五）因子命名

根据上面的统计分析，3 个因子解释了总方差的 52.446%，所有项目的共同度为 0.446～0.662。因子命名主要依据在该因子上载荷较高的项目所隐含的意义来命名，并参照原理论模型的 5 个维度，具体命名如下。

第一个因子共有 8 个项目载荷较高，该因子经正交旋转后的特征值为 3.987，能解释总方差的 24.918%。这 8 个项目大多与学科教学论教师的专业责任有关，包括学科教学论教师对教师教育事业的责任、对中小学职前教师和在职教师专业发展的责任。另有项目涉及专业发展、专业知识，可以理解为服务于专业责任的履行。因此，将该因子命名为"专业责任"。

第二个因子共有 4 个项目载荷较高，该因子经正交旋转后的特征值为 2.279，能解释总方差的 14.242%。这 4 个项目都与学科教学论教师的组织身份有关，如学科教学论教师归属学科专业学院的负面影响、教师教育学院对学科教学论教师的积极影响、组织归属对专业身份认同的价值、学科教学论教师与学科专业教师的身份混淆等。因此，将该因子命名为"专业组织"。

第三个因子共有 4 个项目载荷较高，该因子经正交旋转后的特征值为 2.126，

能解释总方差的 13.287%。这 4 个项目主要涉及学科教学论教师的专业发展，包括学科教学论教师的专业发展方式、途径和学术研究。因此，将该因子命名为"专业发展"。在职前教师看来，学科教学论教师的专业发展需要学术研究，但是，他们开展学术研究的核心内容是学科教学学术而非学科学术，直接目的是促进自身专业发展，基本方式是加强与中小学合作。

第四节
中小学教师的认同结构

中小学教师不仅是学科教学论教师专业服务的对象，也是他们专业发展的重要伙伴，是认同学科教学论教师专业身份的重要他者。我们运用主成分分析法对调查数据进行统计分析发现，中小学教师对学科教学论教师专业身份的认同结构由专业知识、专业组织、专业发展、专业特质和专业实践 5 个因子构成。这 5 个因子能够解释总方差的 58.579%，具有较高的解释力。

一、研究方法

在教师教育一体化、教师发展终身化的时代背景下，中小学在职教师不但曾经是学科教学论教师的专业服务对象，而且在整个职业生涯中都是学科教学论教师的专业合作伙伴。按照学科教学论教师专业身份认同的分析框架，形成了由 25 个项目构成的中小学教师对学科教学论专业身份认同问卷（简称"中小学教师问卷"）。问卷设计采用李克特五点计分，有 9 个项目为逆向赋值。我们在贵州遵义，重庆合川，四川广安、南充、绵阳等地开展问卷调查，发放问卷275 份，收回 264 份，回收率为 96.00%，其中有效问卷 251 份。将与其总得分的相关度达不到显著性要求的 5 个项目剔除，正式问卷由 20 个项目构成（见附录 5）。

主要通过 Cronbach's α 系数作为衡量指标来考察问卷的信度状况。一般要求 Cronbach's α 系数大于 0.7，才能达到调查问卷的信度要求。中小学教师问卷的总体 Cronbach's α 系数为 0.788，符合问卷的信度要求。为提高调查问的内容效度，在问卷设计过程中，征求了多位教育学、心理学领域的教授、博士和学科专业教师的意见，对初始问卷进行了反复修改，力求问卷项目设计能够达到预定的研究目的，能够真正把握住影响学科专业教师认同学科教学论教师专业身份的潜在因素。通过对试调查的数据进行初步的统计分析，按照统计学原则对不合理的项目进行补充、完善。从正式问卷调查数据的统计结果来看，5 个因子解释了总方差的 58.579%，所有项目的共同度为 0.476～0.713。这在相当程度上保证了学科专业教师问卷的建构效度。最后，主要运用 SPSS19.0 统计软件完成数据分析。

二、分析结果

（一）KMO 检验和 Bartlett 球形检验

因子分析的前提条件是运用 KMO 检验和 Bartlett 球形检验对相关系数矩阵进行假设检验，以表明对数据进行因子分析的适切性。对中小学教师问卷的数据分析结果，KMO 值为 0.829，可以运用因子分析；Bartlett 球形检验的卡方值为 1624.603（自由度为 190，p=0.000），否定了相关矩阵为单位阵的零假设，各变量之间存在显著的相关性，可以运用因子分析。

（二）原始变量共同度

共同度表征所提取的因子对该项目的贡献。共同度越大，则说明该项目能被所有因子共同解释的程度越高，运用因子解释样本数据所丢失的信息也就越少。中小学教师问卷的所有项目被提取的因子解释的共同度为 0.476～0.713（表 5-13）。这表明因子能够较好地解释原始变量。

表 5-13　中小学教师问卷的原始变量共同度

原始变量	因子提取前的变量共同度	因子提取后的变量共同度
ZXXJS01	1.000	0.616
ZXXJS02	1.000	0.577
ZXXJS03	1.000	0.560
ZXXJS04	1.000	0.585
ZXXJS05	1.000	0.563
ZXXJS06	1.000	0.642
ZXXJS07	1.000	0.524
ZXXJS08	1.000	0.578
ZXXJS09	1.000	0.713

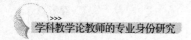

续表

原始变量	因子提取前的变量共同度	因子提取后的变量共同度
ZXXJS10	1.000	0.563
ZXXJS11	1.000	0.597
ZXXJS12	1.000	0.611
ZXXJS13	1.000	0.519
ZXXJS14	1.000	0.573
ZXXJS15	1.000	0.552
ZXXJS16	1.000	0.621
ZXXJS17	1.000	0.563
ZXXJS18	1.000	0.627
ZXXJS19	1.000	0.476
ZXXJS20	1.000	0.655

注：因子提取方法为主成分分析法；20 个原始变量名的代码 ZXXJS01、ZXXJS02、ZXXJS03……ZXXJS20 的具体含义与"附录 5"中的 20 个题项相对应

（三）方差解释

表 5-14 显示了因子的方差解释情况，即每个因子对所有原始变量总方差的贡献率。在因子分析的初始解中，利用主成分分析法得到 20 个因子，按照特征值大于 1 的标准选取了 5 个因子。经最大方差法正交旋转后，这 5 个因子的特征值分别为 3.514、2.877、2.299、1.857 和 1.170，能够解释原始变量总方差的比例分别为 17.569%、14.385%、11.493%、9.283%、5.849%，累积解释原始变量总方差的 58.579%。

表 5-14　中小学教师问卷的方差解释

成分	初始状态			因子提取后			因子旋转后		
	特征值	方差的百分比/%	累积百分比/%	特征值	方差的百分比/%	累积百分比/%	特征值	方差的百分比/%	累积百分比/%
1	5.253	26.266	26.266	5.253	26.266	26.266	3.514	17.569	17.569
2	2.876	14.382	40.648	2.876	14.382	40.648	2.877	14.385	31.954
3	1.308	6.538	47.186	1.308	6.538	47.186	2.299	11.493	43.447
4	1.215	6.075	53.260	1.215	6.075	53.260	1.857	9.283	52.729
5	1.064	5.318	58.579	1.064	5.318	58.579	1.170	5.849	58.579
6	0.913	4.564	63.143						
7	0.832	4.158	67.301						
8	0.756	3.782	71.083						
9	0.748	3.740	74.823						
10	0.714	3.571	78.394						
11	0.629	3.146	81.540						
12	0.558	2.791	84.330						
13	0.555	2.774	87.104						
14	0.483	2.413	89.518						
15	0.416	2.080	91.598						
16	0.398	1.989	93.587						
17	0.389	1.945	95.532						
18	0.342	1.710	97.242						
19	0.286	1.432	98.674						
20	0.265	1.326	100.000						

注：因子提取方法为主成分分析法

（四）因子载荷矩阵

在进行因子旋转前，20个原始变量在5个因子上的载荷大多集中在因子1上，原始变量与因子1的关系相当密切，能够反映大部分原始变量的信息（表5-15）。

表 5-15　中小学教师问卷旋转前的因子载荷矩阵

原始变量	因子 1	因子 2	因子 3	因子 4	因子 5
ZXXJS02	0.718	-0.028	-0.203	-0.114	0.081
ZXXJS11	0.696	0.103	-0.228	0.192	-0.114
ZXXJS04	0.672	-0.079	-0.045	0.291	-0.202
ZXXJS06	0.670	-0.043	-0.252	0.327	0.145
ZXXJS10	0.641	0.079	0.380	-0.004	-0.024
ZXXJS17	0.626	0.031	-0.236	0.111	-0.319
ZXXJS07	0.626	0.078	-0.207	-0.024	-0.288
ZXXJS05	0.612	-0.032	-0.236	0.151	0.331
ZXXJS03	0.575	0.036	0.436	0.095	0.169
ZXXJS13	0.570	0.067	0.306	-0.158	0.267
ZXXJS08	0.521	0.103	-0.161	-0.459	-0.243
ZXXJS19	0.438	0.000	0.237	0.290	0.379
ZXXJS20	-0.055	0.797	-0.084	-0.067	0.070
ZXXJS18	-0.128	0.769	-0.108	-0.048	0.071
ZXXJS12	-0.094	0.755	0.077	0.104	-0.121
ZXXJS14	0.065	0.706	0.140	0.085	0.207
ZXXJS16	-0.231	0.697	-0.155	0.208	-0.120
ZXXJS15	0.369	0.071	0.451	0.153	-0.429
ZXXJS09	0.499	0.186	0.320	-0.560	-0.118
ZXXJS01	0.438	0.063	-0.332	-0.452	0.324

注：因子提取方法为主成分分析法

由于初始因素载荷矩阵的因子载荷值分布较为散乱，运用最大方差法对矩阵进行正交旋转。对初始因素载荷矩阵进行因子旋转后，有7个原始变量在因子1的负荷值较高，有5个原始变量在因子2的负荷值较高，有4个原始变量在因子3的负荷值较高，在因子4和因子5上分别有2个原始变量的负荷值较高（表5-16）。

表 5-16　中小学教师问卷旋转后的因子载荷矩阵

原始变量	因子 1	因子 2	因子 3	因子 4	因子 5
ZXXJS11	0.735				
ZXXJS17	0.715				
ZXXJS06	0.696				
ZXXJS04	0.679				
ZXXJS07	0.648				

续表

原始变量	因子 1	因子 2	因子 3	因子 4	因子 5
ZXXJS02	0.581				
ZXXJS05	0.535				
ZXXJS20		0.794			
ZXXJS18		0.777			
ZXXJS12		0.758			
ZXXJS16		0.735			
ZXXJS14		0.700			
ZXXJS03			0.678		
ZXXJS19			0.644		
ZXXJS13			0.606		
ZXXJS10			0.550		
ZXXJS09				0.781	
ZXXJS08				0.647	
ZXXJS15					0.636
ZXXJS01					-0.577

注：①因子提取方法为主成分分析法；②旋转方法为最大方差法；③旋转在 7 次迭代后收敛；④为了更清晰地显示旋转后因子载荷的分布特征，只列出了大于 0.45 的载荷值

（五）因子命名

根据前面的分析，5 个因子解释了总方差的 58.579%，所有项目的共同度为 0.476~0.713。因子命名主要依据在该因子上载荷较高的项目所隐含的意义来命名，并参照原理论模型的 5 个维度，具体命名如下。

第一个因子共有 7 个项目载荷较高，该因子经正交旋转后的特征值为 3.514，能解释总方差的 17.569%。这 7 个项目主要与学科教学论教师的专业核心职能有关，学科教学论教师专业身份的重要独特性正在于传递了与其他专业教师不同的知识类型，并且学科教学论教师课堂教学效果成为影响中小学教师对其专业身份认同的关键因素。因此，将该因子命名为"专业知识"。中小学教师在"专业知识"维度上关注的重点是课程教学。

第二个因子共有 5 个项目载荷较高，该因子经正交旋转后的特征值为 2.877，能解释总方差的 14.385%。这 5 个项目多数与学科教学论教师的组织归属问题有关，如明确的组织归属对学科教学论教师专业身份认同的价值、学科教学论教师归属学科专业学院、学科教学论教师归属教师教育学院等。因此，将该因子命名为"专业组织"。

第三个因子共有 4 个项目载荷较高，该因子经正交旋转后的特征值为 2.299，能解释总方差的 11.493%。这 4 个项目以学科教学论教师的专业发展为核心，包括学术研究在专业发展中的作用、大学对学科教学论教师专业发展的

支持、学科教学论教师专业发展的方式与路径等。因此，将该因子命名为"专业发展"。在中小学教师看来，学术研究在学科教学论教师的专业发展中占据着重要地位。

第四个因子共有 2 个项目载荷较高，该因子经正交旋转后的特征值为1.857，能解释总方差的 9.283%。这 2 个项目主要涉及学科教学论教师专业身份的符号特征，也就是区别于其他专业工作者的独特性。中小学教师往往不能轻易区分学科专业教师和学科教学论教师，常常用学科专业水平来衡量学科教学论教师的专业水平。因此，将该因子命名为"专业特质"。

第五个因子共有 2 个项目载荷较高，该因子经正交旋转后的特征值为1.170，能解释总方差的 5.849%。这 2 个项目所涉及的问题主要反映了学科教学论教师与中小学教师的合作情况。因此，将该因子命名为"专业实践"。

总而言之，从对调查数据的因素分析结果来看，不同主体之间对学科教学论教师专业身份认同的关键因素存在一定程度的差异。但综合起来看，专业责任、专业知识、专门组织、专业发展和专业实践是影响学科教学论教师专业身份认同与建构的 5 个基本维度。要提高学科教学论教师专业身份的认同水平，应当从系统论的立场出发，从责任、知识、组织、发展、实践 5 个维度进行系统建构。

第六章

学科教学论教师专业身份的认同水平

在考察学科教学论教师、学科专业教师、职前教师和中小学教师4类主体对学科教学论教师的专业身份认同结构之后，进一步运用调研数据对4类主体对学科教学论教师专业身份的认同水平展开实证研究。除了考察各样本的人口学特征之外，我们主要运用差异显著性检验方法来分析不同因素、不同水平下4类主体对学科教学论教师专业身份认同水平的差异显著性。研究表明，学科教学论教师对自我专业身份的认同水平最高，职前教师其次，中小学教师再次，学科专业教师对学科教学论教师专业身份的认同水平最低。不同群体的学科教学论教师、学科专业教师、职前教师和中小学教师对学科教学论教师专业身份认同的总体水平及各因子水平之间存在着不同程度的差异。

第一节
学科教学论教师的认同水平

通过对 3 所高校的 83 名学科教学论教师的调查分析发现,学科教学论教师对自我专业身份的总体认同水平为 4.065。其中,越年轻的学科教学论教师,对自我专业身份的认同水平越高,重点高校的学科教学论教师对自我专业身份的认同水平相对较高,具有硕士、博士学位的学科教学论教师对自我专业身份的认同水平相对较高,教龄为 0～10 年和 20 年以上的学科教学论教师对自我专业身份的认同水平高于教龄为 11～20 年的学科教学论教师,不同职称学科教学论教师对自我专业身份的认同水平之间的差异不显著。不同群体学科教学论教师在专业实践、专业知识、专业责任、专业组织、专业认知、专业发展 6 个因子上的认同水平存在不同程度的差异性。

一、学科教学论教师样本的人口学特征

(一)学科教学论教师样本的年龄结构

按学科教学论教师的年龄段来分组,在 83 位调查对象中,处在 20～29 岁年龄段的学科教学论教师有 7 人,占样本容量的 8.43%;处在 30～39 岁年龄段的有 48 人,占样本容量的 57.83%;处在 40～49 岁年龄段的有 22 人,占样本容量的 26.51%;处在 50～59 岁的有 6 人,占样本容量的 7.23%(图 6-1)。由此可见,学科教学论教师队伍的年龄结构以 30～39 岁为主体,比较年轻化。

(二)学科教学论教师样本的学校类型结构

按照学科教学论教师的就职单位性质来看,83 个调查对象来自 3 所承担教师教育任务的本科院校,全国重点高校、省属重点高校和省属新建高校各 1 所。全国重点高校 31 人,占样本容量的 37.35%;省属重点高校 25 人,占样本容量的 30.12%;省属新建高校 27 人,占样本容量的 32.53%(图 6-2)。由此可见,

调查对象在 3 类高校间的分布比较平均。

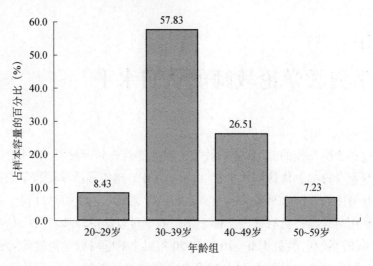

图 6-1　学科教学论教师样本的年龄结构

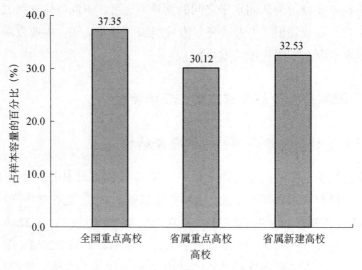

图 6-2　学科教学论教师样本的学校类型结构

（三）学科教学论教师样本的学科结构

从学科结构来看，83 位调查对象分布在语文、数学、英语、物理、化学、生物、地理、历史、政治、音乐、体育、美术等学科教学领域。其中，历史、生物、英语、音乐的学科教学论教师所占比例较大，分别为 14.46%、12.05%、9.64% 和 9.64%（图 6-3）。

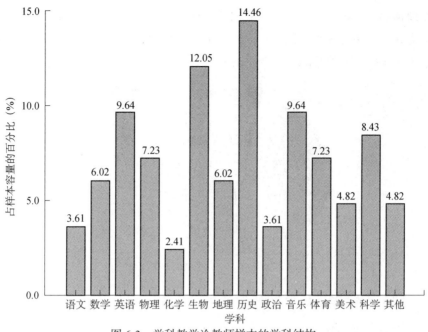

图 6-3　学科教学论教师样本的学科结构

（四）学科教学论教师样本的学位结构

在 83 位学科教学论教师中，具有博士学位的有 26 人，占 31.33%；具有硕士学位的有 42 人，占 50.60%；具有学士学位的有 12 人，占 14.46%；其他情况的有 3 人，占 3.61%（图 6-4）。由此可见，研究生学历是学科教学论教师学历结构的主体。

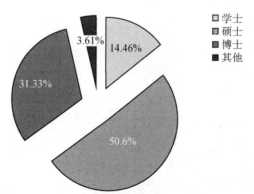

图 6-4　学科教学论教师样本的学位结构

（五）学科教学论教师样本的职称结构

从调查对象的职称结构来看，助教职称的学科教学论教师有 16 人，占 19.28%；

讲师职称的有 29 人，占 34.94%；副教授职称的有 35 人，占 42.17%；教授职称的有 3 人，占 3.61%（图 6-5）。由此可见，学科教学论教师队伍以副高和中级职称为主体，正高职称的比例非常小。

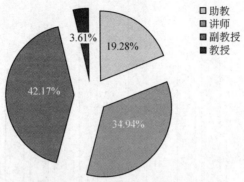

图 6-5　学科教学论教师样本的职称结构

（六）学科教学论教师样本的教龄结构

按学科教学论教师的教龄来分组，教龄为 0～3 年的有 15 人，占样本容量的 18.07%；教龄为 4～10 年的有 47 人，占样本容量的 56.63%；教龄为 11～15 年的有 11 人，占样本容量的 13.25%；教龄为 16～20 年的有 3 人，占样本容量的 3.61%；教龄为 20 年以上的有 7 人，占样本容量的 8.43%（图 6-6）。由此可见，学科教学论教师队伍的教龄结构整体上较短。

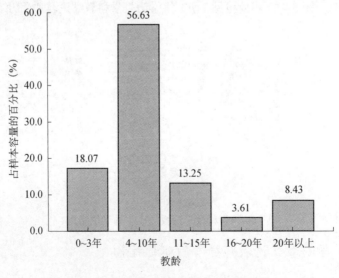

图 6-6　学科教学论教师样本的教龄结构

（七）学科教学论教师样本的其他构成情况

在 83 位调查对象中，有 15 人取得了教育学专业技术职称，占 18.07%，有 57 人取得了学科专业（如物理学、化学、文学等）技术职称，占 68.67%，还有 11 人取得了其他专业领域的技术职称；有 30 人的初次就业单位是中小学校，占 36.14%，有 46 人的初次就业单位是师范类高等院校，占 55.42%，其余的初次就业单位有非师范高校、教育行政部门等；47 人有过 1 年以上中小学全职教学工作经历，占 56.63%，36 人没有过 1 年以上中小学全职教学工作经历；有 31.33% 的学科教学论教师"经常去"中小学校，有 8.43% 的学科教学论教师表示"从没去过"或者"几乎不去"中小学校。

二、学科教学论教师认同水平的总体分析

我们用调查对象回答 18 个项目的均值表示学科教学论教师对自我专业身份的认同水平。83 名学科教学论教师对自我专业身份认同水平的最大值为 4.83，最小值为 2.00，均值为 4.065，标准差为 0.469（表 6-1）。从总体上讲，学科教学论教师对自我专业身份具有较高的认同水平。

表 6-1　学科教学论教师对自我专业身份的总体及各因子的认同水平

项目	N	最小值	最大值	均值	标准差
专业实践	83	1.67	5.00	4.341	0.582
专业知识	83	2.25	5.00	3.985	0.740
专业责任	83	2.00	5.00	4.305	0.603
专业组织	83	1.33	5.00	4.016	0.816
专业认知	83	1.00	5.00	3.867	0.847
专业发展	83	2.50	5.00	3.819	0.885
专业身份认同	83	2.00	4.83	4.065	0.469

从各因子上的得分情况来看，学科教学论教师在专业实践、专业责任、专业组织 3 个因子上的得分较高，分别为 4.341、4.305、4.016；在专业发展、专业认知、专业知识 3 个因子上的得分相对较低，分别为 3.819、3.867、3.985（表 6-1）。各因子均值大小依次是：专业实践>专业责任>专业组织>专业知识>专业认知>专业发展。

学科教学论教师对自我专业身份各调查项目的认同水平为 3.217~4.518，其标准差为 0.601~1.482。其中，有 8 个项目的认同水平低于 0.40，有 10 个项目的认同水平高于 0.40，仅有 1 个项目（XKJX13）的认同水平低于 3.50，也

仅有 1 个项目（XKJX01）的认同水平高于 4.50（表 6-2）。学科教学论教师并不认为自己因为身在学科专业学院而忘记了自己的学科教学论教师身份（XKJX13 的均值最低），他们高度认同自己肩负着促进教师教育科学发展的历史使命（XKJX01 的均值最高）。学科教学论教师广泛认同与中小学合作开展课堂教学实践与研究，是促进自身专业发展的重要途径（XKJX15 的标准差最小），而对归属学科专业学院是否消解了自我专业身份认同这一问题的认同上却存在较大分歧（XKJX13 的标准差最大）。

表 6-2　学科教学论教师对自我专业身份各调查项目的认同水平

项目	N	最小值	最大值	均值	标准差
XKJX01	83	2.00	5.00	4.518	0.632
XKJX02	83	2.00	5.00	3.916	0.872
XKJX03	83	1.00	5.00	3.867	1.135
XKJX04	83	1.00	5.00	3.940	1.130
XKJX05	83	1.00	5.00	3.940	1.075
XKJX06	83	1.00	5.00	4.000	0.988
XKJX07	83	2.00	5.00	4.084	0.900
XKJX08	83	1.00	5.00	3.759	1.226
XKJX09	83	2.00	5.00	4.217	0.911
XKJX10	83	2.00	5.00	4.181	0.814
XKJX11	83	2.00	5.00	4.422	0.627
XKJX12	83	1.00	5.00	3.904	0.970
XKJX13	83	1.00	5.00	3.217	1.482
XKJX14	83	2.00	5.00	4.241	0.691
XKJX15	83	2.00	5.00	4.386	0.601
XKJX16	83	1.00	5.00	4.398	0.748
XKJX17	83	1.00	5.00	3.916	1.015
XKJX18	83	1.00	5.00	4.265	0.951

注：18 个项目代码 XKJX01、XKJX02、XKJX03……XKJX18 的具体含义与"附录 2"中的 18 个题项相对应

三、不同群体学科教学论教师的认同水平

（一）不同年龄学科教学论教师的自我专业身份认同水平

运用方差分析法检验差异显著性的重要前提是保证各组样本来自方差相等的总体即方差齐性。方差齐性检验的结果表明，不同年龄段学科教学论教师专业身份认同及各因子的相伴概率都大于 0.05，不能拒绝各组总体方差没有显著差异的原假设，可以认为各个组总体方差是相等的，满足进行方差分析的基本条件。方差分析发现，不同年龄段学科教学论教师的自我专业身份认同水平间存在着显著差异（$F=3.384$，$p=0.022$）。总体上，随着年龄的增长，学科教学论

教师对自我专业身份的认同水平下降。20～29 岁年龄段学科教学论教师自我专业身份认同水平最高，为 4.270；30～39 岁年龄段学科教学论教师自我专业身份认同水平次之，为 4.160；40～49 岁、50～59 岁年龄段学科教学论教师自我专业身份认同水平较低，分别为 3.828 和 3.935。Kruaskal—Waills 检验（简称 K—W 检验）表明，不同年龄段学科教学论教师自我专业身份认同水平的分布间具有显著差异（χ^2=11.890，p=0.008）。多重比较发现，40～49 岁的学科教学论教师的专业身份认同水平显著低于 20～29 岁、30～39 岁两个年龄段的学科教学论教师（表 6-3）。

表 6-3　不同年龄学科教学论教师自我专业身份认同及其各因子水平的差异分析

项目	年龄①	N	均值②③	标准差	方差分析				K—W 检验	
					Levene 统计量	p	F	p	χ^2	p
专业实践	1	7	4.857[2*, 3*, 4*]	0.378	1.913	0.134	2.420	0.072	7.957	0.047*
	2	48	4.333[1*]	0.623						
	3	22	4.258[1*]	0.436						
	4	6	4.111[1*]	0.689						
专业知识	1	7	4.250[3*]	0.479	2.119	0.104	3.599	0.017*	7.300	0.063
	2	48	4.135[3**]	0.654						
	3	22	3.568[1*, 2**]	0.846						
	4	6	4.000	0.775						
专业责任	1	7	4.286	0.448	2.365	0.077	0.279	0.840	3.282	0.350
	2	48	4.354	0.613						
	3	22	4.212	0.443						
	4	6	4.278	1.143						
专业组织	1	7	4.143	0.690	0.500	0.684	3.293	0.025*	9.275	0.026*
	2	48	4.215[3**, 4*]	0.729						
	3	22	3.682[2**]	0.857						
	4	6	3.500[2*]	1.027						
专业认知	1	7	4.190	0.634	2.688	0.052	0.853	0.469	4.156	0.245
	2	48	3.875	0.979						
	3	22	3.682	0.604						
	4	6	4.111	0.621						
专业发展	1	7	3.714	0.567	1.892	0.138	1.749	0.164	5.415	0.144
	2	48	4.000	0.881						
	3	22	3.568	0.930						
	4	6	3.417	0.861						
专业身份认同	1	7	4.270[3*]	0.391	0.274	0.844	3.384	0.022*	11.890	0.008**
	2	48	4.160[3**]	0.472						
	3	22	3.828[1*, 2**]	0.378						
	4	6	3.935	0.571						

注：①1=20～29 岁，2=30～39 岁，3=40～49 岁，4=50～59 岁。②上标表示该栏年龄与该上标数字表示年龄的学科教学论教师在多重比较中差异的显著性。方差齐性时，运用 LSD 方法；在方差不齐性时，运用 Tamhane 方法。③*p≤0.05，**p≤0.01

如表 6-3 所示，在学科教学论教师自我专业身份认同各因子中，专业知识（F=3.599，p=0.017）和专业组织（F=3.293，p=0.025）存在显著的年龄差异，学科教学论教师的年龄越小，在专业知识和专业组织两个因子上的认同水平越高。在专业知识因子上，40～49 岁的学科教学论教师的认同水平显著低于 20～29 岁、30～39 岁两个年龄段的学科教学论教师，不同年龄学科教学论教师的认同水平分布差异不显著（χ^2=7.300，p=0.063）。在专业组织因子上，30～39 岁的学科教学论教师的认同水平显著高于 40～49 岁、50～59 岁两个年龄段的学科教学论教师，不同年龄学科教学论教师的认同水平分布差异显著（χ^2=9.275，p=0.026）。在专业责任（F=0.279，p=0.840；χ^2=3.282，p=0.350）、专业认知（F=0.853，p=0.469；χ^2=4.156，p=0.245）、专业发展（F=1.749，p=0.164；χ^2=5.415，p=0.144）3 个因子上，不同年龄学科教学论教师的认同水平间不存在显著差异，且各组所代表总体分布的差异不显著。在专业实践因子上，不同年龄学科教学论教师的认同水平间不存在显著差异（F=2.420，p=0.072），但是，各年龄段学科教学论教师的认同水平随着年龄的增长依次下降，其中，20～29 岁学科教学论教师的认同水平显著高于其他年龄的学科教学论教师。不同年龄学科教学论教师的认同水平分布存在显著差异（χ^2=7.957，p=0.047）。

（二）不同高校学科教学论教师的自我专业身份认同水平的差异

方差齐性检验表明，不同高校学科教学论教师在专业身份认同，以及专业实践、专业认知和专业发展 3 个因子上的方差齐性，可以运用方差分析；而在专业知识、专业责任、专业组织 3 个因子上，不同学校学科教学论教师自我专业身份认同水平间的方差存在不同程度的显著差异，不适宜运用方差分析。在不宜运用方差分析时，我们采用非参数检验的 K—W 检验方法来考察不同样本所体表的总体是否具有相同的分布。

全国重点高校和省属重点高校的学科教学论教师自我专业身份认同水平高于省属新建高校的学科教学论教师，但方差分析（F=0.684，p=0.507）结果显示，不同高校学科教学论教师自我专业身份认同水平间的差异不显著，K—W检验（χ^2=0.320，p=0.852）的结果也只能接受不同高校学科教学论教师自我专业身份认同水平所代表的总体具有相同分布的零假设。从各个因子的情况来看，在专业实践（F=0.202，p=0.817；χ^2=1.569，p=0.456）和专业认知（F=1.421，p=0.248；χ^2=2.406，p=0.300）因子上，不同高校学科教学论教师认同水平间的差异不显著，不同高校样本所代表的总体分布的差异不显著。在专业发展（F=5.867，p=0.004；χ^2=11.502，p=0.003）因子上，不同高校学科教学论教师认同水平间的差异显著，不同高校样本所代表的总体分布的差异显著。鉴于专业知识、专业责任、专业组织 3 个因子未能通过方差齐性检验，不对其进行均值差异的方差分析，只检验其各组所代表的总体是否具有相同的分布。结果表明，在专业知识（χ^2=3.709，p=0.157）因子上，不同高校学科教学论教师认同水平的分布差异不显著。在专业责任（χ^2=9.400，p=0.009）和专业组织（χ^2=8.042，p=0.018）2 个因子上，不同高校学科教学论教师认同水平的分布差异显著（表 6-4）。

表 6-4　不同高校学科教学论教师自我专业身份认同及其各因子水平的差异分析

项目	学校[①]	N	均值[②③]	标准差	方差分析				K—W 检验	
					Levene统计量	p	F	p	χ^2	p
专业实践	1	31	4.290	0.515	1.181	0.312	0.202	0.817	1.569	0.456
	2	25	4.387	0.427						
	3	27	4.358	0.768						
专业知识	1	31	3.734	0.922	10.395	0.000***	—	—	3.709	0.157
	2	25	4.200	0.462						
	3	27	4.074	0.650						
专业责任	1	31	4.548[2*]	0.390	4.581	0.013*			9.400	0.009**
	2	25	4.133[1*]	0.441						
	3	27	4.185	0.823						
专业组织	1	31	4.065	0.580	8.121	0.001**	—	—	8.042	0.018*
	2	25	4.373[3*]	0.521						
	3	27	3.630[2*]	1.087						
专业认知	1	31	3.688	1.029	1.475	0.235	1.421	0.248	2.406	0.300
	2	25	3.880	0.666						
	3	27	4.062	0.746						
专业发展	1	31	4.194[3*]	0.823	0.152	0.859	5.867	0.004**	11.502	0.003**
	2	25	3.760	0.879						
	3	27	3.444[1*]	0.813						
专业身份认同	1	31	4.061	0.429	1.845	0.165	0.684	0.507	0.320	0.852
	2	25	4.147	0.325						
	3	27	3.994	0.611						

注：①1=全国重点高校，2=省属重点高校，3=省属新建高校。②上标表示该栏高校与该上标数字表示高校的学科教学论教师在多重比较中差异的显著性。方差齐性时，运用 LSD 方法；在方差不齐性时，运用 Tamhane方法。③*$p \leqslant 0.05$，**$p \leqslant 0.01$，***$p \leqslant 0.001$。

如表 6-4 所示，多重比较的结果表明，不同高校学科教学论教师自我专业身份认同水平之间的差异不显著。在专业实践、专业知识和专业认知 3 个因子上，不同高校学科教学论教师的认同水平间不存在显著差异。在专业责任因子上，全国重点高校学科教学论教师的认同水平显著高于省属重点高校；在专业组织因子上，省属新建高校学科教学论教师的认同水平显著低于省属重点高校；在专业发展因子上，省属新建高校学科教学论教师的认同水平显著低于全国重点高校。

（三）不同学位学科教学论教师的自我专业身份认同水平

与其他高校教师一样,学科教学论教师的学历学位也呈现出高端化的趋势,以硕士和博士学位为主。具有不同学位的学科教学论教师群体所代表的总体方差齐性（p=0.686）,他们对自我专业身份认同水平的总体差异不显著（F=2.288,p=0.085）,但是不同学位的学科教学论教师群体所代表总体的分布差异显著（χ^2=8.349,p=0.039）。多重比较表明,"其他"（没有学位）学科教学论教师自我专业身份认同水平显著低于硕士和博士学位学科教学论教师（表6-5）。

表6-5　不同学位学科教学论教师自我专业身份认同及其各因子水平的差异分析

项目	学位[①]	N	均值[②③]	标准差	方差分析				K—W检验	
					Levene统计量	p	F	p	χ^2	p
专业实践	1	12	4.417[4*]	0.474	1.180	0.323	1.485	0.225	3.669	0.300
	2	42	4.341	0.669						
	3	26	4.385[4*]	0.439						
	4	3	3.667[1*, 3*]	0.577						
专业知识	1	12	4.083	0.669	0.945	0.423	0.211	0.889	1.562	0.668
	2	42	3.952	0.668						
	3	26	4.019	0.916						
	4	3	3.750	0.433						
专业责任	1	12	4.389	0.789	3.247	0.026*	—	—	3.850	0.278
	2	42	4.325	0.622						
	3	26	4.308	0.352						
	4	3	3.667	1.155						
专业组织	1	12	3.528	1.123	5.538	0.002*	—	—	11.421	0.010*
	2	42	4.056	0.796						
	3	26	4.321	0.427						
	4	3	2.778	0.385						
专业认知	1	12	4.056	0.547	2.367	0.077	1.969	0.125	5.496	0.139
	2	42	3.714	0.953						
	3	26	4.103	0.753						
	4	3	3.222	0.192						
专业发展	1	12	3.167[2**, 3*]	0.835	3.309	0.024*	—	—	8.246	0.041*
	2	42	3.940[1**]	0.759						
	3	26	3.923[1*]	0.987						
	4	3	3.833	1.155						
专业身份认同	1	12	3.991	0.471	0.497	0.686	2.288	0.085	8.349	0.039*
	2	42	4.056[4*]	0.477						
	3	26	4.182[4*]	0.438						
	4	3	3.481[2*, 3*]	0.195						

注：①1=学士,2=硕士,3=博士,4=其他。②上标表示该栏学位与该上标数字表示学位的学科教学论教师在多重比较中差异的显著性。方差齐性时,运用 LSD 方法；在方差不齐性时,运用 Tamhane 方法。③*p≤0.05,**p≤0.01

如表 6-5 所示，在专业实践因子上，不同学位学科教学论教师的认同水平方差齐性（$p=0.323$），总体差异不显著（$F=1.485$，$p=0.225$），而且各组样本所代表的总体分布差异不显著（$\chi^2=3.669$，$p=0.300$）。但是，"其他"学位的学科教学论教师在该因子上的认同水平显著低于具有学士和博士学位的学科教学论教师。在专业知识因子上，不同学位学科教学论教师的认同水平方差齐性（$p=0.423$），总体差异不显著（$F=0.211$，$p=0.889$），不同组别的认同水平之间没有显著差异，且各组所代表的总体分布没有显著差异（$\chi^2=1.562$，$p=0.668$）。在专业责任因子上，不同学位学科教学论教师的认同水平之间的差异不显著，各组别所代表总体的分布差异也不显著（$\chi^2=3.850$，$p=0.278$）。在专业组织因子上，不同学位学科教学论教师的认同水平分布差异显著（$\chi^2=11.421$，$p=0.010$）。在专业认知因子上，不同学位学科教学论教师的认同水平差异不显著（$F=1.969$，$p=0.125$），且分布相同（$\chi^2=5.496$，$p=0.139$）。在专业发展因子上，不同学位学科教学论教师的认同水平分布差异显著（$\chi^2=8.246$，$p=0.041$），但各组的认同水平之间差异都不具有显著性。

（四）不同职称学科教学论教师的自我专业身份认同水平

方差齐性检验表明，不同职称学科教学论教师在专业身份认同（$p=0.435$）和专业实践（$p=0.491$）、专业责任（$p=0.157$）、专业组织（$p=0.720$）、专业认知（$p=0.080$）因子上的认同水平方差齐性（表 6-6）。不同职称学科教学论教师的自我专业身份认同水平差异不显著（$F=1.036$，$p=0.381$），而且各组的分布不存在显著差异（$\chi^2=4.557$，$p=0.207$）。

表 6-6 不同职称学科教学论教师自我专业身份认同及其各因子水平的差异分析

项目	职称[①]	N	均值[②③]	标准差	方差分析				K—W 检验	
					Levene 统计量	p	F	p	χ^2	p
专业实践	1	16	4.542	0.500	0.813	0.491	0.795	0.501	2.395	0.495
	2	29	4.276	0.707						
	3	35	4.305	0.501						
	4	3	4.333	0.577						
专业知识	1	16	4.219	0.464	3.751	0.014*	—	—	5.237	0.155
	2	29	4.009	0.736						
	3	35	3.807	0.829						
	4	3	4.583	0.144						
专业责任	1	16	4.104[2*]	0.629	1.786	0.157	2.732	0.049*	12.445	0.006**
	2	29	4.517[1*, 3*]	0.615						
	3	35	4.190[2*]	0.556						
	4	3	4.667	0.000						

续表

项目	职称[①]	N	均值[②③]	标准差	方差分析				K—W 检验	
					Levene统计量	p	F	p	χ^2	p
专业组织	1	16	4.229	0.629	0.446	0.720	0.970	0.411	2.512	0.473
	2	29	4.103	0.817						
	3	35	3.848	0.898						
	4	3	4.000	0.577						
专业认知	1	16	3.458[2*]	1.179	2.337	0.080	1.852	0.145	4.331	0.228
	2	29	4.069[1*]	0.818						
	3	35	3.886	0.666						
	4	3	3.889	0.385						
专业发展	1	16	4.063	0.602	9.268	0.000***	—	—	6.446	0.092
	2	29	3.948	0.900						
	3	35	3.686	0.948						
	4	3	2.833	0.577						
专业身份认同	1	16	4.111	0.387	0.921	0.435	1.036	0.381	4.557	0.207
	2	29	4.157	0.532						
	3	35	3.960	0.459						
	4	3	4.148	0.160						

注：①1=助教，2=讲师，3=副教授，4=教授。②上标表示该栏职称与该上标数字表示职称的学科教学论教师在多重比较中差异的显著性。方差齐性时，运用 LSD 方法；在方差不齐性时，运用 Tamhane 方法。③*$p \leqslant 0.05$，***$p \leqslant 0.001$

从各因子的情况来看，不同职称学科教学论教师在专业实践（$F=0.795$，$p=0.501$）、专业组织（$F=0.970$，$p=0.411$）和专业认知（$F=1.852$，$p=0.145$）因子上的认同水平间差异不显著，在专业责任（$F=2.732$，$p=0.049$）因子上的认同水平间差异显著。K—W 检验结果显示，在专业实践（$\chi^2=2.395$，$p=0.495$）、专业知识（$\chi^2=5.237$，$p=0.155$）、专业组织（$\chi^2=2.512$，$p=0.473$）、专业认知（$\chi^2=4.331$，$p=0.228$）和专业发展（$\chi^2=6.446$，$p=0.092$）5 个因子上，不同职称学科教学论教师的认同水平分布差异不显著；在专业责任（$\chi^2=12.445$，$p=0.006$）因子上，不同职称学科教学论教师的认同水平具有显著不同的分布。多重比较表明，在专业责任因子上，具有讲师职称的学科教学论教师显著高于助教和副教授的认同水平；在专业认知因子上，讲师的认同水平显著高于助教。

（五）不同教龄学科教学论教师的自我专业身份认同水平

不同教龄的学科教学论教师自我专业身份认同水平的总体方差不齐性（$p=0.040$），分布差异显著（$\chi^2=10.202$，$p=0.037$）。教龄为 0～20 年，学科教学论教师的自我专业身份认同水平逐步从 4.081 下降到 3.722，但教龄为 20 年以上的学科教学论教师认同水平提升，并且显著高于教龄为 11～15 年教龄组的学科教学论教师（表 6-7）。

表 6-7 不同教龄学科教学论教师自我专业身份认同及其各因子水平的差异分析

项目	教龄[①]	N	均值[②③]	标准差	方差分析 Levene 统计量	p	F	p	K—W 检验 χ^2	p
专业实践	1	15	$4.644^{3*, 4*}$	0.479						
	2	47	4.312	0.619						
	3	11	4.121^{1*}	0.563	1.088	0.368	2.030	0.098	9.522	0.049*
	4	3	3.889^{1*}	0.192						
	5	7	4.429	0.418						
专业知识	1	15	3.867^{5*}	0.508						
	2	47	3.947^{5*}	0.877						
	3	11	4.068^{5*}	0.337	6.202	0.000***	—	—	5.964	0.202
	4	3	3.667	1.010						
	5	7	$4.500^{1*, 2*, 3*}$	0.204						
专业责任	1	15	4.200^{5*}	0.352						
	2	47	4.397	0.600						
	3	11	4.030	0.605	4.616	0.002**	—	—	11.620	0.020*
	4	3	3.556	1.347						
	5	7	4.667^{1*}	0.192						
专业组织	1	15	4.378^{3***}	0.576						
	2	47	4.106^{3**}	0.765						
	3	11	$3.242^{1***, 2**, 5*}$	0.967	1.005	0.410	4.343	0.003**	13.391	0.010*
	4	3	3.444	0.962						
	5	7	4.095^{3*}	0.568						
专业认知	1	15	3.733	0.737						
	2	47	3.965	0.949						
	3	11	3.455	0.654	1.136	0.346	1.297	0.279	8.845	0.065
	4	3	3.667	0.577						
	5	7	4.238	0.460						
专业发展	1	15	3.567	0.594						
	2	47	3.936	0.936						
	3	11	3.864	0.839	3.397	0.013*	—	—	6.161	0.187
	4	3	4.333	1.155						
	5	7	3.286	0.906						
专业身份认同	1	15	4.081	0.321						
	2	47	4.111	0.534						
	3	11	3.808^{5*}	0.302	2.643	0.040*	—	—	10.202	0.037*
	4	3	3.722	0.674						
	5	7	4.270^{3*}	0.199						

注：①1=0～3 年，2=4～10 年，3=11～15 年，4=16～20 年，5=20 年以上。②上标表示该栏教龄与该上标数字表示教龄的学科教学论教师在多重比较中差异的显著性。方差齐性时，运用 LSD 方法；在方差不齐性时，运用 Tamhane 方法。③*$p \leqslant 0.05$，**$p \leqslant 0.01$，***$p \leqslant 0.001$

从各因子来看，在专业实践因子上，不同教龄学科教学论教师的认同水平间的总体差异不显著（F=2.030，p=0.098），各教龄组的认同水平分布具有显著差异（χ^2=9.522，p=0.049），具有0～3年教龄的学科教学论教师在该因子上的认同水平显著高于11～15年和16～20年教龄的学科教学论教师。在专业知识因子上，各教龄的学科教学论教师认同水平的总体方差不齐性（p=0.000），总体分布差异不显著（χ^2=5.964，p=0.202）。但是，具有20年以上教龄的学科教学论教师在该因子上的认同水平显著高于0～3年、4～10年和11～15年教龄的学科教学论教师。在专业责任因子上，各教龄的学科教学论教师认同水平的总体方差不齐性（p=0.002），总体分布差异显著（χ^2=11.620，p=0.020），具有0～3年教龄的学科教学论教师在该因子上的认同水平显著低于具有20年以上教龄的学科教学论教师。在专业组织因子上，不同教龄学科教学论教师的认同水平总体差异显著（F=4.343，p=0.003），总体分布差异也显著（χ^2=13.391，p=0.010），11～15年教龄的学科教学论教师在该因子上的认同水平显著低于0～3年、4～10年和20年以上教龄的学科教学论教师。在专业认知因子上，不同教龄学科教学论教师的认同水平总体差异不显著（F=1.297，p=0.279），总体分布差异不显著（χ^2=8.845，p=0.065）。在专业发展因子上，不同教龄学科教学论教师的认同水平总体方差不齐性（p=0.013），总体分布差异不显著（χ^2=6.161，p=0.187）。

第二节
学科专业教师的认同水平

通过对3所高校的201名学科专业教师的调查分析发现，学科专业教师对学科教学论教师专业身份的总体认同水平为3.591。其中，30～39岁年龄组的学科专业教师对学科教学论教师专业身份的认同水平显著低于其他年龄组的学科专业教师，不同高校的学科专业教师对学科教学论教师专业身份的认同水平之间差异不显著，不同职称的学科专业教师对学科教学论教师专业身份的认同水平之间差异也不显著。不同群体学科专业教师在专业发展、专业责任、专业知识、专业组织4个因子上的认同水平存在不同程度的差异性。

一、学科专业教师样本的人口学特征

（一）学科专业教师样本的年龄结构

从学科专业教师样本的年龄情况来看,处在 20～29 岁年龄段的学科专业教师 27 人,占样本容量的 13.43%;处在 30～39 岁年龄段的学科专业教师 90 人,占样本容量的 44.78%;处在 40～49 岁年龄段的学科专业教师 84 人,占样本容量的 41.79%（图 6-7）。

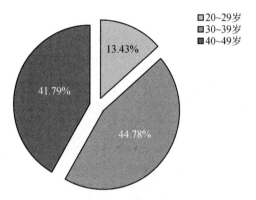

图 6-7　学科专业教师样本的年龄结构

（二）学科专业教师样本的学校类型结构

学科专业教师样本的 201 个调查对象来自 3 所承担教师教育任务的本科院校,其中,1 所全国重点高校,1 所省属重点高校,1 所省属新建高校。全国重点高校 39 人,占样本容量的 19.40%;省属重点高校 70 人,占样本容量的 34.83%;省属新建高校 92 人,占样本容量的 45.77%（图 6-8）。

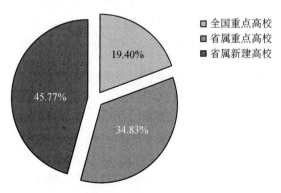

图 6-8　学科专业教师样本的学校类型结构

（三）学科专业教师样本的学科结构

201 位学科专业教师来自语文、数学、英语、物理、化学、生物、地理、历史、政治、音乐、体育、美术等学科领域。其中，英语学科占 18.91%，地理学科占 13.93%，化学学科占 12.44%。音乐、体育和美术学科的数量相对较少，分别占 1.49%、1.99%和 1.00%（图 6-9）。

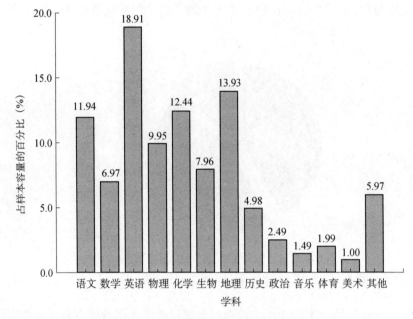

图 6-9　学科专业教师样本的学科结构

（四）学科专业教师样本的职称结构

从学科专业教师样本的职称结构来看，助教职称的有 20 人，占 9.95%；讲师职称的有 54 人，占 26.87%；副教授职称的有 81 人，占 40.30%；教授职称的有 37 人，占 18.41%；非教学系列职称的有 9 人，占 4.48%（图 6-10）。

（五）学科专业教师任教学科教学论课程情况

在 201 位调查对象中，曾经从事过学科教学论课程教学任务的学科专业教师有 55 人，占 27.36%。这表明，一方面学科教学论教师可能有向学科专业跨界的倾向性；另一方面学科教学论教师的专业工作能够轻易地被学科专业教师代替。因此，学科教学论教师队伍具有鲜明的专业不稳定性和边界模糊性。

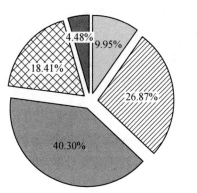

图 6-10　学科专业教师样本的职称结构

二、学科专业教师认同水平的总体分析

我们用调查对象回答 18 个项目的均值表示学科专业教师对学科教学论教师专业身份的认同水平。201 名学科专业教师对学科教学论教师专业身份认同水平的最大值为 4.44，最小值为 1.28，均值为 3.591，标准差为 0.477（表 6-8）。学科专业教师对学科教学论教师专业身份的认同水平一般，远远低于学科教学论教师的自我认同水平（均值 4.065）。从各因子上的得分情况来看，学科专业教师在专业发展因子上的认同水平较高（均值 3.750），其次为专业知识因子（均值 3.569），再次为专业组织因子（均值 3.551），最后为专业责任因子（均值 3.405）。

表 6-8　学科专业教师对学科教学论教师专业身份的总体及各因子的认同水平

项目	N	最小值	最大值	均值	标准差
专业发展	201	1.00	4.57	3.750	0.581
专业责任	201	1.60	4.20	3.405	0.529
专业知识	201	1.67	4.33	3.569	0.583
专业组织	201	1.00	5.00	3.551	0.760
专业身份认同	201	1.28	4.44	3.591	0.477

如表 6-9 所示，学科专业教师对学科教学论教师专业身份认同的调查项目均值为 2.358～4.051，最小标准差为 0.605，最大标准差为 1.065。学科专业教师在 XKZY18 项目上的得分均值最低（2.358），项目内容为"从现实情况来看，学科教学论教师往往忽视了自己作为教师教育者的专业身份"。该项目为逆向题，在数据分析时进行了逆向赋值，得分越低，表示对学科教学论教师专业身

份认同的水平越低。也就是说，学科专业教师倾向于认为，现实中的学科教学论教师往往忽视了自己的专业身份。学科专业教师在 XKZY05 项目的得分均值最高（4.051），项目内容为"学科教学论教师的专业发展特别需要研究中小学课堂教学，而不是纯粹的理论研究"。这表明学科专业教师非常赞同学科教学论教师专业发展的实践性取向。

表 6-9 学科专业教师对学科教学论教师专业身份各调查项目的认同水平

项目	N	最小值	最大值	均值	标准差
XKZY01	201	1.00	5.00	3.881	1.056
XKZY02	201	1.00	5.00	3.716	0.868
XKZY03	201	1.00	5.00	3.557	0.865
XKZY04	201	1.00	5.00	3.910	0.861
XKZY05	201	1.00	5.00	4.015	0.967
XKZY06	201	1.00	5.00	3.697	0.976
XKZY07	201	2.00	4.00	3.512	0.729
XKZY08	201	1.00	4.00	3.572	0.637
XKZY09	201	1.00	5.00	3.229	0.989
XKZY10	201	1.00	5.00	3.577	1.065
XKZY11	201	1.00	5.00	3.920	0.929
XKZY12	201	1.00	5.00	3.502	0.906
XKZY13	201	1.00	5.00	3.990	0.877
XKZY14	201	1.00	4.00	3.512	0.649
XKZY15	201	1.00	4.00	3.622	0.605
XKZY16	201	1.00	4.00	3.582	0.612
XKZY17	201	1.00	4.00	3.478	0.701
XKZY18	201	1.00	4.00	2.358	0.831

注：18 个项目代码 XKZY01、XKZY02、XKZY03……XKZY18 的具体含义与"附录 3"中的 18 个题项相对应

三、不同群体学科专业教师的认同水平

（一）不同年龄学科专业教师对学科教学论教师专业身份的认同水平

不同年龄学科专业教师对学科教学论教师专业身份的认同水平总体方差不齐性（$p=0.000$），分布的差异性显著（$\chi^2=14.725$，$p=0.001$）。多重比较的结果显示，30～39 岁学科专业教师对学科教学论教师专业身份认同水平显著低于 20～29 岁和 40～49 岁两个年龄组的学科专业教师（表 6-10）。

表 6-10　不同年龄学科专业教师对学科教学论教师专业身份认同

及其各因子水平的差异分析

项目	年龄①	N	均值②③	标准差	方差分析				K—W 检验	
					Levene 统计量	p	F	p	χ^2	p
专业发展	1	27	3.841^{2*}	0.267	17.860	0.000***	—	—	2.973	0.226
	2	90	$3.610^{1*, 3*}$	0.745						
	3	84	3.871^{2*}	0.395						
专业责任	1	27	$3.763^{2***, 3**}$	0.430	0.978	0.378	9.761	0.000***	21.088	0.000***
	2	90	$3.276^{1***, 3*}$	0.510						
	3	84	$3.429^{1**, 2*}$	0.525						
专业知识	1	27	3.728^{2***}	0.293	12.798	0.000***	—	—	3.405	0.182
	2	90	3.452^{1***}	0.688						
	3	84	3.643	0.506						
专业组织	1	27	3.790^{2**}	0.600	8.221	0.000***	—	—	13.035	0.001***
	2	90	$3.315^{1**, 3***}$	0.865						
	3	84	3.726^{2***}	0.606						
专业身份认同	1	27	3.792^{2***}	0.177	18.525	0.000***	—	—	14.725	0.001***
	2	90	$3.441^{1***, 3**}$	0.577						
	3	84	3.686^{2**}	0.367						

注：①1=20～29 岁，2=30～39 岁，3=40～49 岁。②上标表示该栏年龄与该上标数字表示年龄的学科专业教师在多重比较中差异的显著性。方差齐性时，运用 LSD 方法；在方差不齐性时，运用 Tamhane 方法。③$*p \leqslant 0.05$，$**p \leqslant 0.01$，$***p \leqslant 0.001$

在专业发展因子上，不同年龄组学科专业教师认同水平的总体方差不齐性（$p=0.000$），分布差异性不显著（$\chi^2=2.973$，$p=0.226$）。多重比较发现，30～39 岁学科专业教师在该因子上的认同水平显著低于 20～29 岁和 40～49 岁两个年龄组的学科专业教师。在专业责任因子上，不同年龄组学科专业教师认同水平的总体方差齐性（$p=0.378$），均值具有显著差异（$F=9.761$，$p=0.000$），分布具有显著差异（$\chi^2=21.088$，$p=0.000$）。3 个年龄组的学科专业教师之间存在着显著差异，其中，20～29 岁年龄组学科专业教师在该因子上的认同水平最高，30～39 岁年龄组最低，40～49 岁年龄组居中。在专业知识因子上，不同年龄组学科专业教师的认同水平的总体方差不齐性（$p=0.000$），分布差异不显著（$\chi^2=3.405$，$p=0.182$）。20～29 岁年龄组与 30～39 岁年龄组的学科专业教师在该因子上存在显著差异。在专业组织因子上，不同年龄组学科专业教师认同水平的总体方差不齐性（$p=0.000$），分布差异非常显著（$\chi^2=13.035$，$p=0.001$）。多重比较发现，30～39 岁年龄组学科专业教师在该因子上的认同水平显著低于 20～29 岁和 40～49 岁两个年龄组的学科专业教师。

（二）不同高校学科专业教师对学科教学论教师专业身份的认同水平

全国重点高校的学科专业教师对学科教学论教师专业身份认同水平的均值为 3.585，省属重点高校为 3.615，省属新建高校为 3.575。不同高校学科专业教师对学科教学论教师专业身份认同水平的总体方差齐性（ $p=0.598$ ），均值差异不显著（ $F=0.147$ ， $p=0.863$ ），分布差异不显著（ $\chi^2=0.005$ ， $p=0.998$ ）。多重比较的结果显示，不同高校学科专业教师对学科教学论教师专业身份认同水平间没有显著差异。从各因子的情况来看，不同高校学科教学论教师在专业发展、专业责任、专业知识和专业组织 4 个因子上认同水平的总体方差都没有显著差异，均值差异不显著，分布差异也不显著。从多重比较结果来看，只有在专业组织因子上，省属新建高校学科专业教师的认同水平显著低于全国重点高校（表6-11）。总之，不同高校学科专业教师在学科教学论教师专业身份及其各因子上的认同水平比较一致。

表6-11　不同高校学科专业教师对学科教学论教师专业身份认同及其各因子水平的差异分析

项目	高校[①]	N	均值[②③]	标准差	方差分析				K—W 检验	
					Levene 统计量	p	F	p	χ^2	p
专业发展	1	39	3.685	0.612	0.807	0.448	0.347	0.707	0.435	0.804
	2	70	3.782	0.499						
	3	92	3.753	0.627						
专业责任	1	39	3.369	0.567	1.242	0.291	0.217	0.805	0.200	0.905
	2	70	3.391	0.560						
	3	92	3.430	0.491						
专业知识	1	39	3.564	0.641	0.764	0.467	0.622	0.538	1.094	0.579
	2	70	3.629	0.537						
	3	92	3.525	0.593						
专业组织	1	39	3.735^{3*}	0.702	0.649	0.524	2.124	0.122	4.635	0.098
	2	70	3.586	0.728						
	3	92	3.446^{1*}	0.797						
专业身份认同	1	39	3.585	0.477	0.515	0.598	0.147	0.863	0.005	0.998
	2	70	3.615	0.432						
	3	92	3.574	0.512						

注：①1=全国重点高校，2=省属重点高校，3=省属新建高校。②上标表示该栏高校与该上标数字表示高校的学科专业教师在多重比较中差异的显著性。方差齐性时，运用 LSD 方法；在方差不齐性时，运用 Tamhane 方法。③*$p \leqslant 0.05$

（三）不同职称学科专业教师对学科教学论教师专业身份的认同水平

不同职称学科专业教师对学科教学论教师专业身份的认同水平比较接近，

其中，助教为 3.742，讲师为 3.506，副教授为 3.602，教授为 3.580，非教学系列职称为 3.704。方差齐性检验表明，Levene 值为 2.333，相伴概率为 0.057，各组的总体方差齐性。方差分析显示，F 值为 1.070，相伴概率为 0.372，不同组别学科专业教师对学科教学论教师专业身份的认同水平间没有显著差异。从 K—W 检验的结果来看，不同组别学科专业教师对学科教学论教师专业身份认同水平的总体分布差异不显著（χ^2=3.530，p=0.473）。多重比较结果表明，不同组别之间的差异不显著（表 6-12）。

表 6-12　不同职称学科专业教师对学科教学论教师专业身份认同及其各因子水平的差异分析

项目	职称[1]	N	均值[2][3]	标准差	方差分析				K—W 检验	
					Levene统计量	p	F	p	χ^2	p
专业发展	1	20	3.850	0.357	2.307	0.091	0.618	0.650	3.229	0.520
	2	54	3.712	0.697						
	3	81	3.797	0.565						
	4	37	3.649	0.579						
	5	9	3.746	0.326						
专业责任	1	20	$3.760^{2*,\ 3*,\ 4*}$	0.419	1.089	0.363	3.159	0.015*	14.480	0.006**
	2	54	3.330^{1*}	0.498						
	3	81	3.356^{1*}	0.531						
	4	37	3.384^{1*}	0.570						
	5	9	3.600	0.469						
专业知识	1	20	3.533	0.349	3.863	0.005**	—	—	4.084	0.395
	2	54	3.488	0.623						
	3	81	3.564	0.638						
	4	37	3.658	0.547						
	5	9	3.815	0.242						
专业组织	1	20	3.667	0.667	0.713	0.584	1.516	0.199	5.912	0.206
	2	54	3.340^{4*}	0.820						
	3	81	3.597	0.770						
	4	37	3.667^{2*}	0.638						
	5	9	3.667	0.850						
专业身份认同	1	20	3.742	0.287	2.333	0.057	1.070	0.372	3.530	0.473
	2	54	3.506	0.560						
	3	81	3.602	0.479						
	4	37	3.580	0.448						
	5	9	3.704	0.294						

注：①1=助教，2=讲师，3=副教授，4=教授，5=非教学系列职称。②上标表示该栏职称与该上标数字表示职称的学科专业教师在多重比较中差异的显著性。方差齐性时，运用 LSD 方法；在方差不齐性时，运用 Tamhane 方法。③*$p \leqslant 0.05$，**$p \leqslant 0.01$

从各因子的分析情况来看，在专业发展和专业组织两个因子上，不同职称学科专业教师的认同水平总体方差齐性，均值无显著差异，分布差异也不显著。只是在多重比较中，教授学科专业教师在专业组织因子上的认同水平显著高于讲师。在专业责任因子上，不同职称学科专业教师的总体方差齐性（$p=0.363$），均值差异显著（$F=3.159$，$p=0.015$），分布差异显著（$\chi^2=14.480$，$p=0.006$）。多重比较表明，助教学科专业教师在专业责任因子上的认同水平显著高于讲师、副教授和教授。在专业知识因子上，不同职称学科专业教师的认同水平总体方差不齐性（$p=0.005$），分布差异不显著（$\chi^2=4.084$，$p=0.395$）。

第三节
职前教师的认同水平

通过对 295 名职前教师的调查分析发现，职前教师对学科教学论教师专业身份的总体认同水平为 3.815。其中，全国重点高校的职前教师对学科教学论教师专业身份认同的水平显著低于省属重点高校和省属新建高校的职前教师，不同年级的职前教师对学科教学论教师专业身份的认同水平之间的差异不显著。不同群体职前教师在各因子上的认同水平存在不同程度的差异性。

一、职前教师样本的人口学特征

（一）职前教师样本的学校类型结构

按学校类型来分组，在 295 位调查对象中，就读于全国重点高校的 101 人，占样本容量的 34.24%；就读于省属重点高校的 64 人，占样本容量的 21.69%；就读于省属新建高校的 130 人，占样本容量的 44.07%（图 6-11）。

（二）职前教师样本的专业结构

295 位调查对象分布在语文、数学、英语、物理、化学、生物、地理、历史、政治、音乐、体育、美术等师范专业。其中，语文、数学和化学专业的职前教师占样本容量的比例较高（图 6-12）。

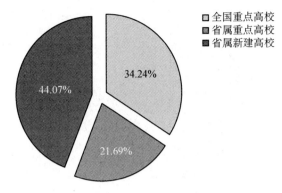

图 6-11　职前教师样本的学校类型结构

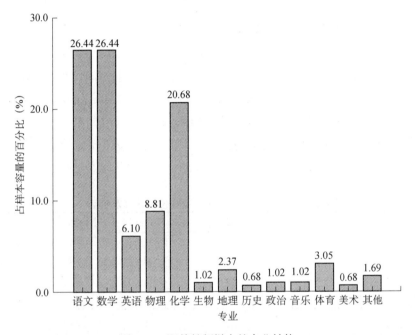

图 6-12　职前教师样本的专业结构

（三）职前教师样本的学年结构

由于大一、大二的职前教师一般还没有学习学科教学论方面的课程，对学科教学论教师的接触较少，所以，我们将调查对象限定在大三、大四的职前教师。从 295 位调查对象来看，大三的 134 位，占样本容量的 45.42%；大四的 161 位，占样本容量的 54.58%（图 6-13）。

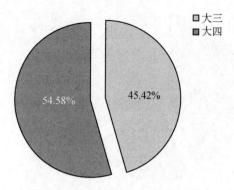

图 6-13　职前教师样本的学年结构

二、职前教师认同水平的总体分析

我们用调查对象回答 16 个项目的得分均值表示职前教师对学科教学论教师专业身份的认同水平。295 名职前教师对学科教学论教师专业身份认同水平的最大值为 4.75，最小值为 1.63，均值 3.815，标准差为 0.518（表 6-13）。职前教师对学科教学论教师专业身份的认同水平低于学科教学论教师的自我认同水平（均值 4.065），同时高于学科专业教师的认同水平（均值 3.591）。

表 6-13　职前教师对学科教学论教师专业身份的总体及各因子的认同水平

项目	N	最小值	最大值	均值	标准差
专业责任	295	1.25	5.00	4.019	0.660
专业知识	295	1.00	5.00	3.704	0.656
专业发展	295	2.00	4.75	3.519	0.444
专业身份认同	295	1.63	4.75	3.815	0.518

从各因子的得分情况来看，职前教师在专业责任因子上的认同水平最高（均值 4.019），其次为专业知识因子（均值 3.704），专业发展因子最低（均值 3.519）。由此可见，职前教师最注重学科教学论教师对专业责任的履行。

职前教师对学科教学论教师专业身份认同的调查项目均值为 2.447～4.098，最小标准差为 0.826，最大标准差为 1.061（表 6-14）。职前教师在 ZQJS02 项目上的均值最低（2.447），项目内容为 "学科教学论教师的专业发展应当主要通过研究自我专业行为来实现"。自我研究和专业反思是专业工作者专业发展的内在需要，职前教师或许对此了解得不够，但也有可能是因为部分职前教师更看重专业共同体和外部环境对学科教学论教师专业发展的价值。调查对象在该项目上的标准差为 1.061，反映出在该项目的认同上存在较大的内部分歧。职前教师在 ZQJS07 项目上的均值最高（4.098），项目内容为"对于中小学教师而言，知道教什么固然重要，但更重要的是，要知道如何教"。这表明，职前教师对中小学教师工作的实践性特征有着清楚的认识，从而对作为教师教育者的学科教学论教师的专业发展实践性取向提出了要求。

表 6-14　职前教师对学科教学论教师专业身份各调查项目的认同水平

项目	N	最小值	最大值	均值	标准差
ZQJS01	295	1.00	5.00	4.003	0.978
ZQJS02	295	1.00	5.00	2.447	1.061
ZQJS03	295	1.00	5.00	3.573	0.966
ZQJS04	295	1.00	5.00	3.986	0.900
ZQJS05	295	1.00	5.00	3.668	0.964
ZQJS06	295	1.00	5.00	3.888	0.832
ZQJS07	295	1.00	5.00	4.098	1.056
ZQJS08	295	1.00	5.00	3.783	0.993
ZQJS09	295	1.00	5.00	3.888	0.928
ZQJS10	295	1.00	5.00	3.915	0.863
ZQJS11	295	1.00	5.00	4.010	0.935
ZQJS12	295	1.00	5.00	3.661	0.976
ZQJS13	295	1.00	5.00	4.092	0.934
ZQJS14	295	1.00	5.00	4.041	0.828
ZQJS15	295	1.00	5.00	4.034	0.840
ZQJS16	295	1.00	5.00	3.956	0.826

注：16 个项目代码 ZQJS01、ZQJS02、ZQJS03……ZQJS16 的具体含义与"附录 4"中的 16 个题项相对应

三、不同群体职前教师的专业身份认同水平

（一）不同高校职前教师对学科教学论教师专业身份的认同水平

不同高校的职前教师对学科教学论教师专业身份认同水平的总体方差齐性（p=0.530），均值差异非常显著（F=16.999，p=0.000），分布差异非常显著（χ^2=43.856，p=0.000）。全国重点高校职前教师对学科教学论教师专业身份认同的水平为 3.586，显著低于省属重点高校（3.895）和省属新建高校（3.954）（表 6-15）。

表6-15 不同高校职前教师对学科教学论教师专业身份认同及其各因子水平的差异分析

项目	高校[①]	N	均值[②③]	标准差	方差分析 Levene 统计量	p	F	p	K—W 检验 χ^2	p
专业责任	1	101	$3.764^{2***,\ 3***}$	0.631	0.362	0.697	12.387	0.000***	30.475	0.000***
	2	64	4.150^{1***}	0.703						
	3	130	4.153^{1***}	0.604						
专业知识	1	101	3.488^{3***}	0.561	2.780	0.064	12.241	0.000***	26.768	0.000***
	2	64	3.652^{3*}	0.726						
	3	130	$3.898^{1***,\ 2*}$	0.636						
专业发展	1	101	$3.329^{2***,\ 3***}$	0.464	4.659	0.010**	—		24.296	0.000***
	2	64	3.625^{1***}	0.488						
	3	130	3.613^{1***}	0.351						
专业身份认同	1	101	$3.586^{2***,\ 3***}$	0.478	0.637	0.530	16.999	0.000***	43.856	0.000***
	2	64	3.895^{1***}	0.555						
	3	130	3.954^{1***}	0.469						

注：①1=全国重点高校，2=省属重点高校，3=省属新建高校。②上标表示该栏高校与该上标数字表示高校的职前教师在多重比较中差异的显著性。方差齐性时，运用 LSD 方法；在方差不齐性时，运用 Tamhane 方法。③*$p \leqslant 0.05$，***$p \leqslant 0.001$

从各因子的情况来看，在专业责任和专业知识因子上，不同高校职前教师认同水平的总体方差齐性，均值差异和分布差异都非常显著。多重比较的结果显示，全国重点高校职前教师在专业责任因子上的认同水平（3.764）显著低于省属重点高校（4.150）和省属新建高校（4.153），省属新建高校职前教师在专业知识因子上的认同水平（3.898）显著高于全国重点高校（3.488）和省属重点高校（3.652）。在专业发展因子上，不同高校职前教师认同水平的总体方差不齐性（$p=0.010$），分布差异非常显著（$\chi^2=24.296$，$p=0.000$）。多重比较表明，全国重点高校职前教师在专业发展因子上的认同水平（3.329）显著低于省属重点高校（3.625）和省属新建高校（3.613）。总体上看，全国重点高校职前教师对学科教学论教师专业身份认同及其各因子的水平低于省属重点高校和省属新建高校。

（二）不同年级职前教师对学科教学论教师专业身份的认同水平

由于师范院校的人才培养方案一般将学科教学论方面的课程安排在大三，在大学前两年职前教师一般不会接触到学科教学论教师，所以，我们没有将大一和大二学生列入调研对象。我们主要运用 t 检验和 K—W 检验来考察大三和大四职前教师对学科教学论教师专业身份的认同水平。大三职前教师对学科教学论教师专业身份的认同水平为3.931，大四职前教师的认同水平为3.719。不同年级职前教师对学科教学论教师专业身份认同水平的方差齐性（$p=0.198$），均值差异非常显著（t=3.585，p=0.000），分布差异也非常显著（χ^2=14.920，p=0.000）。有理由相信，大四职前教师对学科教学论教师专业身份的认同水平显著低于大三职前教师（表6-16）。

表6-16　不同年级职前教师对学科教学论教师专业身份认同及其各因子水平的差异分析

项目	年级	N	均值	标准差	方差分析				K—W 检验	
					Levene 统计量	p	t	p	χ^2	p
专业责任	大三	134	4.115	0.615	0.604	0.438	2.287	0.023*	4.899	0.027*
	大四	161	3.939	0.687						
专业知识	大三	134	3.871	0.652	0.131	0.718	4.093	0.000***	17.681	0.000***
	大四	161	3.565	0.628						
专业发展	大三	134	3.625	0.357	7.749	0.006**	3.951	0.000***	12.621	0.000***
	大四	161	3.430	0.488						
专业身份认同	大三	134	3.931	0.480	1.662	0.198	3.585	0.000***	14.920	0.000***
	大四	161	3.719	0.530						

注：*p≤0.05，**p≤0.01，***p≤0.001

从各因子的情况来看，大四职前教师在专业责任因子上的认同水平（3.939）低于大三职前教师（4.155），两样本的总体方差齐性（p=0.438），均值差异显著（t=2.287，p=0.023），分布差异显著（χ^2=4.899，p=0.027）。在专业知识因子上，大四职前教师的认同水平（3.565）低于大三职前教师（3.871），两样本的总体方差齐性（p=0.718），均值差异非常显著（t=4.093，p=0.000），分布差异也非常显著（χ^2=17.681，p=0.000）。在专业发展因子上，大四职前教师的认同水平（3.430）低于大三职前教师（3.625），两样本的总体方差不齐性（p=0.006），均值差异非常显著（t=3.951，p=0.000），分布差异也非常显著（χ^2=12.621，p=0.000）。总体上讲，大四职前教师对学科教学论教师专业身份及各因子上的认同水平显著低于大三职前教师。

第四节
中小学教师的认同水平

通过对251名中小学教师的调查分析发现，中小学教师对学科教学论教师专业身份的总体认同水平为3.720。其中，毕业于省属重点高校的中小学教师对学科教学论教师专业身份的认同水平相对高于其他学缘的中小学教师，教龄为11～15年的中小学教师对学科教学论教师专业身份的认同水平相对高于其他教龄组的中小学教师，小学教师对学科教学论教师专业身份的认同水平显著低于初中教师和高中教师。不同群体中小学教师在专业知识、专业组织、专业发展、专业特质、专业实践 5 个因子上的认同水平存在不同程度的差异性。

一、中小学教师样本的人口学特征

（一）中小学教师样本的学缘结构

从学缘结构来看，251 位调查对象中，毕业于全国重点高校的 67 人，占样本容量的 26.69%；毕业于省属重点高校的 124 人，占样本容量的 49.40%；毕业于省属新建高校的 27 人，占样本容量的 10.76%；毕业于其他教育机构的 33 人，占样本容量的 13.15%，如图 6-14 所示。

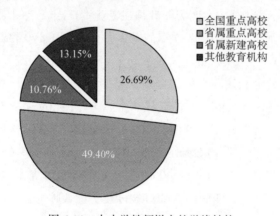

图 6-14　中小学教师样本的学缘结构

（二）中小学教师样本的教龄结构

在 251 位调查对象中，教龄为 0～3 年的有 48 人，占样本容量的 19.12%；4～10 年的有 36 人，占样本容量的 14.34%；11～15 年的有 70 人，占样本容量的 27.89%；16～20 年的有 41 人，占样本容量的 16.33%；20 年以上的有 56 人，占样本容量的 22.31%，如图 6-15 所示。

（三）中小学教师样本的任教学科结构

从任教学科结构来看，251 位调查对象分布在语文、数学、英语、物理、化学、生物、地理、历史、政治、音乐、体育等学科领域。其中，语文、数学、英语学科的占比较高，分别为 19.92%、21.91%、13.55%，具体分布情况如图6-16 所示。

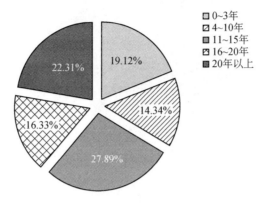

图 6-15　中小学教师样本的教龄结构

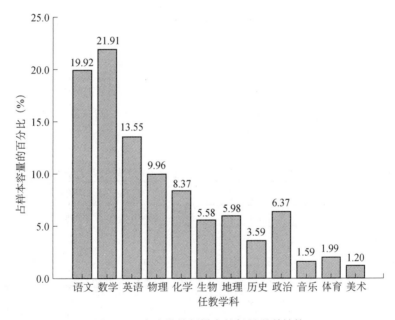

图 6-16　中小学教师样本的任教学科结构

（四）中小学教师样本的任教学段结构

从样本数据的中小学教师就职学段来看，有 21 位小学教师，占样本容量的 8.37%；66 位初中教师，占样本容量的 26.29%；164 位高中教师，占样本容量的 64.34%。具体构成比例，如图 6-17 所示。

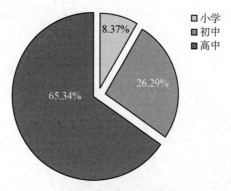

图 6-17　中小学教师样本的任教学段结构

二、中小学教师认同水平的总体分析

我们用调查对象回答 20 个项目的得分均值表示中小学教师对学科教学论教师专业身份的认同水平。251 名中小学教师对学科教学论教师专业身份的认同总体水平的均值为 3.720，该水平高于学科专业教师（3.591），低于职前教师（3.815）和学科教学论教师（4.065）。从各因子的情况来看，中小学教师在专业知识因子上的认同水平最高（4.002），在专业组织因子上的认同水平最低（3.266）（表 6-17）。

表 6-17　中小学教师对学科教学论教师专业身份的总体及各因子的认同水平

项目	N	最小值	最大值	均值	标准差
专业知识	251	2.43	5.00	4.002	0.573
专业组织	251	1.00	4.80	3.266	0.839
专业发展	251	2.00	5.00	3.715	0.626
专业特质	251	2.00	5.00	3.743	0.650
专业实践	251	2.00	5.00	3.851	0.520
专业身份认同	251	2.70	4.85	3.720	0.406

从各调查项目来看，中小学教师认同水平的均值为 3.012～4.096，标准差为 0.605～1.492（表 6-18）。

表6-18　中小学教师对学科教学论教师专业身份各调查项目的认同水平

项目	N	最小值	最大值	均值	标准差
ZXXJS01	251	2.00	5.00	3.841	0.605
ZXXJS02	251	2.00	5.00	3.972	0.782
ZXXJS03	251	2.00	5.00	3.857	0.864
ZXXJS04	251	2.00	5.00	4.032	0.774
ZXXJS05	251	2.00	5.00	3.992	0.815
ZXXJS06	251	2.00	5.00	4.056	0.813
ZXXJS07	251	2.00	5.00	3.960	0.824
ZXXJS08	251	2.00	5.00	3.904	0.769
ZXXJS09	251	1.00	5.00	3.582	0.813
ZXXJS10	251	1.00	5.00	4.008	0.769
ZXXJS11	251	1.00	5.00	4.096	0.834
ZXXJS12	251	1.00	5.00	3.151	1.272
ZXXJS13	251	2.00	5.00	3.865	0.798
ZXXJS14	251	1.00	5.00	3.299	1.492
ZXXJS15	251	2.00	5.00	3.861	0.854
ZXXJS16	251	1.00	5.00	3.012	1.002
ZXXJS17	251	2.00	5.00	3.908	0.807
ZXXJS18	251	1.00	5.00	3.454	0.908
ZXXJS19	251	1.00	5.00	3.131	1.118
ZXXJS20	251	1.00	5.00	3.414	0.892

注：20个项目代码ZXXJS01、ZXXJS02、ZXXJS03……ZXXJS20的具体含义与"附录5"中的20个题项相对应

三、不同群体中小学教师的认同水平

（一）不同学缘中小学教师对学科教学论教师专业身份的认同水平

学缘指中小学教师进入教师工作岗位前，所取得学历的教育机构，主要包括全国重点高校、省属重点高校、省属新建高校、其他教育机构。不同学缘的中小学教师对学科教学论教师专业身份认同水平的总体方差不齐性（$p=0.038$），分布差异非常显著（$\chi^2=16.382$，$p=0.001$）。毕业于全国重点高校的中小学教师对学科教学论教师专业身份的认同水平为3.696，毕业于省属重点高校的中小学教师对学科教学论教师专业身份的认同水平为3.808，毕业于省属新建高校的中小学教师对学科教学论教师专业身份的认同水平为3.628，毕业于其他教育机构的中小学教师对学科教学论教师专业身份的认同水平为3.511。多重比较结果表明，毕

业于其他教育机构的中小学教师对学科教学论教师专业身份的认同水平显著低于毕业于省属重点高校的中小学教师（表 6-19）。

表 6-19　不同学缘中小学教师对学科教学论教师专业身份认同及其各因子水平的差异分析

项目	学缘[①]	N	均值[②③]	标准差	方差分析				K—W 检验	
					Levene 统计量	p	F	p	χ^2	p
专业知识	1	67	3.983	0.669	5.330	0.001***	—	—	8.621	0.035*
	2	124	4.091	0.456						
	3	27	3.815	0.631						
	4	33	3.861	0.658						
专业组织	1	67	3.269	0.829	1.928	0.126	0.414	0.743	1.973	0.578
	2	124	3.289	0.891						
	3	27	3.333	0.736						
	4	33	3.121	0.747						
专业发展	1	67	3.776 [4***]	0.694	4.155	0.007**	—	—	26.036	0.000***
	2	124	3.835 [4***]	0.595						
	3	27	3.537	0.591						
	4	33	3.288 [1***, 2***]	0.386						
专业特质	1	67	3.552 [2***]	0.628	1.846	0.139	6.780	0.000***	19.054	0.000***
	2	124	3.923 [1***, 3**, 4*]	0.602						
	3	27	3.556 [2***]	0.801						
	4	33	3.606 [2*]	0.570						
专业实践	1	67	3.746	0.648	6.433	0.000***	—	—	15.930	0.001***
	2	124	3.948 [4***]	0.481						
	3	27	3.963 [4**]	0.365						
	4	33	3.606 [2***, 3**]	0.348						
专业身份认同	1	67	3.696	0.480	2.859	0.038*	—	—	16.382	0.001***
	2	124	3.808 [4***]	0.343						
	3	27	3.628	0.402						
	4	33	3.511 [2***]	0.388						

注：①1=毕业于全国重点高校，2=毕业于省属重点高校，3=毕业于省属新建高校，4=毕业于其他教师机构。②上标表示该栏学缘高校与该上标数字表示学缘高校的中小学教师在多重比较中差异的显著性。方差齐性时，运用 LSD 方法；在方差不齐性时，运用 Tamhane 方法。③*$p \leqslant 0.05$，**$p \leqslant 0.01$，***$p \leqslant 0.001$

在专业知识因子上，不同学缘的中小学教师认同水平的总体方差不齐性（$p=0.001$），分布差异显著（$\chi^2=8.621$，$p=0.035$），不同组别中小学教师的认同水平之间没有显著差异。在专业组织因子上，不同学缘的中小学教师认同水平的总体方差齐性（$p=0.126$），均值差异不显著（$F=0.414$，$p=0.743$），分布差异不显著（$\chi^2=1.973$，$p=0.578$），不同组别中小学教师的认同水平之间没有显著差异。在专业发展因子上，不同学缘的中小学教师认同水平的总体方差不齐性（$p=0.007$），分布差异非常显著（$\chi^2=26.036$，$p=0.000$）。多重比较表明，毕业于其他教育机构的中小学教师在该因子上的认同水平显著低于毕业于全国重点高校和省属重点高校的中小学教师。在专业特质因子上，不同学缘的中小学教师认同水平的总体方差齐性（$p=0.139$），均值差异非常显著（$F=6.780$，$p=0.000$），分布差异非常显著（$\chi^2=19.054$，$p=0.000$）。多重比较表明，毕业于省属重点高校的中小学教师在专业特质因子上的认同水平显著高于其他 3 类中小学教师。在专业实践因子上，不同学缘的中小学教师认同水平的总体方差不齐性（$p=0.000$），分布差异显著（$\chi^2=19.930$，$p=0.001$）。从不同组别来看，毕业于其他教育机构的中小学教师在专业实践因子上的认同水平显著低于毕业于省属重点高校和省属新建高校的中小学教师。

（二）不同教龄中小学教师对学科教学论教师专业身份的认同水平

不同教龄中小学教师对学科教学论教师专业身份认同水平的总体方差齐性（$p=0.576$），均值差异显著（$F=2.729$，$p=0.030$），分布差异不显著（$\chi^2=9.014$，$p=0.061$）。教龄为 0～3 年的中小学教师对学科教学论教师专业身份的认同水平为 3.649，教龄为 4～10 年的中小学教师对学科教学论教师专业身份的认同水平为 3.581，教龄为 11～15 年的中小学教师对学科教学论教师专业身份的认同水平为 3.827，教龄为 16～20 年的中小学教师对学科教学论教师专业身份的认同水平为 3.724，教龄为 20 年以上的中小学教师对学科教学论教师专业身份的认同水平为 3.732。多重比较结果显示，教龄为 11～15 年的中小学教师对学科教学论教师专业身份的认同水平显著高于教龄为 0～3 年和 4～10 年的中小学教师（表 6-20）。

表 6-20　不同教龄中小学教师对学科教学论教师专业身份认同及其各因子水平的差异分析

项目	教龄[①]	N	均值[②③]	标准差	方差分析				K—W 检验	
					Levene 统计量	p	F	p	χ^2	p
专业知识	1	48	3.714 [3***, 4**, 5***]	0.556	0.988	0.415	5.703	0.000***	23.458	0.000***
	2	36	3.889 [3*]	0.653						
	3	70	4.180 [1***, 2*]	0.463						
	4	41	4.052 [1**]	0.536						
	5	56	4.064 [1***]	0.592						
专业组织	1	48	3.588 [2**]	0.624	6.593	0.000***	—	—	9.823	0.044*
	2	36	3.111 [1**]	0.600						
	3	70	3.231	1.009						
	4	41	3.146	0.938						
	5	56	3.221	0.773						
专业发展	1	48	3.505 [3***, 4**]	0.613	0.084	0.987	5.353	0.000***	20.163	0.000***
	2	36	3.500 [3***, 4*]	0.624						
	3	70	3.932 [1***, 2***, 5*]	0.566						
	4	41	3.841 [1**, 2*]	0.629						
	5	56	3.670 [3*]	0.616						
专业特质	1	48	3.802	0.713	0.783	0.537	0.689	0.600	3.847	0.427
	2	36	3.625	0.669						

续表

项目	教龄[①]	N	均值[②③]	标准差	方差分析				K—W 检验	
					Levene 统计量	p	F	p	χ^2	p
专业特质	3	70	3.807	0.639						
	4	41	3.671	0.555	0.783	0.537	0.689	0.600	3.847	0.427
	5	56	3.741	0.667						
专业实践	1	48	3.708 [5*]	0.634						
	2	36	3.792	0.484						
	3	70	3.893	0.481	0.729	0.573	1.824	0.125	4.411	0.353
	4	41	3.841	0.480						
	5	56	3.964 [1*]	0.494						
专业身份认同	1	48	3.649 [3*]	0.445						
	2	36	3.581 [3**]	0.390						
	3	70	3.827 [1*, 2**]	0.366	0.725	0.576	2.729	0.030*	9.014	0.061
	4	41	3.724	0.441						
	5	56	3.732	0.379						

注：①1=0～3 年，2=4～10 年，3=11～15 年，4=16～20 年，5=20 年以上。②上标表示该栏教龄与该上标数字表示教龄的中小学教师在多重比较中差异的显著性。方差齐性时，运用 LSD 方法；在方差不齐性时，运用 Tamhane 方法。③*$p \leq 0.05$，**$p \leq 0.01$，***$p \leq 0.001$

在专业知识因子上，不同教龄中小学教师的认同水平总体方差齐性（$p=0.415$），均值差异非常显著（$F=2.729$，$p=0.000$），分布差异也非常显著（$\chi^2=23.458$，$p=0.000$）。多重比较表明，教龄为 0～3 年的中小学教师在专业知识因子上的认同水平显著低于教龄为 11～15 年、16～20 年和 20 年以上的中小学教师，教龄为 4～10 年的中小学教师在该因子上的认同水平显著低于教龄为 11～15 年的中小学教师。也就是说，新手中小学教师在该因子上的认同水平偏低。在专业组织因子上，不同教龄中小学教师的认同水平总体方差不齐性（$p=0.000$），分布差异显著（$\chi^2=9.823$，$p=0.044$）。多重比较表明，教龄为 0～3 年的中小学教师在专业组织因子上的认同水平显著高于教龄为 4～10 年的中小学教师。在专业发展因子上，不同教龄中小学教师的认同水平总体方差齐性（$p=0.987$），均值差异非常显著（$F=5.353$，$p=0.000$），分布差异也非常显著（$\chi^2=20.163$，$p=0.000$）。多重比较结果显示，教龄为 11～15 年的中小学教师在专业发展因子上的认同水平显著高于教龄为 0～3 年、4～10 年和 20 年以上的中小学教师，教龄为 16～20 年的中小学教师在该因子上的认同水平显著高于教龄为 0～3 年和 4～10 年的中小学教师。在专业特质和专业实践两个因子上，不同教龄中小学教师的认同水平总体方差齐性，均值差异不显著，分布差异也不显著。在多重比较中，教龄为 20 年以上的中小学教师在专业实践因子上的认同水平显著高于教龄为 0～3 年的中小学教师。

（三）不同学段中小学教师对学科教学论教师专业身份的认同水平

这里的学段是指中小学教师就职的基础教育阶段，包括小学、初中和高中。不同学段中小学教师对学科教学论教师专业身份认同水平的总体方差不齐性（$p=0.011$），分布差异非常显著（$\chi^2=19.322$，$p=0.000$）。小学教师对学科教学论教师专业身份的认同水平为 3.431，初中教师为 3.828，高中教师为 3.713。多重比较表明，小学教师对学科教学论教师专业身份的认同水平显著低于初中教师和高中教师（表 6-21）。

表 6-21　不同学段中小学教师对学科教学论教师专业身份认同及其各因子水平的差异分析

项目	学段[①]	N	均值[②③]	标准差	方差分析				K—W 检验	
					Levene 统计量	p	F	p	χ^2	p
专业知识	1	21	4.014	0.463	0.817	0.443	0.888	0.413	2.930	0.231
	2	66	3.922	0.551						
	3	164	4.033	0.593						
专业组织	1	21	2.143 [2***, 3***]	0.614	5.363	0.005**	—	—	70.039	0.000***
	2	66	3.867 [1***, 3***]	0.525						
	3	164	3.168 [1***, 2***]	0.777						
专业发展	1	21	3.762	0.550	2.927	0.055	1.103	0.365	2.868	0.238
	2	66	3.621	0.519						
	3	164	3.747	0.672						
专业特质	1	21	3.690	0.622	0.100	0.905	0.075	0.928	0.238	0.888
	2	66	3.750	0.622						
	3	164	3.747	0.668						
专业实践	1	21	3.690	0.402	4.056	0.018*	—	—	3.187	0.203
	2	66	3.894	0.407						
	3	164	3.854	0.570						
专业身份认同	1	21	3.431 [2***, 3***]	0.228	4.599	0.011*	—	—	19.322	0.000***
	2	66	3.828 [1***]	0.396						
	3	164	3.713 [1***]	0.411						

注：①1=小学，2=初中，3=高中。②上标表示该栏学段与该上标数字表示学段的中小学教师在多重比较中差异的显著性。方差齐性时，运用 LSD 方法；在方差不齐性时，运用 Tamhane 方法。③*$p \leq 0.05$，**$p \leq 0.01$，***$p \leq 0.001$

在专业知识因子上，不同学段中小学教师的认同水平总体方差齐性（$p=0.443$），均值差异不显著（$F=0.888$，$p=0.413$），分布差异也不显著（$\chi^2=2.930$，$p=0.231$）。在专业组织因子上，不同学段中小学教师的认同水平总体方差不齐性（$p=0.005$），分布差异非常显著（$\chi^2=70.039$，$p=0.000$）。多重比较表明，初中教师在专业组织因子上的认同水平显著高于小学教师和高中教师，小学教师在该因子上的认同水平显著低于初中教师和高中教师，高中教师在该因子上的认同水平显著高于小学教师且显著低于初中教师。在专业发展和专业特质两个因子上，不同学段中小学教师的认同水平总体方差齐性，均值差异不显著，分布差异不显著。在专业实践因子上，不同学段中小学教师的认同水平总体方差不齐性（$p=0.018$），分布差异不显著（$\chi^2=3.187$，$p=0.203$）。

由于各问卷的构成项目数量不等，不宜用每份问卷得分的均值来反映认同水平，所以，我们用每份调查问卷的项目均值来反映其对学科教学论教师专业身份的认同水平。分析结果表明，学科教学论教师的认同水平为 4.065，学科专业教师的认同水平为 3.591，职前教师的认同水平为 3.815，中小学教师的认同水平为 3.720。通过方差齐性检验，4 个样本所代表的总体方差齐性（$p=0.277$），可以进行方差分析。方差分析表明，学科教学论教师、学科专业教师、职前教师和中小学教师对学科教学论教师专业身份的认同水平间存在非常显著的差异（$F=22.173$，$p=0.000$）。LSD 多重比较发现，4 类主体彼此间对学科教学论教师专业身份的认同水平都存在显著性差异（表 6-22）。其中，中小学教师与学科专业教师对学科教学论教师专业身份的认同水平差异比较显著（$p<0.01$），中小学教师与职前教师对学科教学论教师专业身份的认同水平差异显著（$p<0.05$），其他各主体间的差异都非常显著（$p<0.001$）。

表 6-22　4 类主体对学科教学论教师专业身份认同水平的多重比较结果

（I）主体	（J）主体	均值差（I-J）	标准误	显著性	95%置信区间	
					下限	上限
学科教学论教师	学科专业教师	0.474	0.062	0.000***	0.354	0.595
	职前教师	0.249	0.059	0.000***	0.134	0.364
	中小学教师	0.345	0.060	0.000***	0.228	0.462
学科专业教师	学科教学论教师	-0.474	0.062	0.000***	-0.595	-0.354
	职前教师	-0.225	0.043	0.000***	-0.310	-0.140
	中小学教师	-0.129	0.045	0.004**	-0.217	-0.042
职前教师	学科教学论教师	-0.249	0.059	0.000***	-0.364	-0.134
	学科专业教师	0.225	0.043	0.000***	0.140	0.310
	中小学教师	0.096	0.040	0.018*	0.016	0.175
中小学教师	学科教学论教师	-0.345	0.060	0.000***	-0.462	-0.228
	学科专业教师	0.129	0.045	0.004**	0.042	0.217
	职前教师	-0.096	0.040	0.018*	-0.175	-0.016

注：*$p\leq0.05$，**$p\leq0.01$，***$p\leq0.001$

综上所述，学科教学论教师对自身的专业身份具有较高的认同水平，学科专业教师、职前教师和中小学教师对学科教学论教师的专业身份认同水平较低。学科教学论教师专业身份的自我认同与社会认同之间存在一定差距。

第七章

学科教学论教师专业身份的认同困境

不同主体对学科教学论教师专业身份的认同结构略有差异,其中也包含着诸多共同的影响因子。在此,我们侧重于从教育问责、学科地位、专业发展、组织制度和专业实践 5 个方面展开分析。按照一般大学教师的学术标准对学科教学论教师进行职称评定和岗位考核,必然会导致专业责任履行的错位与缺位。学科教学论的边缘性特性使其学科地位处境尴尬,学科教学论教师缺乏足够的学术自信。现行的大学学术评价制度将学科教学论教师的专业发展路径导向研究取向。学科专业文化形成了对学科教学论教师群体文化的消解力量,但建立学科教学论教师专门组织机构,面临着行政与学术的双重阻力。在现代大学制度环境下,学科教学论教师专业身份的实践特性在相当大的程度上被遮蔽,从而削弱了学科教学论教师专业发展的根基。

第一节
高校教师的教育问责制之限度

任何一个社会人都必然对社会关系中的其他主体承担着某种特定的责任与义务，专业工作者必然以其专业行为对社会履行其肩负的专业责任。对专业工作者履职情况的监督，既可以是专业工作者的道德自省，也可以是利益相关者的责任追究，但往往是二者相辅相成。学科教学论教师是专业的教师教育工作者，对其履职情况的监督基于教育问责的大背景。在教育问责越来越盛行的当下，高等院校管理主义与技术主义取向在一定程度上构成了对学科教学论教师专业工作本真的僭越。

一、教育问责的缘起与内涵

问责（accountability，也译作"绩效责任"）是一种普遍存在的社会现象，任何一个个人或者社会组织都应该对其行为所引起的结果负责，否则，每一个人或组织都可以为所欲为。当然，这里应当有一个前提：行为是具有理性能力的主体在自由意志之下作出的，比如，精神病患者不必对其行为负责，被犯罪分子劫持的人质也不能对其行为负责。在排除这些特殊情况之后，每个具有自由意志的理性主体都必须对其行为负责。这是一个不需要特别辩护的普遍真理。"问责"一词在英语中的解释是给出理由，提供说明。它的词根"-account"包含报告、对某种行动作出解释，给出理由、原因、根据、动机的说明，或者仅仅是简简单单的对事实和事件的描述等意思。美国学者马丁·特罗（M. Trow）将"问责"阐释为教育组织按照法律和道德要求，负责任地向他人汇报、解释、证明和回答教育资源如何使用，效果如何等问题的方式。田宝军和齐子玉（2013）认为，问责"包含着对受托者职位和资格进行判断的能力责任，包含着掌权者对选民负责的政治责任，也包含着对公共利益负责的公共责任，还具有促使责任主体行为、决策、判断必须合乎道德和伦理标准的道德责任"。概括起来，问责这一概念至少包含了描述、解释、证明3层意义。描述是具体介绍应该发生的行为和事实上发生的行为，以衡量其完成效果；解释是对事实上发生的行为内容和方式进行论证，以表明其行为目的与手段的恰当性；证明是对行为的描述和解释提供支撑证据。

教育问责（accountability in education）是 20 世纪 70 年代在美国兴起的一场教育改革运动。当时，学生的阅读水平和计算能力都不能让家长满意，美国教育质量面临着社会公众的质疑和批判，社会对教育的投资在逐步减少。1970年，美国总统尼克松在向国会的教育通报中指出：我们得出一个新的概念——问责。所有的教育者和管理者都应当为他们的工作实绩接受问责。此后，教育问责制应运而生，并成为美国教育领域最重要的改革潮流之一。到 20 世纪 80年代之后，美国教育发展的重心转移到对卓越教育的追求上，教育问责的关注焦点也发生了明显的转向，即从"'输入'的问责转向'输出'的问责"，从注重教育投入的"过程问责"转向注重学生学业成就的"结果问责"，从"行政问责模式"转向"管理问责模式"（王晓燕，2013）。

何谓教育问责？目前学术界也没有形成一个普遍适用的定义，但一般都是从管理学的视角将"教育问责"理解为一种管理制度和机制，而且与奖惩制度密切相关。比如，有学者认为，教育问责制就是"教育工作者以培养高素质的学生为目的，以履行对公众的教育承诺为己任，以追求效能为要求，最终接受责任追究的一种奖惩机制"（李树峰，2006）。也有学者认为，教育问责是"政府通过立法确立参与教育活动主客体各方的责任与权利，制定考量责任和权力落实程度的评判标准并定期组织评判活动，权利客体通过解释、描述或证明等形式来表达其行为成效，权利主体则在综合评估的基础上，对客体的成效做出评判并辅之以奖惩措施的一套行为规范、政策承诺和制度体系"（司林波，郑宏宇，2010）。还有学者提出，"教育问责有着多个维度的涵义。从制度建构的角度而言，问责主要是教育外部实体采取措施令教育组织说明其责任兑现情况并就结果进行奖惩的一套制度安排"（王淑娟，2007）。我们认为，教育问责是政府、家庭、社会、教育团体、教育机构等利益相关者对教育管理者的管理行为和教师的教育教学行为与考核指标符合程度进行评估、奖惩的责任追究制度及运作机制。

二、教育问责的实施与困境

随着我国教育发展的重心从规模扩张向质量提升转移，教育问责也成为我国教育改革的重要举措之一。不仅在《中华人民共和国教育法》《中华人民共和国义务教育法》等教育法律中有对违法责任追究的条文规定，而且《国家中长期教育改革和发展规划纲要（2010—2020）》也提出，"完善督导制度和监督问责机制"。当前，普遍实行的教师绩效工资制度和高校教师岗位聘任制度，就是教育问责制在实践中的具体体现。"问责"一词容易让人望文生义地理解为"追究责任"。实际上，问责更重要的目的是改进。贾继娥等（2012）主张，"建立教育问责制度的实践动因或根本动因不仅仅在于追责，更重要的是通过问责制度建设来确定各主体的教育责任，提供一种确保各教育主体权责平衡或权利与义务对等的管理制度与手段，以引导'监督'激励各教育主体转变教育发展方式，最终达到提高教育质量、促进学生全面发展的目的"。

任何制度的运行总是由若干个环节构成的，教育问责也不例外。吴青山等（2006）认为，教育问责包含"职责、指标、表现、评估和奖惩"5个环节。李树峰（2006）认为，有效的教育问责程序应该包括"职责、指标、评估、报告、奖惩"5个步骤。司林波和郑宏宇（2010）在综合前两人观点的基础上，将教育问责的程序要素概括为"职责、指标、表现、评估、报告、奖惩"6个要件。职责是特定工作岗位对从业人员工作任务的总体描述，或者是特定组织机构承担的社会职能和使命；指标是用来测量职责完成情况的一套具有较强可操作性的标准体系；其表现是机构或个人履行职责实际情况的描述性材料；评估是由评估机构对组织或个人履职情况与职责及指标进行对比分析之后作出的判断与评价；报告是评估主体对评估结果向利益相关者公布的环节；奖惩是主管部门根据评估结果对相关组织和人员进行奖励或者惩罚。

对实施程序的理论分析是明晰的，并不意味着实施过程本身就是明晰的，事实上，其实施过程本身是困难重重的。首先，教育工作者的职责是笼统而模糊的，更难以用一套趋于量化的指标体系对其工作职责作出规定。其次，有关表现情况的数据信息的完整性和真实性得不到保证。再次，鉴于教育工作过程的复杂性和教育成效的迟效性，要公正地对教师工作绩效作出评估也是非常困难的。最后，基于前述环节的困难性，报告与奖惩环节的实施效力也就难以达到预期的目的。实施教育问责制最大的困境不仅在于技术上的不完备性，教育问责的技术取向和管理主义对教育专业性也构成了损害。按照我们前面对教育问责的定义，教育问责包含管理问责和专业问责两个方面。管理问责是从管理的角度对下级管理者和管理对象的问责行为，专业问责是从专业的角度对专业从业人员的问责行为。当前所施行的教育问责主要是管理问责，即使是对教师教学行为的专业问责也深受管理主义的僭越，以至于损害到教师正当的专业行为。有学者认为，以新管理主义和新自由主义奠基的教育问责制损害了高等教育的公共性、大学的自主性和教师的专业性。"随着高等教育问责制的盛行，管理超越了学术成为应对激烈竞争性市场挑战的主要动力源泉，大学正在经历从传统的学院精神向经济理性主义和新管理主义意识转化……结果，管理主义的负面行为是大学教师献身于所在的大学的程度可能会降低，而献身程度低下最终会导致组织僵化，学术研究和创造力受到抑制。"（许杰，2009）技术主义和管理主义取向的教育问责带来的异化是教育问责制面临的最大困境。教师为了迎合管理机构的管理要求，往往会违背专业本身的伦理规范，从而作出损害专业效能的行为。教师自主的道德操守运作空间被严重挤压。教师"个体本真的道德信念与表现性的问责要求之间的张力往往使得教师在两种相对的价值观之间挣扎"，形成了教师责任的"撕裂"现象（王夫艳，2012）。这种情况同样体现在学科教学论教师身上。

三、专业责任的错位与缺位

教育问责的技术主义和管理主义取向具有难以超越的局限性。在现实中，教育问责制却实实在在地影响着教师的专业活动。不恰当的教育问责导致管理责任对专业责任的僭越，专业责任表现出错位和缺位并存的特点。

调查发现，31.33%的学科教学论教师非常赞成"学科教学论教师的专业责任应当是提高中小学教师的培养质量"，50.60%的学科教学论教师比较赞成，表示不确定、比较不赞成和非常不赞成的比例分别为8.43%、6.02%和3.61%。65.17%的学科专业教师比较赞成"学科教学论教师应当通过发展中小学教师的学科教学知识和能力履行其责任"，20.90%的学科专业教师对该项目不确定，还有13.93%的学科专业教师表示比较不赞成。78.98%的职前教师非常赞成或比较赞成"学科教学论教师应该对职前教师和在职教师的专业发展负有责任"，13.56%的职前教师对该项目不确定，比较不赞成和非常不赞成的职前教师比例分别为5.08%和2.37%。34.27%的中小学教师非常赞成或比较赞成"学科教学论教师通过发展教师的学科教学知识和能力履行其责任"，33.47%的中小学教师对该项目表示非常不赞成或比较不赞成，还有32.26%的中小学教师表示不确定。由此可见，对学科教学论教师专业责任的具体内容已基本达成共识——促进职前和在职中小学教师的专业发展。

就当前的实际情况来看，学科教学论教师是否充分地履行了肩负的专业责任？在"学科教学论教师较好地履行了自身肩负的专业责任"这一项目上，学科教学论教师的认同得分均值为 4.181，中小学教师为 4.000，学科专业教师为 3.642，职前教师为 3.695。经方差齐性检验，学科专业教师、职前教师、中小学教师与学科教学论教师 4 类主体对学科教学论教师"专业责任的履行情况"的认同水平方差不齐性（$F=143.971$，$p=0.000$）。我们运用 Kruskal-Wallis H 法对不同主体在该项目上认同水平的分布情况进行差异显著性检验，其结果表明，卡方统计量为 47.717，相伴概率为 0.000。因为相伴概率远远小于显著性水平（0.01），所以，可以认为学科专业教师、职前教师、中小学教师与学科教学论教师 4 类主体对学科教学论教师"专业责任的履行情况"的认同水平之间存在显著差异。学科教学论教师认为自身较好地履行了专业责任，但中小学教师、职前教师和学科专业教师并不认可。

B 校一位历史学专业（师范）的大四职前教师说："学科教学论教师的教学风格与其他专业教师并没有什么实质性的区别，上这门课没多大意思，好多时候上课，老师都在给我们'散打'。"C 校一位生物科学专业（师范）的大四职前教师认为："这门课程的学习效果很不好，既没有学到理论，也没有提高我们的教学能力。老师的指导很少，好多时候都是我们学生自己在试讲。我感觉学不学学科教学论课程对实际课堂教学效果并没有实质性的影响。"C 校一位历史学专业（师范）的大四职前教师对我们讲："历史教学法那门课程的老师上得不好。因为他都是讲的书本上的，而且讲得特别快。这门课程更重要的应当是实践，但老师主要是给我们讲理论，学了之后还是不会。"因此，我们有理由相信，当前的学科教学论教师在专业责任履行方面，存在着错位与缺位的问题。至于原因，我们可以从高校的岗位职责即教育问责机制上找到解释。下面以 A 高校实行岗位聘任制度改革的讲师岗位职责为例。

讲师一级岗位——"教学方面达到 A 高校关于评审中级职务的教学要求（科研为主型岗位可适当放宽）；科研方面：①教学科研型岗位达到 A 高校关于普通专业教师评审中级职务要求；②教学为主型岗位达到 A 高校关于特殊专业教师评审中级职务要求；③科研为主型岗位达到 A 高校关于专职科研人员评审中级职务要求。"

讲师二级岗位——"教学方面达到 A 高校关于评审中级职务的教学要求（科研为主型岗位可适当放宽）；科研方面：①教学科研型岗位达到 A 高校关于普通专业教师评审中级职务要求的 2/3；②教学为主型岗位达到 A 高校关于特殊

专业教师评审中级职务要求的 2/3；③科研为主型岗位达到 A 高校关于专职科研人员评审中级职务要求的 2/3。"

讲师三级岗位——"教学方面达到 A 高校关于评审中级职务的教学要求（科研为主型岗位可适当放宽）；科研方面：①教学科研型岗位达到 A 高校关于普通专业教师评审中级职务要求的 1/2；②教学为主型岗位达到 A 高校关于特殊专业教师评审中级职务要求的 1/2；③科研为主型岗位达到 A 高校关于专职科研人员评审中级职务要求的 1/2。"

在一所综合性高校中，教师岗位职责是按照专业技术职称来规定的，而难以照顾到不同学科、专业的特殊性。虽然既有对教学的要求也有对科研的要求，但是，从对科研条件的详细规定可以看出，科研在讲师岗位职责中的重要程度，以及受到管理层和教师的关切程度高于对教学的要求。通过对不同职称岗位职责的比较还会发现，从助教岗到教授岗，科研的分量越来越重，教学的分量越来越轻。在现实中，很少有不想当教授的大学教师，按照这样的岗位职责要求，一位大学教师的专业发展生涯必然是越来越重视科研、轻视教学。这让以培养职前教师和中小学教师课堂教学方法与能力从而提高他们专业水平为己任的学科教学论教师，如何能够忽视学校管理部门的权威而坚守自己的专业责任呢？

当大学管理制度将学科教学论教师的专业责任导向科学研究的时候，其实然状态专业责任错位与应然状态专业责任缺位的并存就不可避免。因此，不完善的高校教育问责机制实际上构成了一种对学科教学论教师履行专业责任的消解力量。这会让学科教学论教师无奈地顺从管理部门的要求，从而在一定程度上忽视了自己作为教师教育者培养中小学教师的专业责任。

第二节
学科教学论的学术地位之争论

学科建制将大学教师群体划分为不同的"学术部落"，其学术地位是影响学术共同体成员专业身份认同的重要因素之一。在教师教育大学化之后，教育学者自然与其他学术群体共处于大学体系之中，但教育学的学术地位并没有得到广泛认可，从而陷入"迷惘"。作为母体学科的教育学之"迷惘"直接影响其下位学科的建设与发展。将学科教学论作为课程与教学论二级学科下的三级学科，但教学常识观否认教学的专业性，否认教学具有特定的知识体系。这使学科教学论陷入了一种尴尬的处境，从而对学科教学论教师的专业身份认同造成了负面影响。

一、作为母体学科的教育学之"迷惘"

在当前的大学制度文化中，没有学科身份的大学教师根本不会被认同为大学教师，能够让自己成为某个一流学科的一员，是所有大学教师的追求。这一"法则"同样适用于活动在大学之中的学科教学论教师，他们理应是学科教学论学科中的成员。从学科归属上来看，一般将"学科教学论"归入教育学一级学科、课程与教学论二级学科的下位学科。在分析学科教学论的学术地位时，首先要遭遇到的问题是母体学科——教育学的学科地位。只有当母体学科拥有公认的学科地位时，其下位学科的建设与发展才更容易得到学术界的认可。可问题正在于，教育学本身的学科地位屡屡遭受质疑和非议。

自教育学诞生以来，各个分支学科层出不穷，其学科体系日益庞大。在一片"繁荣"景象的背后，事实上却是教育学的"贫瘠"。"教育学两个世纪来一定程度良性发展的同时，诸如教育学子学科与母学科内容重复、交叉边缘学科干扰、教育学学科丧失独立性、理论与实践脱节等问题仍然比比皆是，教育学的'躁动、迷惘、困境、危机、解体、终结'以及'教育学成为别的学科领地、殖民地'之类惊呼依旧不绝于耳。"（林丹，2007）学术界的同行也并没有将教育学看作一门具有同等地位的学科。"在科学发展的历史与现实中，在科学及学科的范畴与门类中，教育学不被视为一个名副其实的称谓，更没有一个名正言顺的位置。更多的时候，它被排除在科学的大雅之堂之外，即使是偶尔被提及，也不过被视为一种附属性的存在，并不时地遭遇鄙视与怀疑的目光。"（郝德永，2002）即使是在社会科学领域中，教育学也被认为是次等学科，而不受到重视。"'教育学'不是一门学科，今天，即使是把教育视为一门学科的想法，也会使人感到不安和难堪。'教育学'是一种次等学科（subdiscipline），把其他'真正'的学科共冶一炉，所以在其他严谨的学术同僚眼中，根本不屑一顾。在讨论学科问题的真正学术著作当中，你不会找到'教育学'这一项目。"（华勒斯坦，沙姆韦，梅瑟-达维多，等，1999）由此可见，长期以来，教育学的学术地位屡屡受到质疑。

作为母体学科的教育学面临如此尴尬的处境，这直接影响到了其下位学科——学科教学论的学科建设，进而影响到了各主体对学科教学论教师的专业身份认同。因为学科建设与大学教师的专业身份认同息息相关，这是现代大学制度的必然要求和客观现实。

二、教学常识观对教学专业性的消解

学科教学论学科建设的困难还不仅仅在于其母体学科——教育学的尴尬处境，还受到教育观念的制约。具体地讲，就是同行往往并不认可教学的学术性。他们并不赞同教学具有与它们所属学科同等地位的学科专业性，他们认为教学只不过是任何一个拥有知识的人凭借常识就能办到的事情。美国密歇根州立大学学者 Metzger 在其研究报告 "*Conceptualizations of teacher qualification: an overview of the past six decades*" 中将这种教师观概括为 "聪明、受过良好教育者" 假设论。这样一种教学观或者教师观不仅对学科教学论教师专业身份认同具有致命性的破坏力，而且对整个教师教育体系都极具摧毁力。因为否认教学的专业性，就从根本上取消了学科教学论教师乃至教师教育存在的必要性。

如果说教师教育的目标是培养专业的教师，那么，必然要求教师教育者是专业的。首要的问题在于如何理解教师的专业，比如，一名中学物理教师的专业是什么？第一种理解，教师的专业是学科。中学物理教师的专业是物理。如此一来，教师教育者就应当是物理专业的。那教师专业在哪里呢？教师专业消失了，消失在各个任教学科中了，被它们遮蔽并取代了。按照这样的逻辑，教师专业是不可能的。第二种理解，教师专业是双专业。中学物理教师的专业既是物理专业，又是教育专业。按照这样的理解方式，教师教育专业的培养方案往往包括学科专业课程和教师教育课程两大主体性课程群。学科专业和教育专业分属两个学科、两类逻辑、两种体系，简单地相加能否有效地培养出专业的教师？为了解决这个问题，还有另外一类教师教育者——学科教学论教师。第三种理解，教师专业不是学科，不是教育，也不是二者的简单相加，教师的专业就是教师。中学物理教师需要学科知识，也需要教育知识，但更重要的是教师知识。这需要将教师培养提升到大学后，即大学期间专门学习学科专业，大学后再进行专门的教师教育。但是，按照现在混合制的教师教育模式，在大学层次的教师教育方案中，给职前教师安排了大量的学科知识和一些难以激发他们兴趣的教育知识。至于教师知识，那是我们最感到无从下手的地方。

在我们教育领域里有一句耳熟能详的话："学高为师，身正为范。""学高为师，身正为范"受到了教育界同行的普遍认同，不少师范院校曾将"学高为师，身正为范"或者其变体作为校训。应该说，"学高为师，身正为范"作为一句口号，在激励年轻教师方面发挥了重要作用。它也堪称对我国传统文化中教师思想的高度概括。但是，在新的时代条件下，究竟应该如何理解它还是个值得探讨的问题。"学高为师，身正为范"表明了为师的两个重要条件：一是学问要高，即学高；二是行为要正，即身正。在理解"学高为师，身正为范"的时候，既可能将其理解为必要条件，即"只有学高才能为师，只有身正才能为范"；也可能将其理解为充分条件，即"只要学高就能为师，只要身正就能为范"。将"学高"与"身正"理解为教师的必要的条件当然是没有问题的，但人们往往理解成充分条件，甚至教师教育的全部内容都归结为如何让职前教师"学高"和"身正"。由于"身正"难以细致考察，所以，在教师教育专业的教学方案中往往以"学高"的部分挤占"身正"的部分。如果学问高就可以称师，那么，科学家就是最优秀的教师；如果身正就可以称师，那么，全国道德模范就称得上优秀教师。可事实上，科学家自身的学问并不一定就能分享给学生，道德模范的高尚品德也不一定能够有效地感染到学生。这说明了什么呢？这说明，作为教师还有一些重要的东西是必不可少的，这些东西不是"学高"或者"身正"可以概括的。"学高为师，身正为范"的合理性和恰当性我们并不否认，但在教师专业化的今天，其局限性也不容忽视。归根到底，"学高为师，身正为范"就是一种常识教学观。实际上，学高不足为师，身正也不足为范。"学高为师，身正为范"影响教师教育的另一个表现就是"学术性"与"师范性"之争。①

如果"学高为师，身正为范"是普遍真理，那么，"学术性"在"师范性"面前就具有压倒性的优势。有关如何将知识传递给学生的方法性知识即"师范性"就变得无足轻重，事实上也正是如此。教师教育将太多精力倾注在提高教师学科专业的学术水平上，真正能够体现教师专业核心的"教"（或依传统称为"师范性"）往往在教师教育方案中沦落为公共课而被严重边缘化。教师对于"教"的理解主要基于自身当初接受中小学教育的"前见"和大学教师在高校课堂上的"表演"。将这些经验运用于当下的中小学课堂并不具有天然的适切性，中小学教师在进入职业生涯后主要还是依靠自身的经验积累。如此一来，中小学的课堂教学就必然处在一个无限的复制过程中，尽管也有"进化"，但其速度会慢得惊人。因为中小学教师的专业发展缺少了大学真正的学术引领，"教"这一专业发展的核心内容被严重轻视了。因而，不少职前教师认为学科教学论教

---

① "学术性"指学科专业知识的广度和深度；"师范性"指学科教学方法性知识与能力。

师根本没有发挥多大的作用，教师的教学能力主要是依赖于自己在今后实践中的摸索，教学沦为一种常识。倘若如此，那么，学科教学论的价值就荡然无存，学科教学论教师的专业身份也就无从谈起。

三、学科教学论尴尬的学科地位

学科教学论地位的基石在于学科教学知识。71.08%的学科教学论教师非常赞成或比较赞成"学科教学知识是影响中小学教师课堂教学效果最重要的知识"，12.05%的学科教学论教师对此项目表示不确定，还有16.87%的学科教学论教师表示非常不赞成或比较不赞成。57.71%的学科专业教师比较赞成或非常赞成"学科教学知识是影响中小学教师课堂教学效果最重要的知识"，34.33%的学科专业教师对此项目表示不确定，还有7.96%的学科专业教师表示非常不赞成或比较不赞成。76.61%的职前教师非常赞成或比较赞成"学科教学知识是一门具有自身规定性和学术性的知识类型"，15.59%的职前教师对此项目不确定，还有7.80%的职前教师表示比较不赞成或非常不赞成。75.30%的中小学教师比较赞成或非常赞成"学科教学知识是影响中小学教师课堂教学效果最重要的知识"，21.91%的中小学教师对此项目不确定，还有2.79%的中小学教师表示比较不赞成。由此可见，学科教学论教师、学科专业教师、职前教师和中小学教师大多非常重视学科教学知识在中小学教师专业发展中的价值。应该说，这些数据能够作为支撑学科教学论学科建设的依据，但是，现实中的学科论学科建设却是困难重重。

自1997年授予硕士、博士专业目录调整之后，原学科教学论专业并入课程与教学论专业之下，成为教育学一级学科内课程与教学论二级学科下的三级学科。如杨启亮（2002）认为，"课程与教学论专业中的学科教学论方向，是与课程论、教学论平行的三级学科"。刘正伟（2005）认为，"学科教学论既然隶属于教育学科，确切地说，属于课程与教学论下位的一个分支学科，其中心话语毫无疑问应该以课程与教学论中心话语为取向"。2011年，国务院学位委员会和教育部新颁布的《学位授予和人才培养学科目录（2011年）》，只规定了13个学科门类和110个一级学科。

从实际情况来看，由于学科教学论教师的组织大多归属在学科专业学院，学科教学论学位点及学科建设的具体组织一般在学科专业学院，而没有被纳入教育学的组织框架之中。这让在何处建设学科教学论学科成为一个现实问题。

有的学校在各个专业学院设置学科教学专业硕士点，如西南大学在文学院、中国文学研究所设置学科教学（语文）专业硕士点，在外国语学院设置学科教学（英语）专业硕士点，在物理科学与技术学院设置学科教学（物理）专业硕士点，等等[①]；有的学校在教师教育专门机构中建设学科教学论的学位点，如南京师范大学教师教育学院就设置有学科教学（思想政治、语文、数学、物理、化学、生物、英语、历史、地理方向）专业硕士点。[②] 学科教学论学术型学位都是在"课程与教学论"下设"学科教学论（具体方向）"，但学位点的布局存在差异。如西南大学在各个专业学院布点；南京师范大学则集中在教师教育学院，在"课程与教学论"专业下设置语文学科教学论、英语学科教学论、历史学科教学论、数学学科教学论、物理学科教学论、生物学科教学论、化学学科教学论、地理学科教学论、思想政治学科教学论 9 个方向。学科建设的这种随意性表明，学界对学科教学论的学科建设还没有形成一致意见。

因此，学科教学论的学科地位并不牢固，其学科建设路径也没有形成固定的范式，学科教学论学科所提供的学科教学知识的学术性和有效性也没有得到广泛认同。这除了与学科教学论教师群体的努力有关，也与学科教学论学科的特殊性有关。但是，学科教学论学科建设不尽如人意的客观事实，直接影响到了学科教学论教师在大学组织中的专业身份认同。

第三节
大学教师专业发展的研究取向

专业发展是专业工作者的专业伦理、知识、技能不断提升的过程。由于专业工作的智能性、灵活性和复杂性，专业发展是专业工作者职业生涯中永恒的主题。不同的专业工作者具有不同的专业工作对象、工作内容和工作性质，因而，专业发展的路径和方式也大相径庭。从总体上讲，大学教师是活动在大学

---

① 西南大学 2016 年硕士研究生招生简章及专业目录. http://yanzhao.swu.edu.cn/cqarticle5.php？articleid=348 ［2016-04-20］.

② 南京师范大学 2016 年招收攻读硕士学位研究生招生简章. http://yz.njnu.edu.cn/pages/sszsml/sszsml_ index. jsp？nd=2016［2016-04-20］.

这一学术机构中的学术人，探究与传播学术是其专业发展的主要内容。在当前的大学制度文化中，学术的丰富内容往往被狭隘地理解为探究，科学研究成为大学的核心价值取向，教学学术在某种程度上被边缘化。这使本身应当以教学学术为主的学科教学论教师内心陷入了惶恐，在专业发展上表现出游离性特征。

一、探究的学术主导着大学教师的专业发展

大学是以高深知识的创造和传承为根本使命的学术机构。雅斯贝尔斯（1991）说："大学是研究和传授科学的殿堂，是教育新人成长的世界，是个体之间富有生命的交往，是学术勃发的世界。"如果说大学是学术机构，那么活动在大学之中的大学教师所从事的工作就是"学术职业"。"高校教师从事的是一种学术性职业，学术性是高校教师的最基本特质，是高校教师职业生涯的核心，自然也是衡量高校教师专业发展水平的重要价值向度。"（曲铁华，冯苗，2009）"学术是大学的灵魂，是大学教师的理想，大学教师专业发展的理论逻辑和实践逻辑统一于学术性。"（陈锡坚，2011）不少学者直接将大学教师的专业身份概括为"学术人"。"学术人"就是以高深而系统的学术知识的生产和传递为职业的专业群体。有学者主张，"学术人是大学教师身份的根本属性，是大学教师之为大学教师的本真意义"（刁彩霞，孙冬梅，2011）；还有学者提出"学术人是高等教育管理的人性假设"（董立平，周水庭，2011）。由此看来，"大学是学术机构，大学教师是学术人"这一命题是能够成立并被广泛认可的。

既然大学教师是以学术为志业的学术人，那么，学术能力、水平、成就必然是衡量大学教师专业发展最重要的尺度，大学教师专业发展的实质也就是学术生命的发展。问题的关键就在于如何理解学术。1990年，美国卡内基教学促进会主席博耶提出4种大学学术：探究的学术（即科研）、整合的学术、应用的学术、传播知识的学术（即教学）。这算得上是对大学学术比较完整的理解，因而在高等教育领域产生了重要的影响。但是，在此已经有了一个预设：之前对大学学术的理解是狭隘的。事实上，至今仍然如此。大学学术在相当大的程度上被狭隘地理解为探究的学术，至少探究的学术在大学的所有学术活动中都享有至高无上的地位，以至于将其他类型的学术活动边缘化。王玉衡（2012）在研究美国教学学术运动时发现，大学教师"用在教学上的时间和提高教学质量的努力得不到学校真正的重视和认可，只有在大学中承担科研课题的教师才能够获得较高的地位"。这一问题同样存在于中国的高等教育领域。不少大学教授倾心于学术探究，而与本科生讲台渐行渐远。有学者通过对3所高校500名教

师的调查数据进行统计分析得出结论："随着教师资历的提高，大学教师倾向于以研究为主，而逐渐脱离教学工作。"（陆根书，黎万红，张巧艳，等，2010）由此可见，以科学研究为主的探究学术成为大学教师专业发展的理想范式和核心内容，从而在大学教师的专业发展中占据着主导地位。

二、教学学术是学科教学论教师的专业特质

探究的学术以理论创新为主，教学的学术以实践创新为主。虽然理论与实践、探究的学术与教学的学术之间并不存在泾渭分明的界线，但是，二者的区别与侧重点各异是显而易见的。这两者之间的区别在当代大学中的集中体现，就是科研与教学之间的不均衡状态。简单地说，就是"重科研、轻教学"的现象。当代大学教师已经将发展探究的学术、进行理论创新作为大学教师专业发展的理想范式。这对学科教学论教师的专业发展产生了严重的负面影响，因为学科教学论教师的专业特质是以改进自身和中小学课堂教学为核心的教学学术。

学科教学论教师的专业责任是通过培养职前教师和中小学教师的学科教学知识与能力以改进中小学课堂教学实践，其专业身份是教师教育者。可以说，学科教学论教师的专业行为是为了实践、面向实践、回归实践的，并且是以发展中的人为对象，以促进人的发展为根本目的的实践，这便增加了其专业活动的复杂性。学科教学论教师也要从事探究性的学术活动，但是，其探究的目的与学科专业教师不同。学科专业教师的探究是要发现特定学科专业领域的新知识，学科教学论教师探究的目的是如何将学科专业领域已发现的知识通过课堂教学有效地传递给受教育者，不仅仅是有效地传递给自己的受教育者，而是要让自己的受教育者（职前教师、中小学教师）能够有效地将学科教学知识传递给他们的受教育者（中小学生）。这揭示出一条基本原则，即学科教学论教师的专业效能是通过其教育对象在中小学课堂教学的实践水平来衡量的。学科专业教师和学科教学论教师专业发展范式的比较，如表 7-1 所示。

表 7-1 学科专业教师和学科教学论教师专业发展范式的比较

项目	学科专业教师	学科教学论教师
探究目的	发现学科专业领域的新知识	发现学科专业知识有效教学的知识
探究对象	物质性的客观世界	社会性的教学过程
教学内容	传递学科专业知识	传递学科专业知识有效教学的知识
知识应用	改进物质性的客观世界	改进社会性的教学过程
知识评价	主要遵循探究学术的标准	主要遵循教学学术的标准
专业特质	以发现和传递学科专业知识为核心的探究学术	以改进课堂教学有效性为核心的教学学术
专业效能	学术共同体的内部评价	中小学教师和管理者外部评价

三、学科教学论教师专业发展的游离性特征

学科专业教师和学科教学论教师都是既要从事探究的学术活动，也要从事教学的学术活动。但是，二者专业发展范式仍然存在重要的区别，这缘于二者所承担的专业使命和职责是不同的，由此决定了学科教学论教师和学科专业教师具有不同的专业发展范式。可现实的情况是，在大学教师普遍以探究的学术为专业发展基本范式的大背景下，学科教学论教师的专业发展受到了巨大的干扰，从而表现出游离性的基本特征。

从承担的教学任务上来看，学科教学论教师应当是专门从事学科教学论课程教学任务的教师，否则，便难以体现其工作的专业性。但是，身处学科专业学院的学科教学论教师往往由于院系教学任务的需要，或者个人完成规定教学量的需要，被安排从事学科专业课程的教学任务。在我们的调查中，对"目前，您除了承担学科教学论课程之外，是否还要承担学科专业课程的教学任务"这一问题的回答，57.83%的学科教学论教师选择"有学科专业课的教学任务"，42.17%的学科教学论教师选择"没有学科专业课的教学任务"。这就是说，超过一半的学科教学论教师既要从事学科教学论课程教学任务，也要从事学科专业课程的教学任务。按照"专业"的要求，专业工作人员所从事的工作应当是专门性的，而当前的学科教学论教师所从事的教学工作具有明显的游离性特征，专门性还不够强。有学者对此总结到："我们完全有理由说，学科教学论教师实质上是具备双重学科专业的教学人员，正是这种双重身份带来了团体归属上的困惑。"（史晖，2009）

从学科教学论教师所从事的探究学术活动来看，同样可以看出学科教学论教师专业发展的游离性特征。以 C 校 30 名学科教学论教师 2010～2012 年所发表的 105 篇科研论文为例。从发表论文的类型来看，学科教学类的论文 37 篇，占 35.20%；一般教育类的论文 11 篇，占 10.50%；学科专业论文 57 篇，占 54.30%。学科教学论教师本应主要从事学科教学学术研究，但事实上的情况是，学科教学论文成果不到一半，而学科专业方面的研究论文超过一半。在 105 篇论文中，核心期刊论文 54 篇，占到 51.40%。但是，在全部 54 篇核心期刊中，学科专业类论文 34 篇，占 62.96%；学科教学类的核心期刊论文只有 16 篇，占 29.63%。由此可见，学科教学论教师的学术研究在相当大的程度上偏离了应然轨道，这当然与高校片面强调论文级别的学术评价制度有关，因为学科专业方面的论文更容易在高级别的期刊上发表。

总之，学科教学论的专业发展内容和方式都显著地受到大学制度文化的影响，而目前的高校管理制度没有充分考虑到学科教学论教师专业发展的特殊性，从而不利于学科教学论教师的专业身份认同与建构。

第四节
现代大学组织变革的阻抗力量

组织制度的变革是基于路径依赖的利益相关者多重博弈的过程。在组织制度变革的过程中，必然面临着来自各方的重重阻力。大学不但是基于学科建制的学术组织，而且是基于行政控制体系的科层组织（官僚组织）。这更增加了大学组织变革的复杂性和困难度。教师教育大学化增加了大学的教师教育职能，但传统大学的组织设计并没有为此做好充分的准备。因而，在教师教育大学化之初，并没有如愿地看到教师教育的强化和教师教育质量的提高。缺乏教师教育专门机构，学科教学论教师被严重分散，教师教育资源无法有效整合，大学组织变革的滞后性严重影响了学科教学论教师的专业身份认同。

一、现代大学组织的学科特征

一个特定社会组织的存在合法性、组织结构的设计与变革，往往都要从其担负的核心使命和中心任务来得到辩护。这也成为区分不同社会组织本质属性的根本标志。要理解大学组织的特性，也只能从大学所肩负的使命和任务开始。政治组织以"权"为核心，即权力分配与运作；经济组织以"利"为核心，即对经济利益的追求；学术组织以"理"为核心，即追求和传播真理。大学虽然具有政治色彩，也受要到经济的制约，但是，"大学既不属于政治，也不属于经济，应该属于学术组织的范畴"（康翠萍，黄瞳山，2012）。既然大学是学术组织，那么，学术属性是"大学的本质属性，是大学区分于其他组织的特有属性"（迟景明，张弛，2012）。将大学这一特定的社会组织界定为学术组织，学术属性是其本质属性，那么，就不难理解大学组织的学科特征了。

作为学术组织的大学，以发现和传播真理为目的的、高度专业化的学术活动是其中心任务。随着现代大学职能的不断拓展、高等教育大众化程度的不断提高，大学越来越成为一个巨型组织机构。但是，无论大学组织体系如何庞大且复杂，知识始终是其围绕的核心。伯顿·克拉克（克拉克，2001）的研究表明："知识是包含在高等教育系统的各种活动之中的共同要素：科研创造它；学术工作保存、提炼和完善它；教学和服务传播它。自高等教育产生以来，处理各门高深知识就是高等教育的主要任务，并一直是各国高等教育的共同领域。当我们把目光投向高等教育的'生产车间'时，我们所看到的是一群群研究一门门知识的专业学者。这种一门门的知识称作'学科'，而组织正是围绕这些学科确立起来的。"这一段引文清晰地表明了"知识""学科"与"组织"三者之间的内在关系。知识的生产规律催生了学科，进而产生对大学组织的需要。大学组织就是围绕知识、学科而建立起来的，从而带有鲜明的学科特征。"学院的划分是以学科的分裂为准则，一个学科一旦发展成熟，形成独特的知识体系，就倾向于通过正式的组织建制与其他学科划清界限，独立成一个学院或系。"（胥秋，2010）大学组织的学科特征还具体地表现在活动在大学组织中的大学教师身上。"高等学校的教师每人都有自己的学科专业和学术领域，专门化不仅是高等学校知识的特征，也是高等学校教师职业的基本特征。"（李立国，2006）

由此可见，建立在特定知识体系上的学科是大学组织存在的合法性基础，也是大学教师存在的基本组织场域。学科在相当大的程度上决定了大学组织结构设计的基本模式和大学教师的专业发展方式。学科教学论教师首先是具有"学术人"身份的大学教师，但是，在普遍按照学科建制大学二级院系的常态下，学科教学论教师由于缺乏强有力的学科支撑而面临着丧失组织归属感的无奈现实，只能表现出在学科专业和学科教学专业之间摇摆的游离性特征。这是造成学科教学论教师专业身份认同困境的重要根源之一。

二、现代大学组织的科层特征

科层制也称作官僚制，它是一种依职能和职位进行权力分工和分层，以制度规范为行为准则的组织体系和管理方式。科层制是社会组织制度建设所取得的重要成果，对提高社会组织管理效率发挥着重要作用。随着大学职能的多样化、体系的复杂化和管理的专业化，科层制也同样成为大学这类社会组织正常运行之现实需要，每一位大学教师都需要在这一科层体系中找到自己的坐标。"在高等教育系统中，有结构严密的劳动分工，协调一致的专门化，以及学者的具体定位，因此，结构成为他们比较物质利益的首要决定因素。例如，物理学家表现得就像物理学家，而不像希腊文学教授。"（克拉克，2001）一位大学教师在学校组织结构中的坐标，构成了其专业身份的基本底色。

在纯粹理想的状态下，将大学组织的本质属性归结为学术属性是能够成立的。但是，在现实性上，大学组织不仅仅是一个学术组织，而且是一个科层制的组织体系。"从大学的学术是否自由的角度对大学本质进行理论审视与事实考察发现，大学的本质不是学术自由，大学只有相对的学术自由而非绝对的学术自由，大学的本质是学术自由性和受控性双重属性的对立统一。"（孙绵涛，康翠萍，2011）这种"受控性"的重要体现就在于科层组织对学校和教师活动的制度规约。大学组织除了按照知识和学科的逻辑发展之外，还要受到政治、经济、文化等外在因素的制约。还有学者总结到："中外学者从不同层面与视角对大学组织特性进行了较为详尽、全面的阐述，学术性与科层性始终是大学所固有的特性，也是各位学者一致的观点。"（谷建春，2008）大学组织是社会大系统中的子系统，其存在的合法性当然不能仅仅从知识与真理的角度得到充分辩护，而要走出象牙塔，在社会大环境中找到其存在的基础。大学存在于社会中，消耗一定的社会资源并承担着特定的社会使命。科层制是保证大学组织效率之必需。在现实中，科层制体系往往与学科制体系相结合，表现为"学校—院系、中心、所—教研室"的三级结构。学科的学术权力与科层的行政权力相结合，最终形成了行政权力与学术权力之间的张力。

对于现代大学组织而言，科层制非但不是"洪水猛兽"，反而是大学组织正常运行的基础，可怕的是，科层制向官本位的异化。有学者认为，"官僚制运用于大学的天然局限性在中国特定背景条件下无限发酵，致使官僚制逐渐异化为官本位，大学的学术发展受到严重损害"（袁祖望，付佳，2010）。正如有的学者指出的那样，"大学原本是'松散联结'、'底部沉重'的学术系统，学术权力应该处于组织的主导、核心和支配地位。但实际情况是，科层组织以目标、效率和责任等为旗号，占用和掠夺了原本属于学术系统的信息和知识，使其走向阻塞和封闭，明显处于信息的不对称状态"（钱志刚，2012）。因而，在"去行政化"的语境下，应当受到批判的是行政权力对学术权力的"僭越""异化"，而非科层制本身。在理解大学组织及其成员专业身份的时候，无论如何也不能忽视科层制体系客观存在的事实。舍此，难以形成"我是谁""我在哪里"的清晰认知。学科教学论教师在科层制体系中归属于学科专业学院，正是困扰其专业身份认同的一个重要原因。

三、现代大学组织变革的阻力

包括学科教学论教师在内的每一位大学教师都需要在大学组织体系中确证自身的恰当位置。学科教学论的学科地位不高、学科教学论教师在科层制体系中的隶属关系分散，这严重影响了学科教学论教师在大学组织中获得独立的专业身份。39.8%的学科教学论教师赞同或比较赞同"在学科专业学院（如生命科学学院、化学化工学院、文学院……），我往往将自己混同于学科专业教师，而忘记了我是学科教学论教师"；72.3%的学科教学论教师赞同或比较赞同"学科教学论教师应该在类似于'教师教育学院'这样的教师专业学院平台上寻求专业发展"；33.3%的学科专业教师赞同或比较赞同"学科专业学院（如生命科学学院、化学化工学院、文学院……）不是学科教学论教师最理想的专业发展环境"，16.9%的学科专业教师表示不赞同或比较不赞同，49.8%的学科专业教师表示不确定；52.7%的学科专业教师赞同或比较赞同"学科教学论教师应该在类似于'教师教育学院'这样的教师专业学院平台上寻求专业发展"。从这组数据可以看出，推进大学组织变革、建立教师教育专门机构是一种强烈的要求。但是，实际的建设情况与理想状态相去甚远。在调研的3所高校中，有两所高校成立了教师教育学院，其中，B校教师教育学院主要承担中小学在职教师培训，学科教学论教师依然分散在各个学科专业学院，其管理与指导归属教务处实践科，与教师教育学院几乎没有直接关系。也就是说，尽管该高校成立了教师教育学院，但是并没有触及到学科教学论教师。A校教师教育学院是学科教学论教师专业发展的重要平台，负责组织对学科教学论教师的培训和业务指导，但是学科教学论教师的组织身份归属仍然在各个专业学院。C校管理层近年来一直在筹划教师教育学院的建设，以整合分散的学科教学论教师力量，并纳入学校2012年度工作计划，但是，至今并没有取得实质性的成果。

从学科教学论教师专业发展和专业身份认同的角度来看，在大学中建立专门的组织机构以有效整合分散的学科教学论教师，是教师教育大学化新形势的必然要求。但是，大学是一种典型的趋于保守的机构，组织变革表现出明显的路径依赖特征。此外，组织变革过程也是各利益相关者之间的多重博弈过程，因而变革的阻力非常大。现代大学并不是一个单纯的学术机构，而是一个开放多元的巨型系统。"现代大学本身是一种相对开放的系统……各种界线实际上变得不可能确定。现在高等教育已经变成一个几乎是无限制的系统。"（克拉克，2001）对于这样一个开放系统的组织变革而言，就会受到诸多利益相关者的影响，从而表现出"'集团合作主义'和'半集团合作主义'的影响模式"（克拉克，2001）。因此，大学组织的变革过程就是一场持久的利益博弈过程，"大学组织秩序是利益主体博弈后程序化的安排"（张红峰，2011）。调研发现，在学科教学论教师的人事组织关系归属到专门建立的教师教育学院这一问题上，无论是学科教学论教师、学科专业教师，还是学科专业学院的管理层、学校的管理层，都存在从自身立场出发的利益权衡。因为任何一场组织变革都是要有成本产生的，从而表现出"经济人"之间的博弈过程。"大学组织变革过程实际上是一个成本收益的比较过程，能够发生的变革总是学校相关人员认为收益能够大于成本的变革。"（李桂荣，2006）

总之，各种大学组织变革阻力的存在，使学科教学论教师专门组织的建设进程困难重重。学科教学论教师要么"迷失"在学科专业学院，要么处在学科专业学院组织领导和教师教育学院业务领导的"夹缝"中。其缺乏强有力的组织支撑所带来的组织归属感缺乏，直接影响到了学科教学论教师的专业身份认同和专业发展。

第五节
对实践性存在方式的现实背离

学科教学论教师应当是专业的实践性存在者，其实践性存在方式离不开中小学教学经验，但更需要在中小学课堂教学经验的基础上进行理论提升，以提高其专业品性。这是学科教学论教师区别于其他大学教师和中小学教师的显著特征。但现实中，学科教学论教师往往偏安于大学"象牙塔"，而远离了中小学教学现场。这其中既有主体认知的原因，也有教育管理制度的原因。

一、学科教学论教师实践性存在的应然诉求

学科教学论教师是专门从事教师教育的专业工作者，其身份的合理表征是教师教育者。教师教育者的专业工作方式是实践性的，也就是说，包括学科教学论教师在内的教师教育者应当是一种以实践性方式存在的专业工作者。以实

践性存在的本质规定性将学科教学论教师与学科专业教师区别开来。当然，这并不意味着学科教学论教师不需要理论研究，也并不是说学科专业教师不需要实践，而是在承认理论与实践相互统一的前提下，对二者不同侧重点的肯定。"一位优秀的教师教育者既有丰富的中小学（教学）经验，同时又要具备扎实的教师教育理论。"（康晓伟，2012）就活动在大学中的学科教学论教师而言，其天然地拥有理论的优势，而缺乏的正是实践。相比于学科专业教师侧重知识创新和理论建构而言，学科教学论教师更侧重的是学科理论知识的传递效率和质量。学科教学论教师需要从事理论研究，但其围绕的核心是如何更有效地将学科专业知识传递给受教育者。如果说学科专业教师和学科教学论教师都要面对相同的受教育者即职前教师的话，那么，学科专业教师只需要考虑是否让职前教师理解和掌握了学科专业知识，而对学科教学论教师专业行为有效性的考察，还需要延伸到职前教师是否能够胜任中小学课堂教学，从而保证职前教师在中小学课堂教学的有效性。学科教学论教师的专业工作对象是人（职前教师）的发展，而其工作对象的对象也是人（中小学生）的发展，后者构成了学科教学论教师与学科专业教师之间专业工作方式的显著区别之一。

作为教师教育者的学科教学论教师，其专业身份合法存在的重要依据，就在于提高了职前教师和在职教师的课堂教学能力。如果学科教学论教师按照学科专业教师的专业发展路径去发展，即使理论水平再高，如果其专业行为不能对教育对象的教学能力产生实质性的影响，其专业身份就不能得到认同，其专业发展方式就不能在正常轨道上运行。"教师教育者教的内容就在于传递怎么教的知识，其自身的实践，就应该是对'怎么教'的诠释和示范。"（邓惠明，2011）还有学者将教师教育者的专业发展概括为"专业的'教'、专业的教'教'和专业的教'学教'"三个方面（李学农，2012）。教师教育者专业身份的存在是为了实践，并且是在实践中完成的。在实践过程中，不但完成自身的专业化，并为职前教师和在职教师的专业发展奠基。因此，可以将学科教学论教师专业身份存在方式的本质属性概括为实践性存在。

如何理解学科教学论教师专业身份实践性存在的场域，即在哪里实现实践性存在？大学课堂当然是学科教学论教师实践性存在的重要场域之一，在此实现与其教育对象即职前教师的直接互动。但是，仅此是不够的，因为学科教学论教师在大学课堂教学的实践性水平，最终需要在中小学课堂教学实践中进行检验，学科教学论教师要改进大学课堂教学的实践性水平，也需要在中小学课堂教学实践中获得灵感。无法想象，对中小学课堂教学实践没有深刻理解的学科教学论教师能够培养出胜任中小学课堂教学实践的教师。很多职前教师对学科教学论课程和教师的评价比较低,其重要原因在于,他们认为学科教学论教师离中小学太远,不了解中小学课堂的实际情况,也就不相信这样的课程能够真正对自身的专业发展产生什么实质性的作用。因此,学科教学论教师实践性存在的本质规定性,要求学科教学论教师要走进中小学课堂教学现场。这是学科教学论教师与学科专业教师的显著差别之一。

调查发现,85.54%的学科教学论教师非常赞成或比较赞成"深入到中小学课堂情境与中小学教师深度合作,是提高学科教学论教师专业实践水平的重要途径",有9.64%的学科教学论教师对此项目不确定,还有4.82%的学科教学论教师表示比较不赞成或非常不赞成。64.68%的学科专业教师比较赞成"深入到中小学课堂情境与中小学教师深度合作,是提高学科教学论教师专业实践水平的重要途径",有28.36%的学科专业教师对此项目不确定,还有6.96%的学科专业教师表示比较不赞成或非常不赞成。77.29%的职前教师比较赞成"加强与中小学校的合作是促进学科教学论教师专业发展的重要途径",有17.97%的职前教师对此项目不确定,还有4.74%的职前教师表示比较不赞成或非常不赞成。由此可见,学科教学论教师、学科专业教师和职前教师大多高度认同学科教学论教师专业身份的实践性特征,学科教学论教师的专业发展离不开与中小学教师的合作。

二、学科教学论教师实践性存在的实然状态

学科教学论教师的专业工作以实践性的方式存在,不仅仅缘于其教学过程的实践性,还缘于其教学目标在于改进其教育对象的教学实践效果。对实践性存在的理解不能只是从经验、技术的层面将其理解为教学技术的提高,而应从实践的角度对整个教学过程进行全面解读,使教学实践超越经验性实践成为专业性实践(高晓清,2009)。参与实践是形成学科教学论教师、职前教师和中小学教师实践性教学知识与能力的前提。学科教学论教师实践性存在的合法性基础是改善职前教师和中小学教师的实践性存在状态,必须将学科教学论教师参与实践的场域向前推进到中小学课堂。

学科教学论教师实践性存在的目的不只是促进自身的专业发展,而且要促进职前教师和中小学在职教师的专业发展。调查表明,75.9%的学科教学论教师赞成或比较赞成"通过学科教学论课程的学习,能够有效地帮助职前教师建

构学科教学知识体系"。但实际上，学科教学论教师实践性存在的实然状态与应然诉求之间存在一定差距。根据中小学教师的反馈，他们很少与学科教学论教师"打交道"。深居大学"象牙塔"的学科教学论教师对中小学课堂教学情境的疏离感，致使他们的专业发展受到了很大制约。

三、学科教学论教师背离实践性存在的归因

前文的分析表明，学科教学论教师应当是实践性存在的教师教育者，但事实上，其实践性存在状态又没有得到广泛认同。在学科教学论教师通往实践性存在的道路上，必然会存在一些不容忽视的认知性因素和制度性障碍。

学科教学论教师的专业发展与中小学课堂教学之间具有紧密的互动关系，但是，对于加强与中小学合作、进入中小学课堂教学现场、与中小学教师紧密合作还没有达成广泛共识。学科教学论教师进入中小学课堂教学现场还存在一些制度性障碍。一是现代大学的管理与评价制度将大学教师的专业活动导向理论研究，这直接导致了学科教学论教师偏离实践、走向理论的后果。二是大学管理层在教师教育大学化之后，将更多的精力倾注在学校的综合化转型上，而对教师教育重视不够，缺少对教师教育改革与发展的认识和研究。相应地，对学科教学论教师专业身份的独特性认识不到位，缺少对学科教学论教师走进中小学教学现场的激励政策。三是中小学校管理层对学科教学论教师参与中小学教学改进的必要性和重要性没有足够的认识，往往将学科教学论教师的参与视为一种对学校正常教学秩序的"干扰"。在这些因素的综合作用下，学科教学论教师往往得出了"深入中小学、参与中小学课堂教学是一件'吃力不讨好'的事情"的结论，进而在相当大的程度上偏离了实践性存在的应然状态。

第八章

学科教学论教师专业身份的系统建构

近年来，对教师专业身份的研究受到了学术界的广泛关注，成为教育研究的重要议题和视角。但令人遗憾的是，对教师教育者专业身份的研究却在相当大的程度上被忽视了。在教师教育急剧转型的当下，我们不禁要问"谁是教师教育者"？学科教学论教师是教师教育者集体的中坚力量，也是教师教育大学化之后教师教育机构改革需要重点关注的群体。在系统考察不同主体对学科教学论教师专业身份的认同水平及对其影响的内在机理之后，本章从整合学术资源、组建教师教育专门机构、健全专业发展体系、促进反思性实践、强化专业责任践行等五个方面，系统地探讨学科教学论教师专业身份的建构策略。这些策略不仅涉及学科教学论教师的专业行动，更需要教师教育机构、行政主管部门、行业团体及中小学校等利益相关者的积极参与和支持。

第一节
集中力量提高学科教学论的学术地位

学科是大学的基本组织原则，学术是大学教师的基本存在方式。学科教学论不是将学科专业研究成果与教学研究成果进行机械的拼凑，也不是对课程与教学论研究成果的简单应用，而是具有独特研究对象、自成体系的教师教育研究成果。它以学科知识有效教学为研究对象，以提高中小学教师的教学知识、能力与智慧，从而促进教师专业发展、改进课堂教学质量为目的。学科教学论应当在教师教育学科体系和教师教育学院组织平台上得到更有效的建设，从而提高学科教学论教师的专业身份认同水平。

一、增强学科教学论教师的学术自信

学科是确立学科教学论教师专业身份的基础。学科是对特定领域相关知识生产与传播方式的规训制度，学科的发展史就是知识领域之间不断廓清界限以巩固各自垄断地位的历史，进而"一个个独立自主、相互区分的'学术部落'在大学学科领域中形成"（胡春光，2012）。大学是学术机构，大学教师是学术人，活动在大学场域中的"学者们是以一定的学科为其身份基础而系统地进行有关知识的学习和研究的，因此学科和知识影响着学者的身份"（樊平军，2007）。既然学科制度是现代大学制度体系的基石，那么，一名大学教师只有在学科体系中找到自己的坐标，才能在大学环境中找到自己的归属感。否则，一名没有学科归属的大学"教师"，难以称得上教师，最多就是一个混在大学的工作人员。因此，要提高学科教学论教师专业身份的认同水平，就必须提高其所归属学科的学术地位。

学科教学论教师要拥有独立的专业身份就要与学科专业教师、教育专业教师区别开来，事实上，这3类教师也各自承担着不同的专业责任。学科教学论教师的专业责任是通过教学实践提高教师的学科教学知识、能力与智慧，他们所从事的学术活动当然也要以此为中心而不能混同于学科专业或教育专业。简言之，学科教学论教师专业身份所依托的学科是学科教学论。学科教学论的学

学科教学论教师的专业身份研究

术地位不高是不争的事实，否则，不会有那么多的学科教学论教师转行为学科专业教师，或者即使在学科教学论教学工作岗位上却思考着学科专业的学术问题。很多学科教学论教师，尤其是物理、化学、生物专业的学科教学论教师表示，"他们在学科教学论方面的研究很难有什么上档次的成果，要发篇核心期刊论文是非常困难的事情，而在学科专业领域则要容易得多"。以 C 校 30 名学科教学论教师 2010～2012 年所发表的 105 篇科研论文为例，学科教学类论文占35.20%，一般教育类论文占 10.50%，学科专业论文论文占 54.30%。这表明，学科教学论教师对学科教学论缺乏信心，他们为遵循当前高校的学术评价制度，不得不从其他学科（某学科或教育学）获取个人的学术资本。如此一来，学科教学论教师的学术活动表现为在不同学科领域之间摇摆，没有固定的学科归属，必然会影响其专业身份的认同。学科教学论教师应当正视当前学科教学论的学科地位不高这一客观现实。只有努力增强学术自信心并为之持续耕耘，才能不断巩固学科教学论的学术地位。那么，这份学术自信从何而来？

其一，学科教学论教师需要高度认可学科教学知识的学术性。一门学问可以没有独特的研究方法，但一定要有独特的研究对象。关于"学科教学"的学问是不同于学科知识，也不同于一般教育教学理论的独特知识。它不是学科知识与教学知识的简单相加，也不是一般教学理论向不同学科领域的简单演绎，它需要对中小学的学科教学现象展开研究，从而获得对学科教学规律的认识。学科教学知识就是从个体性的经验知识上升到公共性的理论知识，但仍然是实践性取向的。只要认可教学的专业性，就不能用学科知识来代替学科教学知识。只要我们认可物理教学、英语教学、美术教学、体育教学等彼此间是具有很大的差异的，就不能用一般教学理论来代替学科教学知识，更不能用一个学科教学知识来替代另一个学科教学知识。倘若在这一点上没有达成共识，学术自信便无从谈起，专业身份也没有根基。因此，学科教学论教师的专业工作是具有独特学术价值的。

其二，学科教学论教师需要高度认可学科教学知识的可教性。学科教学知识具有鲜明的实践性和主体性，学术研究则可能剥离掉这类知识鲜活的实践体验，从而成为干瘪、空洞的公共知识。这样的知识看似具有普遍的适用性、严谨的学术性，却与实践的距离渐行渐远，它究竟能否指导教师的学科教学实践？这在很多人看来是颇有争议的。事实上，理论如果脱离实践就无法达到对规律性的认知，也自然称不上理论。反过来，当我们要用理论去指导实践的时候，显然是无法"依葫芦画瓢"式地照搬理论，在任何一种专业领域都必然存在这样的情形。我们也就没有理由要求学科教学论教师研究发现的学科教学知识能

200

够直接让中小学教师拿去"现学现用"。问题的焦点是学科教学知识对中小学教师的指导作用是如何发生的？即学科教学知识的可教性。学科教学知识是可教的，但它又不能像公理或定律那样去教与学，也不能像职业技术那样去教与学。它需要学习者将学科教学知识与实践、体验、反思结合起来，最终将学科教学论教师发现和传递的学科教学知识转化为属于学习者的主体性、实践性学科教学知识。因此，学科教学论教师的专业工作是能够真正发挥作用的。

总之，学科教学论教师应当增强学术自信心，长期坚守在自己的"家园"里辛勤耕耘，最终才能结出甜美的果实。否则，不但不能完成自身的专业责任和专业发展，而且终究只能成为强势学科的"奴仆"，为别人装点本来就已经华丽的"嫁衣"。学科教学研究与教学不但在理论上是有价值的，而且在实践上是可行的。学科教学论教师应当对此充满自信。

二、找准学科教学论教师的学科归属

基于一定的范式对某对象进行研究后形成了特殊的知识，就构成了特定学科产生的基础。换句话说，知识是学科的基础。学科教学论以学科教学知识为基础，学科教学知识不同于学科专业知识，也不同于一般意义上的教学知识，而是独立的关于如何将学科知识进行有效教学的知识类型。按照现行对学科教学论的学科定位，它属于教育学一级学科、课程与教学论二级学科下设的三级学科或研究方向（王克勤，马建峰，2004）。应当说，学科教学论的学科归属是清楚的，它是教育学科。但是，在现行模式下，学科教学论教师分散在各个专业学院，在"学术部落"式的学科文化中，他们离课程与教学论学术平台太遥远，只能寄于学科专业之"篱下"。在学科专业学术共同体的文化熏陶之下，学科教学论的学术研究往往成为"基于学科层面而缺少真正意义上的'教学论'研究"（陆国志，2006）。学科教学论的学科建设在学科专业的僭越之下，往往偏离了其本身应当遵循的正常轨道。也就是说，学科教学论在学科体系中清晰的定位遭遇到现实的尴尬。

这种"出轨"是不应当的，但却是可以解释的。在学科专业学院的学术平台上，学科教学论教师势单力薄，其学术声音往往受到压抑，其学术地位往往受到排挤。学科专业的学术文化必然会影响学科教学论教师的学术旨趣、学术思维和实践方式。从当前大学的学术评价制度来看，也会形成对学科教学论教师倾向于学科专业的内在动力。在这些因素的综合作用下，会导致学科教学论教师在学科归属问题上的"迷茫"和定位不清。有学者认为，"学科教学论教师都先天性地处于一种不知是人为还是天造的夹缝中"（史晖，2009），"'夹缝生存'可谓他们真实而形象的身份隐喻"（杨跃，2011b）。学科教学论是教育学学科体系中具有重要地位的学科。提高学科教学论教师的专业身份认同水平、促进其专业发展的重要基础，在于夯实其学科基础。

根据当前学科教学论学科建设面临的尴尬境遇，我们建议调整学科教学论的传统学科建设思路，在教师教育学二级学科体系下建设学科教学论。当然，这有个前提——教师教育学的学科地位。朱旭东（2015）主张建立基于教育学一级学科的教师教育学科体系。在教师教育学科下设置幼儿园教师教育专业、小学教师教育专业、中学教师教育专业、艺术教师教育专业、体育教师教育专业、信息技术教师教育专业、学校咨询教师教育专业、心理健康教师教育专业、特殊教师教育专业、中职教师教育专业，而每个专业又可以设置若干方向，如中学教师教育专业可以设置语文教师教育方向、数学教师教育方向、外语教师教育方向、科学教师教育方向，艺术教师教育可以设置美术教师教育方向、音乐教师教育方向、动漫教师教育方向等。按照这样的教师教育学科建设体系，学科教学论教师自然应当是各专业方向上的学科建设骨干力量。

学科教学论的学术研究主要不是为了积累教育学知识，而是要改进中小学学科教学实践。一般教育学理论研究即使会关注教育实践，但与中小学课堂上真实发生的学科教学存在相当大的距离。在综合化的大学制度环境里，学科专业的发展往往也与中小学学科教学是决裂的。多年的学科教学论学科建设经历表明，原有将学科教学论在学科体系中归于课程与教学论、在学术生态中归于学科专业学院的模式是很难行得通的。我们认为，应当在教育学一级学科下设置教师教育二级学科，在教师教育二级学科下设各学科教学论或称各学科教育学。只有将学科教学论放到它在学科体系中应有的位置上，其发展才会更加顺畅，才能真正促进教师教育质量的提升。

三、有效整合学科教学论的学术资源

学科教学论具有实践性和集群性等显著特征。理论与实践的关系是任何学科的学术研究都逃避不了的问题，但其在教育学科里的矛盾却是表现得最为集中和尖锐的。从辩证法的方法论分析，理论与实践之间根本不存在非此即彼的关系，只是二者在不同学科中所占的比例不同罢了。如果说对教育学学科地位的质疑是因为其理论品性不高，那么，学科教学论更是在教育学学科体系中侧重于实践的学科。学科教学论并非一个单一的学科，而是一个学科群，它涵盖了语文、数学、英语、物理、化学、生物、地理、政治、历史、音乐、体育、美术、科学等学科教学论。这些特征直接决定了学科教学论具有不同于其他教育分支学科的学科特色和建设方式。

目前，学科教学论教师这支队伍太薄弱，学术资源太分散。与中小学学科课程相对应，在师范院校一般设置有各个学科的师范专业，每个专业都有2～3名学科教学论教师。这些学科教学论教师一般比较年轻且职称较低。从各个学院的教师队伍构成来看，学科教学论教师无论在哪个学院都属于弱势群体，无论是人员数量还是学术话语权，都不占任何优势。而各个学院的学科教学论教师之间几乎没有任何联系的纽带。难道化学学科教学论教师和语文学科教学论教师之间真的就没有学术对话的必要性和可能性吗？难道一个儿童在数理方面的发展和在人文方面的发展是如此相差甚远吗？尽管学科教学论是一个相对松散的学科集群，但是，它们共同的使命是培养教师的学科教学知识、能力和智慧，这构成了整合不同学科教学论学术资源的重要基础。中小学过细的分科本身就不利于未成年人完整的身心发展，恰恰是人为地将儿童的知识结构分为语文、数学、英语、物理、化学、生物、历史、地理等。从培养一个完整的人出发，将不同学科的学科教学论教师整合到一个上位学科之中是有百利而无一害的。因为学科教学论的学科建设、学科教学论教师的专业发展和专业身份认同，都最终指向如何高质量地培养中小学生。从对学科专业教师和学科教学论教师的调查结果来看，58.70%的学科专业教师和59.10%的学科教学论教师非常赞成或比较赞成在教师教育学院平台上建设学科教学论；34.80%的学科专业教师和27.70%的学科教学论教师表示不确定；6.50%的学科专业教师和13.20%的学科教学论教师表示不赞成。因此，学科教学论的建设与发展需要一个强有力的平台来进行学术资源的整合。

第二节
建立学科教学论教师的专门组织机构

无论从哪个角度对"我是谁"的设问，往往首先要从组织归属的立场作出回答。学科教学论教师散居在大学的各个专业学院中，受到不同学科专业文化的影响，既不利于组织归属感与认同感的建立，也不利于其专业发展。建立教师教育学院、整合教师教育资源，是认同与建构学科教学论教师的教师教育者专业身份的重要基础。

一、组建教师教育学院的价值

自 21 世纪伊始，中国传统师范教育制度不断被解构，在一个多元化教师培养培训体系和话语体系并存的"后师范教育时代"，现代教师教育制度正在逐步得到重构。在师范教育体系中，教师培养与教师培训各自独立。中等师范学校培养小学教师、师范专科学校培养初中教师、师范本科院校培养高中教师的"三级师范教育体系"和县教师进修学校、市教育学院、省教育学院所构成的"三级教师培训体系"稳定运行，各教师教育机构的职责范围泾渭分明。但是，"师范教育时代"的稳定性在"后师范教育时代"被彻底打乱，中等师范学校逐步退出历史舞台，师范专科学校和本科学校都为向大学升格而殚精竭虑，以教育学院为主体的教师培训体系逐步瓦解……在哪里培养教师？这个曾经一度非常清楚的问题，在新的时代条件下重新成为一个需要研究的问题。

师范院校综合化所带来的直接结果，是学校主体的教师教育职能被弱化。在传统师范教育时代，培养教师是师范院校所有教职员工的唯一职责。在师范院校综合化的转型过程中，学校管理者不得不集中更多的资源去发展非师范专业学科。非师范专业学科并不是师范院校的优势，有些专业学科甚至是毫无历史积累，因而非师范专业学科的建设表现出起点低、积累少、资源缺、耗费多的特征。教师教育大学化将师范院校抛入了一个两难的境地。从学校发展来讲，大力发展非师范专业学科以提高学校综合化水平，是学校在激烈的高等教育市场竞争中立于不败之地的必需。但从教师教育来讲，提高学校综合化水平就不得不将有限的教育资源向非师范专业学科倾斜，甚至要以牺牲教师教育的发展为代价。就目前的情况来看，师范院校综合化究竟是强化了教师教育的发展还是削弱了教师教育的发展？这还是一个值得深思的问题。站在师范院校管理者的立场来看，的确也有其合理之处。但是，从促进教师教育健康发展的角度来考虑，谁来培养教师便成为当下一个紧迫的现实课题。在教师教育大学化、开放化的当下，"一方面是越来越多的非师范类高校开始介入'师范教育'领域，并极力争夺培养教师的份额，尽管其基础与实力都无法与师范院校相匹敌；另一方面，手握'特权'的师范高校却在逐渐摒弃'师范'特色，一味地为摆脱'师范性'而朝综合性大学的方向发展"（吴遵民，张松铃，秦洁，2010）。在师范院校综合化和大学化转型的过程中，传统师范院校职能多元化使其无法一如既往地集中全校之力举办教师教育。在二级院系组织的层面上，教师教育的责任主体分散且不明晰。非师范院系不承担教师教育责任，具体学科专业学院为了达到综合大学的学术水准，则全力以赴地致力于本学科专业的发展，甚至在不同程度上挤占教师教育资源以补充具体学科专业的发展所需。教育学院在大学制度环境中，也不得不遵从大学的学术评价制度，重视学科建设而相对忽视教师培养。与传统师范教育时代相比，学校、学科专业学院和教育学院的教师教育职能都在不同程度上被弱化了。这显然与教师教育作为"群学之基"和"工作母机"的重要地位不相匹配。

哪个二级学院可以担当教师教育的重任呢？如果从教师教育专业的双专业特性出发来考虑，那么，任何一个二级学院都不可能独立承担起培养教师的职能。各科教师的学科专业内容千差万别，如语文、数学、物理、化学、生物、地理、历史、英语……没有哪一个学院能够传授所有这些学科专业内容，尤其是在中学教育层次上根本不可能。因而，负责教师教育的专门学院不可能完成所有学习内容的教育任务。教师教育专业学院只承担教师培养的教育专业的教学任务。也就是说，当我们谈及教师教育专业和学科的时候，并不包含"教什么"的具体学科专业，而是关于"如何教学科内容"的教师教育专业。这样的理解摆脱了"双专业"的枷锁，因为"双专业"本身就隐含着逻辑矛盾——既是双专业又是非专业，而且符合国家《教师教育课程标准（试行）》中对"教师教育"的界定。将具体学科专业撇开，确立教师教育在教育学一级学科内独立的专业和学科地位，那么，负责教师教育专业学科建设和专业人才培养的二级学院的首选似乎就是教育（科学）学院。这也符合欧美发达国家的做法，但事实上，我国师范院校的教育学院难以专注于教师教育。

教师教育大学化和师范院校综合化将教育学院（原教育系）带入到大学制度环境中来，按照大学的制度模式运行。大学是探究高深学问之所，学术是大学的生命线。任何一个学科的学术水平将决定其学者在大学中的地位之高低。这对以教育学为专业支撑的教育学院的教授来讲，是一个巨大的挑战。因为长期以来，"'教育学'不是一门学科。今天，即使是把教育学视为一门学科的想法，也会使人感到不安和难堪。'教育学'是一种次等学科。把其他'真正'的学科共冶一炉，所以在其他严谨的学术同侪眼中，根本不屑一顾。在讨论学科问题的真正学术著作当中，你不会找到'教育学'这一项目"（华勒斯坦，沙姆韦，梅瑟-达维多，等，1999）。学科地位不高直接影响到了教育学者的专业认同感和学术生态，确立与物理学、生物学、政治学、社会学等学科那样同等的学术地位，是教育学者挥之不去的学科情结。学科是学术的制度化，学术是知识的系统化。通过学术研究所要探明的是对象世界背后所潜藏的客观规律，规律与现象之间本不可能是——对应的关系。教育学术研究与教育教学实践之间的关系亦然。理论与实践不是截然对立的，没有实践基础的理论是苍白的，没有理论指导的实践是盲目的。但是，否认教育理论与教育实践之间应有的区别，是违背了唯物辩证法的。教育学院的教育学者必然是倾向于教育理论建构，"大多都认定自己的社会责任是研究和传播教育理论，通过研究推进教育理论的发展是共同的理想追求。这决定了他们职业实践的基本指向与方式"（叶澜，2001）。一句话，尽管教育理论与教育实践之间的"脱离"屡受批判与指责，但是，无论是从纯粹理性还是实践理性来看，这种适度的"脱离"都是必需和不可避免的。通过教育学者的理论研究来发挥对教育实践的引领作用，是教育学院的学术责任。

由此而产生的问题是，教育学院的教师并不太关注教师培养这一实践问题，至少不将其作为他们的核心职责。在客观上，教育学院也不具有实施全部教师教育课程的条件。根据教育部《教师教育课程标准（试行）》，教师教育课程至少包括教育学课程、心理学课程、学科教学论课程和教育实践课程4类。教育学院根本不具有单独实施教师教育课程的能力，而是需要组织教育学教师、心理学教师、学科教学论教师和实践指导教师共同完成教师教育专业教学任务。如果将教师教育课程实施的组织任务交给教育学院来负责，势必会在教育学学科建设任务之外，大大地增加教育学院的工作任务。教育学院能够承担起全校师范生的教师教育重任吗？在教师教育大学化转型过程中，教育学院积极地介入到幼儿园和小学教师的培养中，但对于中学教师的培养，教育学院仍然只停留在教师教育公共课教学的层面上，他们并不具有独立承担全校教师教育职能的主、客观条件。

概而言之，从促进教师教育科学发展出发，在院校治理结构中，教师教育责任主体不明是当前教师教育发展中的重大问题。通过建立教师教育专门学院和教师教育学科专业制度提高教师教育人才培养质量，是教师教育改革的根本出路。教师教育学院的组建模式有多种，如有的师范院校在教育学院之外成立教师教育学院，有的则是在原教育学院的基础上整合教育资源组建成立教师教育学院以取代教育学院。着眼于未来，建立教师教育专门学院、建设教师教育学科和专业，是教师教育大学化和师范院校综合化的必然要求，也将是师范院校教师教育改革与发展的重要趋势。

二、组建教师教育学院的态度

学科教学论教师是最能体现教师教育师范性特色的一支教师教育者队伍，但他们分散化的组织模式，严重制约了学科教学论的学科发展和他们自身的专业发展，形势发展的客观现实要求对学科教学论教师队伍进行有效整合。从理论上讲，教育学院是整合学科教学论教师的一个平台。但是，从国内不少师范类高校在教育（科学）学院之外成立教师教育学院，就可以看出教育学院与教师教育之间的距离有多远。教育学院的学者与学科教学论教师具有不同的学术旨趣和实践方式，要将学科教学论整合到教育学院是困难的，尤其是那些定位于研究型学院的教育学院。基于特定学科背景的学科教学论教师与没有学科背景[①]的教育学者之间往往缺乏共同的话语方式，这并不能让学科教学论教师产生学科归属感，依然会有"局外人"的感受。"教学法老师去了教育学院，还是没有归属感！教育学院的人会认为'他是物理的'、'她是化学的'，这里有很重要的文化融合问题……会有一种编外的感觉，像个外来户被收编，自我就很不认同！收编的主体也自觉不自觉地流露出这种思想。"（杨跃，2011b）因此，我们主张承担教师教育任务的重点院校和研究型院校应当成立专门教师教育机构，以整合学科教学论教师资源；承担教师教育任务的地方普通高校应当调整教育学院建设和发展思路，改组为以教师教育为核心任务的教育学院或教师教育学院，实现学科教学论教师资源的整合。

从当前教师教育改革的实践来看，国内已有不少高校正在探索如何在高等院校的传统教育学院之外成立教师教育学院的发展经验。总体上讲，主要存在以下4种情况：其一，综合大学组建教师教育学院，如江苏大学、温州大学、宁波大学等；其二，部属师范类高校设立教师教育学院，如华中师范大学、西南大学；其三，省属师范大学设立教师教育学院，如南京师范大学、四川师范大学、沈阳师范大学、山西师范大学、浙江师范大学、西华师范大学等；其四，地方师范学院设立教师教育学院，如湖州师范学院、宜宾学院等。尽管各高校

---

① 这里的"学科背景"是指与中小学学科课程相对应的学科教育经历。

建设教师教育学院的路径与方式、对学科教学论教师资源的整合程度、承担的基本职能等方面都有所差异，但是在传统教育学院之外建立教师教育学院已成为一个值得关注的改革动态。

调查结果表明，72.30%的学科教学论教师、52.70%的学科专业教师、61.70%的职前教师和45.00%的中小学教师都表示比较赞成或非常赞成将学科教学论教师队伍整合到教师教育学院，表示非常不赞成的比例分别仅有1.20%、2.00%、2.00%和4.40%（表8-1）。

表8-1　4类主体对"建立教师教育学院促进学科教学论
教师专业发展"的基本态度　　　　　　　　　单位：%

调查对象	非常不赞成	比较不赞成	不确定	比较赞成	非常赞成
学科教学论教师	1.20	10.80	15.70	39.80	32.50
学科专业教师	2.00	10.40	34.80	40.80	11.90
职前教师	2.00	10.80	25.40	42.40	19.30
中小学教师	4.40	46.60	4.40	4.40	40.60

由此可见，学科教学论教师及其利益相关者对教师教育大学化之后，高等师范院校的组织变革对学科教学论教师专业身份认同和专业发展带来的冲击力均有着深刻的感受。在综合大学框架体系中成立教师教育专门学院以整合学科教学论教师资源、建立专业的教师教育者队伍，成为较为共同的心声。

三、教师教育学院的职能定位

从新制度经济学的视角来看，组织的存在是基于节约交易成本的目的。如果产品能够以很低的交易成本获得，那就没有必要建立相应的组织机构。大学组织模式的学科制特征造成了一个个泾渭分明的"学术部落"，需要从不同角度去解剖一个完整的研究对象。学科教学论教师过于分散的组织特征，使各学科教学论教师之间进行知识交易的成本大到几乎没有交易，数学、语文、物理、化学……各科之间"老死不相往来"。教师教育的对象们进入中小学后，面对的是一个鲜活而完整的生命存在，各科教师之间的协调配合是必需的，但目前的教师教育机构显然缺少这种合作文化。因此，需要教师教育学院发挥不同学科的学科教学论教师之间资源整合的职能。

从目前的情况来看，有的高校虽然单独设置教师教育学院，但与学科教学论教师没有密切的联系。有的高校单独设置了教师教育学院，并成立了完全整合全校各学科教学论教师的教师教育学院。还有的高校单独设置了教师教育学院，并作为全校学科教学论教师的一个学术平台，而行政隶属关系仍然归口各学科专业学院。以 X 高校为例，该校较早地在教育科学学院之外单独设置教师教育学院，但是，没有将教师教育学院建设成为全校各学科教学论教师的专业发展平台，教师教育学院与各学科教学论教师之间没有行政上或学术上的联系。四川师范大学教师教育学院的职能如下：①教师教育类专业学生的职前培养。包括教师教育课程模块的设置与实施，课程质量监控与评价；教师职业技能训练；学生教育实践的设计与评估指导。②在职教师的继续教育。包括在职教师的继续教育，教师晋升与教师资格证更换前的继续教育，教师专项技能的继续教育，特殊教师群体的继续教育。③教育硕士的培养。承担"教育管理""心理健康教育"方向的教育硕士培养，以及其他专业方向教育硕士的教师专业类课程的设置、组织与管理任务。④科学硕士的培养。目前，其主要承担教师教育的理论与实践、教师教育的课程研究、教师教育的国别比较研究、教师发展与规划研究、学习与教学心理学、学校心理教育、心理咨询与测评、青少年社会性发展、教师心理研究、民族文化心理研究、青少年性心理与性教育研究等专业方向的科学硕士培养任务。⑤教师教育的理论与实践研究。负责全省教师教育研究课题的指导与管理任务，从事教师教育的理论与实践的相关研究。①

另有 Y 高校，在国内率先组建教师教育学院。2005 年，Y 高校教师教育学院在国内率先在教育学一级学科下自主设置教师教育硕士学位点，面向基础教育开展"4+2"等模式研究生教育。2010 年起，将汉语言文学（师范）、数学与应用数学（师范）、英语（师范）、历史学（师范）、思想政治教育（师范）、计算机科学与技术（师范）、物理学（师范）、化学（师范）、生物科学（师范）、地理科学（师范）等 10 个专业实行由教师教育学院统一招生和管理，教师教育学院和各相关专业学院共同培养、学科专业与教师教育双向强化的培养模式和机制。2011 年，将汉语言文学、数学、英语、物理、化学、生物、思治、历史、地理等与教师教育相关的 9 个学科教学专业硕士学位点和课程与教学论学位点（9 个学科方向）调整至教师教育学院，通过加大全日制推荐免试力度全力推进教育硕士"4+2"培养模式的改革。与此同时，将学科教学论教师整体转入教师教育学院。②

---

① 资源来源于四川师范大学教师教育学院网站，http://cote.sicnu.edu.cn/［2015-09-22］.

② 资源来源于南京师范大学教师教育学院网站，http://jsjyxy.njnu.edu.cn/cn/jiao-shi-jiao-yu-xue-yuan-jian-jie［2015-10-12］.

　　综合看来，教师教育学院至少应当包括以下几个方面的基本职能：其一，院系常规管理。学科教学论教师的人事、组织关系从原各专业学院集中归属于教师教育学院，成为教师教育学院机构中的正式成员，从组织身份上对学科教学论教师作出明确界定。教师教育学院就要负责学科教学论教师的岗位聘任与考核、职称评定等常规管理职能。其二，搭建专业发展平台。专业发展是学科教学论教师职业生涯中的永恒主题。原先学科教学论教师分散在各个专业学院，在学科专业文化氛围中，他们往往受到学科教师专业发展模式的干扰而表现出"游离""尴尬"的处境特征。学科教学论教师归属于教师教育学院之后，教师教育学院要为他们的专业发展搭建有利的平台，为他们提供充分的外出培训、智力引进和在岗研修的机会。其三，大力推动学科建设。学科是学科教学论教师获得专业身份认同的重要基础。教师教育学院应当成为学科教学论学科建设的支持力量。在教师教育学院平台上，整合资源，集中力量建设学科教学论。通过制度建设、政策引导，让学科教学论教师能够安心从事学科教学论的教学和研究工作。

第三节
健全学科教学论教师的专业发展体系

　　中小学教师是专业工作者，学科教学论教师当然也是专业工作者，专业发展是贯穿于专业工作者职业生涯始终的永恒主题。什么样的大学教师更有条件成为学科教学论教师？如何才能成为更优秀的学科教学论教师？学科教学论教师应该通过哪些途径促进自身的专业发展？对这些问题的思考具有重要的现实意义。

一、当前学科教学论教师队伍的基本构成

　　学科教学论教师专业身份的发展路径考察，主要是明确如何才能成长为一名具有专业水准的学科教学论教师。从学科教学论教师队伍的构成来源看，大致有 4 种类型。

第一，学科专业教师转到学科教学论教师。他们或者由于专业兴趣的转移而主动转向，或者由于学校工作的需要而被迫转向。事实上，往往后者的情况居多，所以，学科教学论教师往往被认为是在学科专业领域"没有发展前途"的教师。在学科教学本身没有获得独立专业地位而依附于学科专业的情况下，如此的推论是合理的。有学者的个案研究结论表明，在学科教学论教师中从事过学科专业教学的占 57.14%（余彭娜，罗元辉，孙敏，等，2010）。如果从事学科教学论领域的工作是不得已而为之的无奈抉择，那么，必定缺乏对该领域本身的情感和认同，也就很期望他们能够在本领域取得显著成绩。因此，该类学科教学论教师的专业发展首先要解决思想认识问题，需要重新认识学科教学论的学术价值。

第二，具有较丰富的中小学学科教学实践经验的人员。这类教师通过学历提升之后，实现了从中小学到高等学校的工作调动。他们往往长于实践而弱于理论，虽然实践性是学科教学论学科的重要特征，而缺乏学术理论引领的学科教学容易蜕变为"经验之谈"。因此，该类学科教学论教师的专业发展重点是理论素养的提升。

第三，长期致力于学科教学论研究与教学，并且长期工作于高校与基础教育之间的人员。该类教师是连接高校和中小学两个教育场域的中坚力量，在学科教学的理论与实践之间游刃有余，是体现学科教学专业属性的重要主体。他们能够运用理论成果去发现学科教学的现实问题，并通过自身的研究去寻找具有较强针对性和可行性的问题解决方案。对理论与实践的深度把握，使他们在大学和中小学的专业行为都具有更高的有效性。

第四，学科教学论专业方向的博士、硕士等科班出身的人员。随着大学教师学历的不断提高和学科教学学科建设的加强，该类教师应该会成为今后学科教学论教师队伍的主体。

学科教学论教师是重要的教师教育者，其专业发展对促进中小学教师的专业发展具有重要的价值。但是，学科教学论教师队伍建设严重滞后的客观现实，迫切地要求促进学科教学论教师的专业发展，对于不同类型的学科教学论教师应当采取相应的措施。

二、学科教学论教师专业发展的理想路径

尽管每个专业工作者都有独特的发展路径，但是，在特定专业领域的专业发展路径还是会存在一些共性。理论与实践是学科教学论教师专业发展需要兼

顾的两个重要维度。在实践维度上，其特别的内涵是对中小学课堂实践的关注，这是学科教学论教师专业工作的出发点和落脚点，也是他们专业发展的重要切入点。在理论维度上，不仅需要学科专业理论、教育专业理论，更重要的是，要能够将学科理论和教育理论在教育情境中生成学科教学知识，从而指导职前教师和中小学教师的专业实践。

尽管我们很难为学科教学论教师描绘出一条清晰的专业发展路径图，但是，我们认为，理想的学科教学论教师专业发展路径应当涵盖以下几个关键环节：其一，本科阶段最好毕业于学科专业，如物理学、化学、生物学、文学、历史学等。这些本科专业可以是师范类的，也可以是非师范类的。本阶段的主要目的是获得学科专业的知识结构，形成学科专业的思维方式、专业理念和核心素养，获得在学科专业领域自主学习和终身学习的基础与能力。其二，有1～3年中小学全职从事学科教学的工作经历。通过将大学学习到的学科专业知识和教育教学知识应用到中小学教学实践，获得对课堂教学的直接认知和体验，从而建构起属于自己的教育哲学观。其三，接受特定学科教学论专业的硕士和博士研究生教育经历。一般认为，学科教学论是学科专业和教学专业的合金。这种看法虽然也不错，但是从根本上否定了"学科教学"专业的独立性。本阶段的教育是要将学科教学作为一个独立的专业来实施，它不是学科专业，不是教学专业，也不是对二者的简单拼凑。通过本阶段的教育，形成受教育者的学科教学专业理想、专业伦理、专业知识和专业能力，从而成为一名合格的学科教学论教师。其四，建立学科教学论教师定期深入到中小学课堂教学实践的长效机制。教师教育是面向基础教育的，学科教学论教师的专业责任是培养职前和在职中小学教师的学科教学知识、能力与智慧，其专业发展离不开与中小学之间持续的合作。否则，脱离中小学实践便是对学科教学论教师专业身份的根本消解。

总之，学科教学论教师应该有一条相对稳定的专业发展路径，这条发展路径或许应该有一个清晰的起点但没有明确的终点。学科教学论教师的专业发展持续其整个职业生涯，其专业身份不能任意受到学科专业教师或者中小学教师的僭越，需要得到制度方面的保障。

三、学科教学论教师专业发展的基本方式

专业身份的认同与建构是一个动态的过程。只有持续的专业发展，学科教

学论教师才能建构起具有主体间性的专业身份，从而得到自身和他者的一致认同。正是在这个意义上，专业发展是专业工作者职业生涯中的永恒主题，学科教学论教师当然也不能例外。问题的关键是，应该如何发展？即发展方式问题，我们认为如下 3 种方式应当受到重点关注。

一是自我研究。专业人员是在某个专业领域中具有较高造诣的专家，自身是其专业发展的能动主体。学科教学论教师专业发展最重要的方式是自主发展，就是通过对自我专业行为的深入探究来促进自我专业发展。这种自主发展的方式也可以概括为"自我研究"（self-study）。"自我研究"是"一个描述教学和研究关系的语词，是为了更好地理解有关教学的'教'和'学'的问题而进行的探究过程"（Loughran，2005）。它的提出主要是针对教师教育者的专业发展，其以 1993 年由教师教育者发起的"教师教育实践自我研究特殊兴趣组织"成立为显著标志。教师教育领域中的"自我研究"就是指"在教师教育中，教师教育者为了有效地指导教师教学，检验教学行为对教学期望的符合性，重新回到课堂中，通过与同事或其他合作者的合作，采用反思、自传、教学叙事等形式，边实践边研究，解决教学问题，积累教学经验，获得教学新知的过程"（刘静焱，2009）。自我研究是包括学科教学论教师在内的教师教育者促进其自主专业发展的重要方式之一。

二是伙伴关系。交往与对话是教育教学活动的本质特征。学科教学论教师的专业发展正是建立在与不同主体之间交往与对话的基础之上，这些主体包括学科专业教师、职前教师、中小学在职教师，以及其他学科教学论教师。即使"物理学也是一种社会践行"（华勒斯坦，沙姆韦，梅瑟-达维多，等，1999），那么，专业、学科、教育、教学、学习等，还有哪个领域不是社会践行呢？学科教学论教师的专业发展及其专业身份表征都是一种独特的社会践行。在社会践行的过程中，总离不开不同主体在社会过程中的积极参与。学科教学论的专业身份建构不是个别主体的"孤芳自赏"，而是需要投入到社会互动过程之中。但是，与其他相关主体的社会互动离不开学科教学论教师自身的理性自觉和主观能动性，它需要主体自身主动将自己抛入到社会过程之中与其他主体形成良性互动。

三是组织支持。这主要是指学科教学论教师所归属的组织机构有计划、有目的地组织相关资源，对学科教学论教师的专业发展提供支持的发展方式。就现有的情况来看，对中小学教师专业发展的组织支持力度较大，包括各种形式的"国培""省培"项目。但是，对培养中小学教师的学科教学论教师的专业发展的组织关注却不够。有调查结论表明，从来没有参加过职后培训的学科教学论教师的比例竟达到 78.57%（余彭娜，罗元辉，孙敏，等，2010）。对学科教学论教师专业发展的轻视存在一个潜在的预设：学科教学论教师已经具有完全的专业胜任力，或者学科教学论教师是一个完全能够自主专业发展的主体。无论从哪个角度来审视，这样的预设都必定是经不起推敲的。因此，教师教育机构应该高度重视学科教学论教师的专业发展，并为其专业发展提供有力的专业支持。

第四节
通过反思性实践建构教师教育者身份

学科教学论教师所从事的学科教学研究成果与课堂教学实践应当是零距离的，它面向中小学课堂教学实践，并在参与中小学课堂教学实践的过程中生成。传统上认为大学与中小学校之间遥不可及的鸿沟需要架起彼此沟通的桥梁。学科教学论教师需要出现在大学课堂和中小学课堂这两个"现场"，在与职前教师、在职中小学教师和儿童的互动过程中反思性地理解如何促进中小学教师的专业发展和儿童的成长。

一、培育大学和中小学两个专业实践现场

通过实践为社会提供具有重要价值的服务是专业工作者的核心使命，实践是专业工作者的基本存在方式。专业身份就是专业工作者在专业实践过程中形成的，表征其在专业共同体中所处坐标的自我特征的表意符号。学科教学论教师的专业身份也只能在实践过程中，通过与专业工作的对象、伙伴及其他利益相关者的互动得到建构和确立。从广义的角度来理解，理论建构也是一种实践，比如，哲学家的思维过程。但是，我们这里所理解的实践侧重于在理论的指导下对客观现实世界的作用。

大学课堂是学科教学论教师专业实践的第一个现场。与其他大学教师一样，学科教学论教师是活动在大学中的学术人，他们通过与大学生的实践互动来完成其存在的使命。原本所有的学校都是为了培养人而存在的，教学几乎是学校唯一的实践活动，但是，随着时代的发展，学校被社会所赋予的功能越来越多。尤其是在高等院校，除传统的人才培养之外，还有科学研究、服务社会、文化

传承创新的功能。胡锦涛同志在庆祝清华大学建校 100 周年大会上的讲话中指出："不断提高质量，是高等教育的生命线，必须始终贯穿高等学校人才培养、科学研究、社会服务、文化传承创新各项工作之中。"①大学教师的专业实践方式也就日益多元化。应该说，每一位大学教师都承担着人才培养、科学研究、服务社会和文化传承创新的职责，但是，就具体的某大学教师而言，其专业责任的侧重应当有所不同。学科教学论教师最核心的专业实践方式就是学科教学论的教学，通过学科教学论课程教学实践来培养职前教师和在职教师的学科教学知识、能力与智慧。当然，在这个过程中，同样需要研究，但其研究的对象不是学科专业的研究对象，而是学科专业知识如何有效教学的问题。因此，学科教学论教师的专业实践应当是发生在大学的课堂，而不是实验室和研究所。

中小学课堂是学科教学论教师专业实践的第二个现场。随着教师教育大学化改革的不断深入，教师职前教育和在职培训逐步一体化，共同纳入到教师专业发展的整体过程之中。学科教学论教师不仅对职前教师的专业发展奠基，而且要为在职教师的专业发展提供持续的智力支持。这对于长期偏安于"象牙塔"之中的学科教学论教师而言，是一个严峻的现实挑战。在传统师范教育时代，中小学教师资源紧缺，很少有人会追问师范院校的教师培养质量。但时过境迁，当前的教育改革发展到以质量为中心的时期。中小学教育质量高低的关键不在于教师是否拥有足够的学科专业知识，而在于教师是否有充分胜任的学科教学知识、能力与智慧。学科教学论教师要承担起这一重任，就必须完全摆脱大学学科专业的学术发展逻辑，走进中小学校、走进中小学课堂，与中小学教师、中小学生、职前教师在生动的中小学课堂教学过程中互动、对话与生成。否则，很难想象一个不理解中小学课堂的学科教学论教师如何能够培养出胜任中小学课程教学任务的教师。

二、完善两个实践现场间转换的系统机制

大学课堂和中小学课堂是学科教学论教师建构专业身份的两个重要实践现场。大学课堂是学科教学论教师最为熟悉的专业实践现场，而中小学课堂则相对疏远得多。调查结果表明，初次就业单位为中小学校的学科教学论教师占 36.14%，55.42%的学科教学论教师初次就业单位为师范类高等院校，如表 8-2

---

① 新华网.2011.http://news.xinhuanet.com/politics/2011−04/24/c_121341791.htm[2016-09-12].

所示。43.40%的学科教学论教师没有过一年以上中小学全职教学工作经历，8.40%的学科教学论教师几乎不去或没有去过中小学校。

表 8-2　学科教学论教师初次就业单位的分布情况

项目	频数（人）	百分比（%）	累积百分比（%）
中小学	30	36.14	36.14
职业教育或培训机构	2	2.42	38.55
非师范高等院校	3	3.61	42.17
师范类高等院校	46	55.42	97.59
非教育行业	2	2.41	100.00

　　从调查结果可以看出，学科教学论教师与中小学校之间的联系还不够紧密。如果学科教学论教师没有中小学教育教学工作经历，在担任学科教学论工作后又很少去中小学校，那么，学科教学论教师对中小学课堂教学的理解一般就只能基于曾经自己就读中小学时留下的"前见"。这种相隔甚远的"前见"能够对当下的中小学课堂教学产生多大的指导作用呢？这当然值得怀疑。建构学科教学论教师专业身份的当务之急，是建立健全学科教学论教师在两个实践现场转换的系统机制。

　　首先，学科教学论教师要充分认识到走进中小学课堂、理解中小学课堂教学对自身专业发展的重要意义。中小学课堂是学科教学论教师专业发展的"土壤"，在中小学课堂蕴藏着学科教学论教师专业发展的根本。离开中小学课堂的传统"学术"思维，只会消解学科教学论教师的专业身份。中小学课堂是生长着的，这缘于国家教育改革是持续推进的，而且中小学生的素质结构是不断发展的。用十年前形成的对中小学课堂的观念去解释当前中小学课堂上发生的事件，其结果必然存在较大的偏差。因此，学科教学论教师要把自己定位于活动在大学与中小学之间的"中间人"，而不是偏安于大学"象牙塔"中的所谓"学者""大师"。

　　其次，大学应当为学科教学论教师走进中小学课堂提供支持条件。学科教学论教师深入到中小学课堂教学现场，必然会占去大量的时间和精力，而难以有充分的条件像其他学科专业教师那样在实验室、研究所进行科学研究。如果按照同样的考核标准去考量学科专业教师和学科教学论教师，况且现行学术取向的考核标准主要是有利于学科专业教师，那么，学科教学论教师必定在岗位考核中处于不利地位。基于"经济人"的人性特点，谁都会对自己的决策作出利弊权衡，从而表现为趋利避害。在调查中，不少学科教学论教师反映，他们深入中小学课堂耗费了大量的时间和精力，却往往又得不到管理者的认可，远远不如学科专业教师的一篇论文更有价值。如此一来，学科教学论教师深入中小学课堂教学现场的积极性大大受挫。因此，大学管理层应该遵循教育管理工作的客观规律，充分考虑到学科教学论教师专业实践的特殊性，而不能搞"一刀切"这种看似公平实则不公平的管理方式。

最后，地方教育行政部门、中小学校管理者应当为中小学教师与学科教学论教师之间的深度合作提供支持条件。在当前国家事业单位管理体制中，大学与中小学是各自独立的社会组织，不同的文化生态、不同的"单位人"身份使彼此之间的合作变得困难。实际上，中小学教师的专业发展是离不开学科教学论教师的专业支持的。诚然，中小学教师具有丰富的中小学课堂教学经验，但是，在丰富的实践经验背后所缺失的正是学科教学论教师所富有的理论思维。根据职业生涯的发展规律，中小学教师随着教龄的增长，教学方式日益模式化，职业倦怠特征越发明显。中小学教师专业发展的生命力需要学科教学论教师理论素养的滋润。正因为如此，国家教育行政部门提出了"国培"和"省培"等教师培训计划。这些培训计划是中小学教师专业发展所需要的，但目前的培训主要是各地的中小学教师集中到大学中进行。从培训的实效性上讲，一个远离现场的培训究竟能够产生多大的实效性还值得探讨。如果地方教育行政部门、中小学校管理者能够为中小学教师与学科教学论教师之间的深度合作提供支持条件，形成中小学教师专业发展和学科教学论教师专业发展的合作共同体，那么，中小学课堂教学改进的效果必然会大大提高。

三、在专业发展共同体中培养反思性品质

将"实践"理解为"技艺性的、操作性的行动方式"，是基于技术理性的范式对"实践"这一概念的最大误读。"技术理性把科学和技术置于重要位置，把科学理论作为专业知识的源泉，把专业实践视为一种应用科学和技术解决问题的过程。"（周钩，2005）对于专业工作者而言，"实践"意味着理论思维与客观存在之间的相互建构。专业工作者在运用理论思维改造客观世界的同时，也在建构自身的主观世界。实践的这种相互建构的特征，决定了实践者应当是反思性的实践者。舍恩将反思定义为，当人们对某种行动存有疑惑、问题或感兴趣时，人们就会提出问题，然后在行动中或行动后思考并解决这些问题，从而能更深刻地理解这种行动。只有通过持续的反思，专业工作者的专业行为在现实世界中产生的效果才能得到持续的改进，其自身的专业发展也才能成为现实。

中小学教师是专业工作者，培养中小学教师的学科教学论教师也是专业工作者，二者的专业发展都离不开反思性品质，而反思性品质只会在专业实践过

程中才能产生。学科教学论教师肩负着培养反思性实践者的专业责任，其自身首先应当成为反思性实践者。杜威将反思的过程分为6个阶段：①暗示，并寻找可能的解决方法；②智性化，即界定问题；③假设，即形成推测；④推理，对假设进行推敲；⑤验证，即通过行动对假设进行检验并得出恰当的结论。舍恩提出的反思性实践、"行动中的知识"（knowing in action）、"行动中反思"（reflection in action）、"对行动的反思"（reflection on action）等概念，更生动地表达了反思与实践二者之间密不可分的关系。基础教育改革与发展的现实呼唤反思性教师，学科教学论教师与中小学的职前教师、在职教师构成了专业发展共同体的伙伴关系。任何一个共同体成员的反思性实践品质的养成都离不开与其他成员之间的合作。因此，不但要培养学科教学论教师自身的反思性实践品质，更要在专业发展共同体中培育反思性实践文化，最终让学科教学论教师成为真正的反思性实践者。

为促进学科教学论教师反思性品质的生成，我们建议：①做好反思日记。写反思日记是一种促进自我反思的重要方式，通过对自己每天的专业行为进行回顾、总结与提炼，学科教学论教师能够对专业自我进行一番理性的审视，进而获得专业发展。②加强理论素养。反思不等于回忆，而是要通过对情节的回顾来发现问题、分析问题和解决问题，这无疑需要研究问题的视角，从而要求学科教学论教师通过阅读、进修等方式来不断提高理论素养。③重视与伙伴分享。反思不能仅仅依赖于个体的理智活动，它非常需要个体在共同体中将自我专业实践与经验分享给其他成员，分享的过程就是反思的过程，同时能够有效地促进个体反思性品质的形成。④反思与改进结合。无论我们多么强调反思的重要性，但实际上，反思本身不是目的，而是为了改进。学科教学论教师的专业反思同样是为了专业成长。只有紧紧抓住这一核心，才能避免受到种种细节或形式的羁绊。

第五节
强化学科教学论教师的专业责任践行

教育是一项伦理性的事业，责任是其核心内容，这也是教师工作区别于普通职业的一个典型特征。学科教学论教师是以培养中小学教师学科教学知识、能力和智慧为使命的教师教育者。对学科教学论教师践行这一专业责任的监督不仅需要基于主体的道德自律，也需要组织机构的制度规约和各利益相关者的综合评价。

一、学科教学论教师专业责任的表征与认同

专业责任是区分不同专业工作者的首要标志之一。专业责任不明确往往造成专业工作者身份认同模糊和不同专业工作者之间的身份认同混淆。在承担教师教育任务的高等院校，既有学科教学论教师，也有学科专业教师和教育学专业教师（含心理学专业教师）。这三者都有可能扮演教师教育者的角色，但是各自的专业责任是不同的。从专业工作对象来看，学科教学论教师作为教师教育者承担的专业责任，是帮助职前教师和在职教师提高学科教学知识和能力。调查表明，34.30%的中小学教师、80.40%的职前教师、65.20%的学科专业教师和72.30%的学科教学论教师都比较赞成或非常赞成学科教学论教师应当承担着发展教师学科教学知识和能力的责任，如表8-3所示。

表8-3　4类主体对"学科教学论教师应当通过发展中小学职前教师和在职教师的学科教学知识和能力履行其专业责任"的回答情况　单位：%

调查对象	非常不赞成	比较不赞成	不确定	比较赞成	非常赞成
学科教学论教师	0	7.20	20.50	45.80	26.50
学科专业教师	0	13.90	20.90	65.20	0
职前教师	1.70	2.70	15.30	51.20	29.20
中小学教师	5.20	28.30	32.30	28.70	5.60

学科教学论教师是教师教育者，同时也是活动在大学中的学术人。与中小学实习指导教师这类教师教育者相比，学科教学论教师的最大特点在于对中小学教师和职前教师的学术引领。学科教学论教师不只是培养教师的学科教学知识与能力，而且要通过学术熏陶来培养教师的学科教学智慧。因此，可以将学科教学论教师的专业责任表述为：在教学实践过程中，培养职前教师和在职教师的学科教学知识、能力和智慧，进而改进中小学课堂教学质量。这一专业责任是其他教师教育者所不能承担的，是学科教学论教师专业身份的特殊规定。调查结果表明，82.00%的学科教学论教师和66.10%的职前教师比较赞成或非常赞成学科教学论教师较好地履行了专业责任，但其他主体，尤其是中小学教师和学科专业教师并没有高度认同。这说明，学科教学论教师履行专业责任的实际情况还并不尽如人意。强化学科教学论教师对其专业责任的认同并落实到专

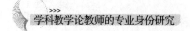

业行动中去，是教师教育改革的形势所需。

二、学科教学论教师专业责任的双重规约

不同主体对学科教学论教师应当肩负的专业责任的内容具有比较一致的高认同水平，但是，对其实际的履职情况表现出较大的认同差异，尤其是较大比例的学科专业教师和中小学教师并不赞成学科教学论教师较好地履行了专业责任。这说明，学科教学论教师的实际履职情况并没有得到普遍的高度认同。这也就是伦理道德领域普遍存在的从"知道"到"做到"的实践问题。

其一，强化学科教学论教师履行其专业责任的道德规约。人类社会的实践普遍具有伦理的意义，教育更是一项伦理性实践。正如菲利普·W. 杰克森（P. W. Jackson）（2012）所说："教育从根本上说是一项道德事业，其目标是对人类产生有益的变化，不仅仅是在人们知道的和可以做的事情上，而且更重要的是，会完善人们未来的性格和个性。另外，这一过程的受益者不仅仅是受教育的个人，而且还有整个社会。最终，整个世界都能从这项事业中受益。"学科教学论教师作为教师教育者，其专业实践的伦理价值不仅仅在于对其直接工作对象的影响，还会影响到其工作对象（职前教师和在职教师）的工作对象（即中小学生）。在这样一项以"人的发展"为中心的专业工作中，专业工作者的道德自律是首要的，因为制度也具有其内在难以超越的局限性。在教育者的道德范畴体系中，专业责任是核心，甚至可以说其他种种道德规范都是从专业责任中演化出来的。以专业责任为核心建构学科教学论教师的专业道德体系，是强化其专业认同的根本。因此，需要强化学科教学论教师专业责任的伦理道德规约。

其二，强化学科教学论教师履行其专业责任的制度规约。仅仅是伦理道德的柔性约束还是不够的，因为面对复杂的人性，人的行为机制也是非常复杂、非稳定的。制度是人类社会发展的动力源泉，是社会行动参与者的重要激励机制。它以一种刚性的约束力对社会行动的参与者产生规范作用。以制度为主体的行动设定了自由的边界，一方面缩小了自主专业行动的空间，另一方面降低了专业行动的风险。离开了制度规约，专业工作者对其应当履行的专业责任的认知和行动就会迷茫乃至失范。尽管要提倡专业工作者的道德自律，但将其专业责任的履行完全寄托在个体的自我约束上也是不可靠的。总体上看，道德规约是内生的、柔性的，制度规约是外在的、刚性的，只有将两者相互配合才能在实践中产生更大的效应。

三、学科教学论教师专业责任的问责机制

《国家中长期教育改革和发展规划纲要（2010—2020）》提出要"完善督导制度和监督问责机制"。教育问责的实质是对教育工作者履行工作职责的绩效评价，是对学科教学论教师阶段性履职情况的总结，更是对未来专业发展的有力指导。要促进学科教学论教师充分地履行专业责任，需要把握好以下几个方面。

其一，明晰专业责任。既然要"问"责，那么，首要的是明确责任主体肩负着什么样的责任。责任若不明，"责"便无从"问"起。虽然从总体上讲学科教学论教师肩负着培养教师学科教学知识、能力与智慧的专业责任，但这一笼统性的概括并不具有较强的可操作性。在实际评价过程中，需要将学科教学论教师的总体专业责任分维度和指标具体细化。更重要的是，要将细化后的评价标准纳入其岗位职责、职称评定条件和岗位聘用合同中去。目前，人事管理中按照助教、讲师、副教授、教授不同职称"一刀切"的方式，难以体现学科教学论教师专业工作的特殊性。按照现行的"统一"评价标准，学科教学论教师往往处于不利地位，违背了人事管理的激励原则。

其二，注重权责匹配。无论是管理过程还是教学过程，都必然要求责任主体具有一定的资源控制能力，即权力。没有权力，责任无法履行；权力过大，也会适得其反。学科教学论教师的专业责任还需要与专业权力相匹配。仅有若干责任却无相应权力及其资源与之配合，责任便无法履行进而沦为空话。教师教育机构不但要明确学科教学论教师的专业责任，更要为他们提供履行专业责任的资源条件，以及履职之后应当得到的物质和精神回报。这些需要在岗位职责、职称评定、晋级加薪等方面得到全方位的贯彻与实施。

其三，强化责任承诺。在社会主义市场经济条件下，各行各业都在运用承诺制度（commitment），它是介于法律与道德之间、有效调节社会关系的重要机制。从形式上看，承诺是行为主体对主动或被动要求去完成的某项任务作出有关完成程度的口头或书面表达，即许下诺言的行为。作为一种社会制度，承诺或承诺制度的实质是由表达承诺、履行承诺、兑现承诺诸环节构成的一个完整的社会运行机制，是一个循环往复、螺旋式上升的过程。对于专业工作者而言，专业责任的承诺既是自我约束与激励的准则，也是外在评价与考核的基本依据。既然是作出了承诺，那么，就意味着承诺人对专业责任的认可和无条件的履行义务。如果承诺人没有恰当地履行专业责任，那么，承诺人理应受到道德和制度的双重规约。

其四，重视履职证据。一般将 accountability 翻译为"问责"或"问责制"，该术语在英文中本身就含有"报告""陈述""解释"或"说明"之意。问责就是通过对学科教学论教师的专业行为进行解释与说明，由问责主体对过程进行诊断、评价及提出改进建议，从而达到持续改进的目的。没有对责任履行情况的全面考察，问责就失去了基本依据，也就没有了任何意义。然而，对责任履行情况的考察不应仅仅停留在书面汇报材料或各种有计划的汇报会议，而是要掌握责任履行情况的相关证据，让证据"说话"应当是问责的基本原则。因此，在学科教学论教师的专业责任中，应当明确包含收集专业行为证据的责任，以增强问责的针对性和有效性。

其五，完善多元评价。学科教学论教师应当是反思性实践者，是对自我专业行为效能的重要评价主体。通过自我叙事、自我反思、自我评价，能够更有效地推动自我改进。校内外学科教学领域同行对学科教学论教师履行专业责任情况作出的客观评价，往往对他们的专业发展具有重要的价值。学科专业教师、职前教师、中小学教师是学科教学论教师专业发展过程中相当重要的合作伙伴，从他们的立场对学科教学论教师专业责任的评价能够增强评价的完整性。学校行政管理主体在综合自我评价、专业评价、伙伴评价结果的基础上进行综合性评价，并形成最终结论。这构成了教师教育机构对学科教学论教师进行行政管理的重要依据。学科教学论教师运用评价结论指导自身专业发展的持续改进，以更好地完成自身肩负的专业责任。

我们认为，提高学科教学论的学术地位、建立专门组织机构、健全专业发展体系、完善反思性实践机制、强化专业责任践行，是建构学科教学论教师专业身份的 5 个重要维度，但绝对不仅仅局限于这五个方面。学科教学论教师专业身份认同与建构是一个系统性的努力过程、持续性的发展过程。只有通过不断地促进学科教学论教师的专业身份认同与建构，激励他们发展成为一支专业的教师教育者队伍，为中小学职前和在职教师提供持续性的专业发展支持，基础教育质量提升才能获得坚实的基础和可靠的保障。

参 考 文 献

阿尔弗雷德·格罗塞.2010.身份认同的困境.王鲲译.北京：社会科学文献出版社：4，6，12，34，47.

阿伦森，威尔逊，埃克特.2007.社会心理学.侯玉波，罗丽莹，张梦等译.北京：中国轻工业出版社：110-111.

埃里克森.1998.同一性：青少年与危机.孙名之译.杭州：浙江教育出版社：2.

安东尼·吉登斯.1998.现代性与自我认同.赵旭东，方文译.北京：生活·读书·新知三联书店：9，17，20，274.

安岩，姬璐璐.2010.美国高等教育问责制度探究.河北师范大学学报（教育科学版），（10）：45-49.

奥利弗·E.威廉姆森.2002.资本主义经济制度.段毅才，王伟译.北京：商务印书馆：31.

贝克，邓正来，沈国麟.2010.风险社会与中国——与德国社会学家乌尔里希·贝克的对话.社会学研究，（5）：208.

波普尔.1987.客观知识.舒炜光，卓如飞，周柏乔等译.上海：上海译文出版社：124.

波普尔.2003.猜想与反驳：科学知识的增长.傅季重，纪树立，周昌忠等译.杭州：中国美术学院出版社：277.

博耶.2003.关于美国教育改革的演讲.涂艳国，方彤译.北京：教育科学出版社：78.

陈兵.2010.中国教师资格制度研究.课程·教材·教法，（7）:87.

陈晞.2009.关于"教育家办学"的思考.上海教育科研，（2）：20-23.

陈锡坚.2011.学术性视野中大学教师专业发展的逻辑.教育研究，（8）：81-84.

陈向明.2008.教师资格制度的反思与重构.教育发展研究，（15—16）:42-45.

陈向明.2009.教师实践性知识研究的知识论基础.教育学报，（4）：47-56.

程继隆.1995.社会学大辞典.北京：中国人事出版社：515.

迟景明，张弛.2012.大学组织特性及其对学术组织创新的价值导向.现代教育管理，（6）：1-5.

丛小平.2014.师范学校与中国的现代化：民族国家的形成与社会转型：1987—1937.北京：商务印书馆：29.

崔允漷.2013.追问"学生学会了什么"——兼论三维目标.教育研究，（7）：98-104.

德里克·希特.2007.何谓公民身份.郭忠华译.长春：吉林出版集团有限责任公司：178.

邓惠明.2011.教师教育者的教学实践示范探析.当代教师教育，（2）：26-29.

底特·本巴赫尔.2005.责任的哲学基础.齐鲁学刊，（4）：127-133.

刁彩霞，孙冬梅.2011.大学教师身份的三重标识.现代大学教育，（5）：22-26.

董立平，周水庭.2011.学术人：高等教育管理的人性基础.江苏高教，（2）：15-18.

杜学元，郭明蓉，吴吉惠.2005.戴续威教育论著选.成都：四川大学出版社：88.

樊平军.2007.论大学学科文化的知识基础.江苏高教,（6）: 13-15.

弗洛伊德.2011.自我与本我.林尘,张唤民,陈伟奇译.上海: 上海译文出版社: 214, 251.

甘剑梅.2003.教师应该是道德家吗.教育研究与实验,（3）: 25-30.

高汝伟.2005.学习者建构者引领者——谈新课程视野下的学科教学论教师角色定位.江汉大学学报（社会科学版）,（1）: 84-88.

高晓清.2009.从经验性实践到专业性实践——从教师教育的发展历程比较看教师的实践性特点.教育研究,（2）: 72-74.

谷建春.2008.新时期大学组织特性研究.学术界,（3）: 181-185.

顾钧,顾俊.2014.学校主导: 英国中小学教师职前培训的实践及启示.当代教育科学,（13）: 34-37.

顾明远.1990.教育大词典.上海: 上海教育出版社: 390.

顾明远.1991.教育大辞典（第三卷）.上海: 上海教育出版社: 26.

顾明远.2006.我国教师教育改革的反思.教师教育研究,（6）: 3-6.

顾明远.2011.让懂得教育的教育家办学.现代远程教育研究,（4）: 3-7

广东、广西、湖南、河南辞源修订组.1988.辞源（修订本）.北京: 商务印书馆: 473, 1637.

韩继伟,黄毅英,马云鹏等.2011.初中教师的教师知识研究: 基于东北省会城市数学教师的调查.教育研究,（4）: 91-95.

韩小雨,庞丽娟.2010.我国义务教育教师的国家教育公务员法律身份及其保障制度.教育学报,（2）: 82-89.

郝德永.2002.教育学面临的困境与思考.高等教育研究,（7）: 23-27.

郝淑华.2007.现阶段我国教师法律身份界定与权利保护研究.辽宁教育研究,（2）: 40-45.

赫舍尔.2007.人是谁.隗仁莲,安希孟译.贵阳: 贵州人民出版社: 43.

洪明.2010.美国教师质量保障体系历史演进研究.北京: 北京师范大学出版社: 6-9, 12.

侯小兵.2012.国家教师教育课程标准的实施问题.继续教育研究,（10）: 81-84.

侯小兵.2013.学校-大学-联盟: 教师教育机构转型的基本轨迹.中国高教研究,（7）: 71-76.

侯小兵.2014a.教师教育专业化视阈下的院校组织变革.宁波大学学报（教育科学版）,（2）: 53-57.

侯小兵.2014b.师范院校办学定位的教师教育特色探析.黑龙江高教研究,（5）: 12-16.

侯小兵.2015a.理解与行动: 高等教育质量建设研究.成都: 四川人民出版社,307.

侯小兵.2015b.我学会当教师了吗——本科师范专业毕业生对教师教育有效性的反思.当代教师教育,（3）: 40-46.

侯小兵,张继华.2013.师范院校缘何要成立教师教育学院.当代教师教育,（2）: 22-27.

侯小兵,张继华.2015.新建地方本科师范院校教师教育特色评价的实证研究.教师教育学报,（4）: 117-124.

侯小兵,张学敏.2012.教师专业发展模型及其实践价值.当代教师教育,（1）: 22-27.

胡春光.2012.大学学科的"学术部落化"及知识危机.教育评论,（2）: 90.

胡美云.2009.教师专业身份认同: 彰显教师"个体自我"生命力.现代教育科学,（2）: 37-38.

胡平仁.2004.对平等与身份的法社会学分析.湘潭大学学报（哲学社会科学版）,（5）: 22-25.

胡森,波斯尔,斯弗特.2006.教育大百科全书（第8卷）.张斌贤等译.重庆: 西南师范大学出版社,海口: 海南出版社: 501.

胡艳,邹学红.2010.美国教师专业发展学校标准评析.教师教育研究,（3）: 76-80.

华勒斯坦,沙姆韦,梅瑟-达维多等.1999.学科·知识·权力.刘健芝等译.北京:生活·读书·新知三联书店:34,43,79.

黄崴.2003.教师教育体制:国际比较研究.广州:广东高等教育出版社:27.

霍恩比.2002.牛津英汉双解词典:增补本.第4版.李北达译.北京:商务印书馆:734.

基思·福克斯.2009.公民身份.郭忠华译.长春:吉林出版集团有限责任公司:6,11,59,95.

贾继娥,高莉,褚宏启.2012.构建以质量为本的教育问责制度体系.中国教育学刊,(3):21-24.

蒋霞.2009.高师学科教学论教学的现状与改革.教育探索,(8):31-32.

蒋玉,刘绛华.2011.从组织伦理能力到国家软实力——组织化社会中的国家软实力之核心问题探究.求实,(8):57-60.

教育部师范教育司.2003.教师专业化的理论与实践.北京:人民教育出版社:37,38,44.

教育管理辞典编委会.2005.教育管理辞典.海口:海南出版社:470.

杰克森.2012.什么是教育.吴春雷,马林梅译.合肥:安徽人民出版社:154.

鞠玉翠,陆有铨.2004.教师教育有效性透视——默会知识的视角.济南教育学院学报,(4):20-24.

卡西尔.2009.人论.李琛译.北京:光明日报出版社:24-25.

康翠萍,黄瞳山.2012.现代大学管理制度取向研究——基于大学组织特性及人性的思考.教育研究,(5):59-63.

康德.2005.道德形而上学原理.苗力田译.上海:上海人民出版社:16,71.

康洁,熊和平.2005.教师:道德身份与道德教育.高教探索,(5):69-71.

康晓伟.2012.教师教育者:内涵、身份认同及其角色研究.教师教育研究,(1):13-17.

克拉克.2001.高等教育新论:多学科的研究.王承绪,徐辉,郑继伟等译.杭州:浙江教育出版社:107,108,110,113.

李放放,蒋柯.2010.国外高等教育教师教育者职业资质研究述评.武汉理工大学学报(社会科学版),(6):913-917.

李桂荣.2006.大学组织变革成本分析.教育研究,(2):33-40.

李红亚.2010.论服务型教师教育者.教学与管理,(11):31-32.

李立国.2006.大学组织特性与大学竞争特点探析.高等教育研究,(11):38-43.

李玲,邓晓君 2010.荷兰教师教育工作者专业标准研究.西南大学学报(社会科学版),(1):67-70.

李茂森.2008.教师专业身份认同的理性思考.教育学术研究,(7):64-66.

李茂森.2009.论专业身份认同在教师研究中的价值.上海教育科研,(9):33-36.

李清雁,易连云.2009.身份认同视域下的教师道德发展.高等教育研究,(10):69-73.

李琼.2009.教师专业发展的知识基础.北京:北京师范大学出版社:83,98,105.

李树峰.2006.教育问责制:美国的经验及启示.外国教育研究,(4):67-71.

李学农.2003.师范辨.上海教育科研,(1):12-14.

李学农.2007.论我国教师教育机构改革的路径选择.黑龙江高教研究,(9):103-105.

李学农.2008.论教师教育者.当代教师教育,(1):47-50.

李学农.2012.论教师教育者的专业发展.教育发展研究,(12):53-57.

李友芝等.1984.中国近现代师范教育史资料(第一卷).内部资料:130.

李志厚.2013.为师之道与为师之术——兼论教师专业发展对教学质量的影响.教育理论与实践,(7):33-37.

李子江,张斌贤.2008.我国教师资格制度建设:问题与对策.教育研究,（10）:43-46.

栗洪武.2009."教师教育"不能取代"师范教育".教育研究,（5）:68-72.

林丹.2007.学科性质、学科体系抑或学科功能?——理性审思教育学学科地位的独立原点.教育学报,（6）:16-21.

琳达·坎贝尔,布鲁斯·坎贝尔,狄瑾逊.2001.多元智能教与学的策略.王成全译.北京:中国轻工业出版社:4.

琳达·达林-哈蒙德.2006.美国教师专业发展学校.王晓华,向于峰,钱丽欣译.北京:中国轻工业出版社:序.

刘恩允.2010.教师教育学院:师范院校创新教师教育模式的策略构想.临沂师范学院学报,（1）:13-16.

刘捷.2002.专业化:挑战21世纪的教师.北京:教育科学出版社:65,80.

刘捷,谢维和.2002.栅栏内外:中国高等师范教育百年省思.北京:北京师范大学出版社:64.

刘静.2009.20世纪美国教师教育思想的历史分析.北京:北京师范大学出版社:44-45,172,280-284.

刘静焱.2009."自我研究"——教师教育者的发展方式研究.长春:东北师范大学硕士学位论文:4.

刘万海.2010.教学质量问责:有效教学研究的重要课题.全球教育展望,（11）:14-18.

刘文.2007.身体、自我与社会.学术界,（4）:140-144.

刘义兵,郑志辉.2010.学科教学知识再探三题.课程·教材·教法,（4）:96-100.

刘正伟.2005.论学科教学论的范式转换.教育研究,（3）:58-62.

卢乃桂,王夫艳.2009a.教育变革中的教师专业身份及其建构.比较教育研究,（12）:20-23.

卢乃桂,王夫艳.2009b.当代中国教师教育改革与教师专业身份之重建.教育研究,（4）:55-60.

卢晓东,陈孝戴.2002.高等学校"专业"内涵研究.教育研究,（7）:47-52.

陆根书,黎万红,张巧艳等.2010.大学教师的学术工作:类型、特征及影响因素分析.复旦教育论坛,（8）:38-44.

陆国志.2006.高师学科教学论中"教学论"的弱化及扭转对策.课程·教材·教法,（6）:77-81.

陆国志,杨兆海.2010.高师学科教学论课程体系及教学模式改革研究.现代教育科学,（1）:66-68.

陆学艺.1996.社会学.北京:知识出版社:175.

罗安宪.2005.为师有为师之道.中州学刊,（3）:154-156.

罗纳德·科斯.2008.企业的性质.见:奥利弗·威廉姆森,斯科特·马斯滕.交易成本经济学——经典名篇选读.李自杰,蔡铭等译.北京:人民出版社:8.

吕立志.2011.崇尚学术:中国大学文化建设内在之魂.高等教育研究,（1）:14-18.

吕立杰,刘静炎.2010.在理论与实践之间教与学——西方国家教师教育者"自我研究"运动述评.全球教育展望,（5）:42-46.

马丁·布伯.1986.我与你.陈维纲译.北京:生活·读书·新知三联书店:24.

马尔库塞.2006.单向度的人.刘继译.上海:上海译文出版社:140.

马克思.2000.1844年经济学哲学手稿.北京:人民出版社:105-107.

马克思.2004.资本论第一卷.北京:人民出版社:406-407.

马克思,恩格斯.1972.马克思恩格斯选集（第1卷）.北京:人民出版社:18,25,68,84.

马克思,恩格斯.1979a.马克思恩格斯全集（第42卷）.北京:人民出版社:96.

马克思,恩格斯.1979b.马克思恩格斯全集（第46卷）.北京:人民出版社:196.

迈克尔·W.阿普尔，斯坦利·阿罗诺维茨，多洛雷斯·德尔加多·伯纳尔等.2008.被压迫者的声音.罗燕，钟南译.上海：华东师范大学出版社：99.

麦克米伦出版有限公司.2003.麦克米伦高阶英语词典.北京：外语教学与研究出版社：710，1125，1401.

蒙克.2011.维特根斯坦传：天才之为责任.王宇光译.杭州：浙江大学出版社：196-236.

米德.2005.心灵、自我与社会.赵月瑟译.上海：上海译文出版社：109，112， 153-155.

倪雪梅.2010.精通 SPSS 统计分析.北京：清华大学出版社：271.

聂海洋.2009.责任内涵的新阐释.东北师范大学学报（哲学社会科学版），（1）：52-55.

庞丽娟，齐强，刘亚男.2010.学科教学论教师的职业尴尬与发展契机.教育与职业，（26）：44-45.

裴娣娜.2005.现代教学论.北京：人民教育出版社：227.

普里戈金，斯唐热.2009.确定性的终结：时间、混沌与新自然法则.湛敏译.上海：上海科技教育出版社：5.

钱书法，李炳炎，崔向阳.2011.马克思社会分工制度理论研析：一个视角和两个维度.经济学，（6）：5-11.

钱志刚.2012.学术权力合法性危机与大学组织结构变革.教育发展研究，（13-14）：60-65.

乔治·拉伦.2005.意识形态与文化身份：现代性与第三世界的在场.戴从容译.上海：上海教育出版社：194.

秦立霞.2010.美国教师资格认证制度研究.北京：教育科学出版社：27-29.

曲铁华，冯苗.2009.基于学术特质的高校教师专业发展论.教育研究，（1）：60-63.

阮为文.2005.校长：作为教师教育者.教育科学研究，（7）：18-21.

萨特.2005.存在主义是一种人道主义.周煦良，汤永宽译.上海：上海译文出版社：6.

盛洪.1994.分工与交易——一个一般理论及其对中国非专业化问题的应用的分析.上海：上海三联书店，上海人民出版社：2.

石中英.2001.知识转型与教育改革.北京：教育科学出版社：5，9.

史晖.2009."我"将何去何从——高师院校学科教学论教师的生存困境.教师教育研究，（4）：18-21.

司林波，郑宏宇.2010.教育问责制的理论探讨.教育理论与实践，（7）：28-30.

孙杰远.2010.教育统计学.北京：高等教育出版社：263.

孙绵涛，康翠萍.2011.学术自由性与受控性的对立统一——学术自由大学本质观的重新审视.教育研究，（6）：52-59.

孙频捷.2010.身份认同研究浅析.前沿，（2）：68-70.

单中惠.2010.教师专业发展的国际比较.北京：教育科学出版社：12.

唐纳·A.舍恩.2007.反映的实践者：专业工作者如何在行动中思考.夏林清译.北京：教育科学出版社：23，33，44-49，53，232，234，246.

唐泽静，陈旭远.2010a."学科教学知识"研究的发展及其对职前教师教育的启示.外国教育研究，（10）：68-73.

唐泽静，陈旭远.2010b.学科教学知识中的教师专业发展.东北师范大学学报（哲学社会科学版），（5）：172-177.

陶家俊.2004.身份认同导论.外国文学，（2）：37–44.

田宝军，齐子玉.2013.教育行政问责的发展趋势与当前高校行政问责制度完善的对策.河北大学学报（哲学社会科学版），（5）：15–19.

涂尔干.2000.社会分工论.渠东译.北京：生活·读书·新知三联书店：18-20.

屠莉娅.2010.新课程改革为教师专业身份的确立提供了契机.中国社会科学报，2010年3月4日，第9版.

王道俊，王汉澜.1999.教育学：新编本.北京：人民教育出版社：244.

王夫艳.2012.教育问责背景下教师的专业责任观.全球教育展望，（3）：46-50.

王健.2009.我国教师教育学的逻辑起点研究及学科体系构建.上海：华东师范大学博士学位论文：31.

王军.2015.论教学专业的理论解释——基于"专业主义"视角.教师教育研究，（6）：8-13.

王克勤，马建峰.2004.关于高师院校"学科教学论"发展的若干思考.教育研究，（2）：43-47.

王璐.2011.祛魅与救赎：教师身份的返魅.教育理论与实践，（5）：37-40.

王淑娟.2007.对美国教育语境中问责涵义的考察.比较教育研究，（2）：54-59.

王晓燕.2013.美国基础教育质量问责的制度创新及借鉴.外国教育研究，（2）：3-9.

王彦明.2011.教师身份认同：危机、原因、诉求.教育导刊，（5）：8-11.

王莹.2008.身份认同与身份建构研究评析.河南师范大学学报（哲学社会科学版），（1）：50-53.

王玉衡.2012.美国大学教学学术运动.北京：北京师范大学出版社：51-53，182.

韦伯.2005.学术与政治：韦伯的两篇演说.冯克利译.北京：生活·读书·新知三联书店：23.

魏建培.2011.教师学基础.北京：清华大学出版社：133，135.

魏淑华.2008.教师职业认同研究.重庆：西南大学博士学位论文：30.

吴俊明.2003.学科教学论是一门什么样的学科.中国教育学刊，（11）：12-15.

吴青山，黄美芳，徐纬平.2006.教育绩效责任研究.北京：九州出版社：1-2.

吴桐.2008."是"还是"变成"？——李安"家庭三部曲"中父亲的文化身份研究.见：刘岩，王进，周庭华等.后现代语境中的文化身份研究.南京：凤凰出版社：199，209.

吴遵民，张松铃，秦洁.2010.强化还是削弱——略论"师范教育"向"教师教育"转换的问题与弊端.杭州师范大学学报（社会科学版），（3）：112-116.

夏征农，陈至立.2009.辞海：第六版彩图本（第3卷）.上海：上海辞书出版社：2001，3036.

夏征农，陈至立.2010.大辞海·政治学·社会学卷.上海：上海辞书出版社：620.

项蕴华.2009.国外有关身份的社会语言学研究.哲学动态，（7）：47-51.

谢春风.2015.好教师就是教育家.中国教师，（4）：62-68.

熊和平.2005.教师是谁——现代教育理念下教师身份的重构.上海教育科研，（3）：13-15.

胥秋.2010.学科融合视角下的大学组织变革.高等教育研究，（10）：20-27.

徐娟.2007.以中小学为基地：英国教师培训模式及其启示.大学教育科学，（1）：78-80.

许杰.2009.论治理视野中高等教育问责制的完善.教育研究，（10）：54-59.

许立新.2010a.欧盟国家教师教育机构与中小学伙伴关系的探索与实践.外国教育研究，（10）：74-77.

许立新.2010b.论教师教育者领导力的养成——一种专业化的视点.当代教师教育，（1）：27-30.

雅斯贝尔斯.1991.什么是教育.邹进译.北京：生活·读书·新知三联书店：150，152.

亚当·库珀，杰西卡·库珀.1989.社会科学百科全书.上海：上海译文出版社：600.

亚当·斯密.2009.国富论.郭大力，王亚南译.上海：上海三联书店：3.

阎光才.2003.美国教师教育机构转型的历史经验及其启示.教师教育研究，（6）：73-77.

杨启亮.2000.反思与重构：学科教学论改造.高等教育研究，（5）：65-68.

杨启亮.2002.课程与教学论学位点建设中的学科教学论.学位与研究生教育，（5）：18-21.

杨秀玉，孙启林.2007.教师的教师：西方的教师教育者研究.外国教育研究，（10）：6-11.

杨移贻.2010.大学教师学术职业的群体认知.高等教育研究，（5）：52-55.

杨跃.2011a.教师教育者身份认同困境的社会学分析.当代教师教育，（1）：6-10.

杨跃.2011b.谁是教师教育者——教师教育改革主体身份建构的社会学分析.南京师范大学学报（社会科学版），（6）：71-76.

杨跃，周晓静.2007.全国教师教育学科建设研讨会综述.教育研究，（7）：95.

叶澜.2001.思维在断裂处穿行——教育理论与教育实践关系的再寻找.中国教育学刊，（4）:4.

叶文梓.2013.觉者为师——教师专业化的超越与回归.教育研究，（12）：97-101.

衣俊卿.1999.论人的存在——人学研究的前提性问题.学习与探索，（3）：48-54.

衣俊卿.2001.文化哲学：理论理性和实践理性交汇处的文化批判.昆明：云南人民出版社：4-6.

尹筱莉.2007.论化学学科教学论教师专业发展的现状、困境与出路.高等理科教育，（5）：152-156.

余彭娜，罗元辉，孙敏等.2010.学科教学论教师从教背景分析与专业化探讨——以贵州黔南民族师范学院为例.西南师范大学学报（自然科学版），（3）：274-278.

俞国良，辛涛，申继亮.1995.教师教学效能感：结构与影响因素的研究.心理学报，（2）：159-166.

袁维新.2005.学科教学知识：一个教师专业发展的新视角.外国教育研究，（3）：10-14.

袁祖社.2010."人是谁？"抑或"我们是谁？"——全球化与主体自我认同的逻辑.马克思主义与现实，（2）：81-93.

袁祖望，付佳.2010.从官僚制到官本位：大学组织异化剖析.现代大学教育，（6）：48-51.

张楚廷.2006.教育哲学.北京：教育科学出版社：66，69.

张红峰.2011.大学组织变革中的博弈分析.教育学术月刊，（12）：18-21.

张华.2010.研究性教学论.上海：华东师范大学出版社：34.

张军凤.2007.教师的专业身份认同.教育发展研究，（4A）：39-42.

张康之.2008.论组织化社会中的信任.河南社会科学，（4）：157-159.

张倩.2012.职前教师的专业身份建构——基于西方关于职前教师专业身份的实证研究的报告.福建师范大学学报（哲学社会科学版），（2）：148-154.

张爽，林智中.2008.课程改革中教师专业身份的危机与重构.教育发展研究，（2）：41-44.

张小菊.2009.国外有关教师教育者特征及职业素质的研究.湖北师范学院学报（哲学社会科学版），（5）：116-118.

张学敏，侯小兵.2013.教育是效果之道也是结果之道.教育研究，（6）：130-137.

张应强，郭卉.2010.论高等教育学的学科定位.教育研究，（1）：39-43.

张玉荣，陈向明.2014.何以为师？——实习生的知识转化与身份获得.教师教育研究，（3）：75-80.

赵荷花.2010.谁使我们成为教师——论教师身份之特性.教育研究与实验，（4）：56.

赵康.2000a.专业、专业属性及判断成熟专业的六条标准——一个社会学角度的分析.社会学研究，（5）：30-39.

赵康.2000b.论高等教育中的专业设计.教育研究，（10）：21-27.

赵明仁.2013.先赋认同、结构性认同与建构性认同——"师范生"身份认同探析.教育研究，（6）:78-85.

郑金洲.2000.教育通论.上海：华东师范大学出版社：325.

钟秉林.2009.教师教育转型研究.北京：北京师范大学出版社：18.

周浩波.1999.教育哲学.北京：人民教育出版社：238.

周钧.2004.解制:当代美国教师教育改革的另一种声音.外国教育研究,（5）:29-32.

周钧.2005.技术理性与反思性实践：美国两种教师教育观之比较.教师教育研究,（6）：76-80.

周钧.2009.美国教师教育认可标准的变革与发展.北京：北京师范大学出版社：19，75，139.

朱旭东.2004.如何理解教师教育大学化.比较教育研究,（1）：1-7.

朱旭东.2005.论我国后师范教育时代的教师教育制度重建.教育学报,（2）：76-81.

朱旭东.2008.六所师范生免费教育的大学成立教师（教育）学院的价值研究——教师教育大学化的组织结构选择.大学·研究与评价,（9）：10-18.

朱旭东.2010.教师教育标准体系的建立：未来教师教育的方向.教育研究,（6）:30-36.

朱旭东.2015.论当前我国三轨多级教师教育体系.教师教育研究,（6）：1-7.

朱旭东,周钧.2007.论我国教师教育学科制度建设.教师教育研究,（1）：6-11.

朱智贤.1989.心理学大词典.北京：北京师范大学出版社：476.

祝怀新.2007.封闭与开放——教师教育政策研究.杭州：浙江教育出版社：8，43.

邹积英.2011.基于教师劳动特点的"学高为师、身正为范"解析.继续教育研究,（4）：61-62.

佐藤学.2003.课程与教师.钟启泉译.北京：教育科学出版社：240-244.

Ball S J. 2003. The teacher's soul and the terrors of performativity. Journal of Education Policy, 18（2）：215.

Barker C. 2005.Cultural Studies：Theory and Practice. London：Sage Publications Ltd.：220.

Beijaard D, Meijer P C, Verloop N. 2004.Reconsidering research on teachers' professional identity. Teaching and Teacher Education,（2）：107-128.

Bingham C.1807.The Columbian Orator.Harford ,Conn:Lincoln and Gleason:158.

Boyer E L.1990.Scholarship Reconsidered：Priorities of the Professorate.San Francisco：Jossey-Bass：24.

Burr V.1995. An Introduction to Social Constructionism. London：Sage：2-8.

Chris B.2005.Cultural Studies:Theory and Practice.London:Sage Publications Ltd.:220.

Cochran K F, James A D, Richard A K.1993. Pedagogical content knowing：an integrative model for teacher preparation.Journal of Teacher Education, 44（4）：263-272.

David B.2000.A personal response to those who bash teacher education .Teacher Education, 51（5）:358.

Eliot F.1994. Professionalism Reborn：Theory, Prophecy, and Policy. Cambridge：Polity Press：16-17.

Gallessich J.1982.The Profession and Practice of Consultation. San Francisco：Jossey-Bass Publishers：4.

Grossman P L.1990.The Making of a Teacher：Teacher Knowledge and Teacher Education. New York：Teacher College Press：3-9.

Haberman M.1971.Twenty-three reasons universities can't educate teachers.The Journal of Teacher Education,（3）：133.

Jenkins R. 1996.Social Identity. London，New York：Routledge：25.

Kramer R.1991.Education School Follies:the Miseducation of America's Teachers.New York:the Free Press,A division of Macmillan,Inc.,Toronto:Maxwell Macmillan Canada:209.

Loughran J. 2005. Researching teacher about teaching: self-study of teacher education practices. Studying Teacher Education, (5): 5-16.

Loughran J.2006.Developing a Pedagogy of Teacher Education: Understanding Teaching and Learning about Teaching. London: Routledge.

Lunenberg M, Hamilton M L. 2008.Threading a golden chain: an attempt to find our identities as teacher educators. Teacher Education Quarterly, 35 (1): 185-205.

Marchand M, Parpart J.2003. Feminism, Postmodernism, Development: International Studies of Women and Place. London, New York: Routledge: 81.

Massey D. 2004. "You Teach!" beginning teachers' challenges to teacher educators. Reading Research and Instruction, 43 (4): 75-94.

O'Hara, Pritchard R H.2008.Meeting the challenge of diversity: professional development for teacher educators. Teacher Education Quartely, 35 (1): 43-61.

O'Meara K A, Eugene R R.2005. Faculty Priorities Reconsidered: Rewarding Multiple Forms of Scholarship. San Francisco: Jossey-Bass: 2.

Rieg S A, Helterbran V R.2005.Becoming a Teacher Educator.Education, Fall 2005,126, (1) :47-54.

Sachs J.2001.Teacher professional identity: competing discourses, competing outcomes. Journal of Education Policy, 16 (2): 149-161.

Schon D.1983.The Reflective Practitioner: How Professionals Think in Action. New York: Basic Books Inc. Publishers: 50.

Shulman L S. 1987.Knowledge and teaching: foundations of the new reform. Harvard Educational Review, 57, (1): 1-23.

Thomas J C. 1994.Research and teacher education: in search of common ground.Journal for Research in Mathematics Education, 25, (6): 608-636.

Tickle L.2000.Teacher induction:the way ahead.Buckingham,Philadelphia, PA:Open University Press:126.

Vescio V, Bondy E, Philip E P. 2009.Preparing multiculture teacher educators: toward a pedagogy of transformation. Teacher Education Quarterly, 36 (2): 5-24.

Wenger E.1998.Communities of Practice:Learning,Meaning and Identity. Cambridge:Cambridge University Press: 145.

附　　录

附录1　美国教师教育者专业标准

教师教育者标准[①]

（美国教师教育者协会）

为帮助所有职前教师和在职教师促进学生学习，资深教师教育者展示出了以下9个方面的标准。

标准1：教学水平。教学设计要能够将教学内容、专业知识与技能充分展示出来，对教学活动的安排要能够反映出最新研究成果，能够熟练运用教育技术和教育评价，最终在教师教育中取得最佳实践。

◆ 指标

　　◇ 设计有效教学以满足不同学习者的需求

　　◇ 演示并促进教师教育者、教师、准教师的批判性思维和解决问题能力

　　◇ 将最新研究成果和最佳实践融入课程体系

　　◇ 设计反思性实践活动以培养学生的反思性品质

　　◇ 演示适当的学科专业知识

　　◇ 演示适当、准确的教学专业知识

　　◇ 展示各种教学、评估方法和教育技术

　　◇ 指导新手教师和教师教育者

　　◇ 促进有效教学实践经验方面的专业发展

　　◇ 在教育与教师教育的相关政策和研究的指导下强化实践

◆ 典型材料

　　◇ 主管、同事、学生或其他人的评价

---

①美国教师教育者协会.2008.教师教育者标准.http：//www.ate1.org/pubs/Standards.cfm［2016-04-06］.

◇ 课程大纲
◇ 教学视频和录音
◇ 开发的教学材料
◇ 证言或推荐书
◇ 教学奖励或其他形式的认可材料
◇ 教学日志或其他记录课堂活动的文本
◇ 反思性实践日志
◇ 富有哲理地陈述教师教育知识与价值观
◇ 获得的其他相关证书（如资格证书、执照）
◇ 运用教学技术开展教学活动的有关证据

标准 2：文化素养。在教师教育中应用文化素养促进社会公正。

◆ 指标
◇ 教学实践要能够提高对满足社会需求的教学和多样性的理解
◇ 参与文化响应教育
◇ 专业地参与各种各样的社区
◇ 设法减少人们对职前教师、在职教师和其他教育专业人员的偏见
◇ 从事促进社会公正的活动
◇ 将教学活动与学生的家庭、文化和社区有效联结起来
◇ 辨别和设计出适合学生的发展阶段、学习方式、语言技能、优势和需求的教学
◇ 培养对学生个人和他们家庭的尊重，不管文化、宗教、性别、母语、性取向和不同能力的差异
◇ 发现他们自己文化的独特知识，以及所有文化的共同知识，并能够将这些知识传递给其他人
◇ 促进对文化和差异性的探究
◇ 学习各种评估方法，以满足不同学习者的需求
◇ 招募多样化的教师和教师教育者

◆ 典型材料
◇ 课程大纲
◇ 教学资料
◇ 在学校和其他组织与不同人群共同活动的证据
◇ 教学视频和录音

◇ 课程作业

◇ 学生作品样本

◇ 参加学校基础项目和服务学习的证据

◇ 对不同层次的人提供专业发展支持的证据

◇ 富有哲理地陈述对多样性的关注

◇ 适合不同学习者使用的评估工具

标准 3：学术能力。开展探究，为拓展教师教育的知识基础作出学术贡献。

◆ **指标**

◇ 对教学、学习和教师教育中的理论和实践问题展开调查研究

◇ 追求教学、学习和教师教育的新知识

◇ 将新知识和现有的知识、观点联系起来

◇ 从事研发项目

◇ 将研究成果运用到教学实践、项目活动、课程开发中

◇ 开展项目评估

◇ 争取以研究或服务为基础的资助

◇ 将研究成果进行广泛的推广

◇ 参与行动研究

◇ 系统地评估学习目标和成果

◆ **典型材料**

◇ 出版物

◇ 在学术团体或专业协会的会议上进行介绍

◇ 研究成果被其他学者引用

◇ 参加专业发展工作坊或研讨会

◇ 围绕教师教育热点问题组织演讲

◇ 改进教学实践的证据

◇ 促进学生学习的证据

◇ 基于研究的项目开发

◇ 资助拨款

◇ 研究获奖或荣誉

◇ 国家委员会认证

标准 4：专业发展。系统地探究、反思、改进自身的专业实践，并致力于持续地专业发展。

◆ 指标
　　◇ 系统地反思自身的实践和学习
　　◇ 积极参与具有明确学习目标的专业发展活动
　　◇ 培养并保持一种教与学的哲学，这种哲学能够通过对研究和实践的
　　　　深入理解得到持续性的检视
　　◇ 参与并反思专业学习与发展共同体的学习活动
　　◇ 将生活经验运用到教学与学习活动中

◆ 典型材料
　　◇ 陈述教与学的哲学
　　◇ 参与专业发展活动的证据
　　◇ 自我评价
　　◇ 专业发展的文本证据
　　◇ 参与专业发展活动获得经验的证据
　　◇ 佐证书
　　◇ 反思日志

标准 5：项目开发。具备教师教育项目开发、实施和评估的领导力，这些
教师教育项目要具有严谨性和相关性，并有理论、研究和最佳实践作为支撑。

◆ 指标
　　◇ 设计、开发、改进那些建立在理论、研究和最佳实践基础上的教师
　　　　教育项目
　　◇ 领导大家完成那些获得许可或认证的教师教育项目
　　◇ 领导或积极参与对教师教育课程或项目的持续评估
　　◇ 领导建立教师教育项目标准，或者能够在地方、州、国家或国际层
　　　　面上领导开发、批准和授权教师教育项目
　　◇ 致力于研究有效的教师教育项目

◆ 典型材料
　　◇ 课程或项目的建议
　　◇ 对课程或项目的修订
　　◇ 开发新材料以满足课程或项目需求
　　◇ 参与项目开发、修改、评估的证据
　　◇ 领导项目评审的文件（州或国家）
　　◇ 项目认可或奖励

◇ 参与研究或评估教师教育项目的证据

◇ 有关项目进展的出版物、讲义或其他会议资料

标准 6：伙伴合作。经常与利益相关者开展合作，以促进教学、研究和学生的学习能力。

◆ **指标**

◇ 参与跨机构、跨学院的合作伙伴关系

◇ 支持在 P-12 学校环境中开展教师教育

◇ 参与教师教育的联合决策

◇ 培养跨学科的能力

◇ 建立教师教育的互惠联系

◇ 发起致力于改进教师教育的合作项目

◇ 获得合作开展教师教育创新的资金支持

◆ **典型材料**

◇ 合作活动的证明材料（如会议纪要和议程）

◇ 证明书

◇ 有关获奖、认可、合作研究的记录

◇ 能够体现合作的课程教学大纲

◇ 通过合作联合出版

标准 7：公共参与。富有建设性地倡导为所有学生提供优质教育。

◆ **指标**

◇ 通过社区论坛、参与其他专业人士的活动，以及与当地决策者一起合作，倡导为所有学习者提供优质教育

◇ 宣传引导地方、州或国家层面的政府政策、法规制定者支持提高教学和学习质量

◇ 积极应对影响到教育行业的政策问题

◆ **典型材料**

◇在各地、州、全国甚至全世界倡导高质量教学的证据

◇在各地、州、全国或国际上为教育政策规章制定作出贡献的证据

◇通过论文、报告或媒体报道来提高公众对教学和学习的理解

◇为学校认证委员会服务的证据

◇推动教育的学术或资助活动

标准 8：教师教育专业。致力于改进专业的教师教育。

◆ **指标**

◇ 在各地、州、全国或全世界积极参加专业组织

◇ 为教师教育组织编辑、审查出版或报告的稿件

◇ 审查旨在用来促进行业发展的资源

◇ 开发用于教师教育的教科书或多媒体资源

◇ 招聘有潜力的新教师

◇ 招聘将来的教师教育者

◇ 指导同事的专业发展

◇ 设计和实施教师的职前及入职培训

◇ 支持学生组织促进教师教育

◇ 提倡高质量的教师教育标准

◆ **典型材料**

◇ 积极参加专业活动的证据

◇ 研讨会议程和纪要

◇ 编辑、审查专著、专论或期刊

◇ 审查教科书、多媒体资源

◇ 开发教材和多媒体资源

◇ 证言

◇ 支持学生组织的证据

◇ 计划书

◇ 项目进展报告和评估

◇ 在教师教育中获得的奖励或认可记录

标准 9：愿景。致力于建立教学、学习和教师教育的愿景，它能够考虑到诸如技术、系统思维和世界观这些问题。

◆ **指标**

◇ 积极参加专注于教育变革的学习团体

◇ 在教师教育领域开展创新

◇ 具有率先接纳新技术和新教学模式的能力

◇ 积极追求有关全球问题的新知识

◇ 支持运用研究成果开展创新

◇ 能够把全球性问题的新知识与自身实践、K-12 课堂教学联系起来

◆ **典型材料**

◇ 支持写作活动

◇ 参加学习团体的证据

◇ 反思日记

◇ 课程大纲

◇ 课程作业

◇ 学生作品样本

◇ 运用创新的方法开展自我学习的证据

◇ 在教学和学习中使用新技术或内容的证据

附录2 学科教学论教师问卷

学科教学教学论教师对自我专业身份认同调查问卷

指导语（略）。

一、基本信息

1. 您的年龄？（　　　）

A.20～29 岁　　　B.30～39 岁　　C.40～49 岁　　D.50～59 岁　　E.＞60 岁

2. 您所在学校的类型？（　　　）

A.全国重点高校（"985"或"211"高校）　　　B.省属重点高校

C.省属新建高校（2000 年后升本的高校）　　D.其他

3. 您现在从事何种学科的学科教学论教育工作？（　　　）

A.语文　　　　　　B.数学　　　　　C.英语　　　　　D.物理　　　　E.化学

F.生物　　　　　　G.地理　　　　　H.历史　　　　　I.政治　　　　J.音乐

K.体育　　　　　　L.美术　　　　　M.科学　　　　　N.其他

4. 您的最高学位（含在读）？（　　　）

A.学士　　　　　　B.硕士　　　　　C.博士　　　　　D.其他

5. 您的最高学位所属学科门类？（　　　）

A.哲学　　　　　　B.经济学　　　　C.法学　　　　　D.教育学　　　　E.文学

F.历史学　　　　　G.理学　　　　　H.工学　　　　　I.农业　　　　J.医学

K.军事学　　　　　L.管理学　　　　M.艺术学

6. 您现在的职称？（　　　）

A.助教　　　　　B.讲师　　　　　C.副教授

D.教授　　　　　E.非教学系列职称

7. 您已从事学科教学论的教学与研究工作多少年？（　　　）

A.0～3 年　　　　B.4～10 年　　　C.11～15 年

D.16～20 年　　　E.20 年以上

8. 您取得的是何种学科专业的高校教师职称？（　　　）

A.教育学　　　　B.学科专业（如物理、化学等）　C.其他

9. 您的初次就业单位？（　　　）

A.中小学　　　　B.职业教育或培训机构　　　　C.非师范高等院校

D.师范类高等院校　　　　　E.教育行政部门　F.非教育行业

10. 您是否有过一年以上中小学全职教学工作经历？（　　　）

A.有　　　　　　B.没有

11. 目前，您除了承担学科教学法课程之外，是否还要承担学科专业课程的教学任务？（　　　）

A.没有学科专业课的教学任务　　B.有学科专业课的教学任务

12. 您现在是否经常深入到中小学课堂教学现场？（　　　）

A.经常去　　　　B.偶尔去　　　C.很少去　　　　D.几乎不去

E.从没去过

二、调查项目（请根据您的真实情况将相应的数字画√）

项目	非常不赞成	比较不赞成	不确定	比较赞成	非常赞成
1.学科教学论教师肩负着促进教师教育科学发展的历史使命。	1	2	3	4	5
2.学科教学论教师通过发展中小学教师（含职前和在职教师）的学科教学知识和能力履行其专业责任。	1	2	3	4	5
3.在教师教育学院平台上建设学科教学论学科，更有利于提高学科教学论学科的学术地位。	1	2	3	4	5
4.学科教学知识是影响中小学教师课堂教学效果最重要的知识。	1	2	3	4	5
5.通过学科教学论课程的学习，能够有效地帮助职前教师建构学科教学知识体系。	1	2	3	4	5
6.学科教学论教师的专业责任应当是提高中小学教师（含职前教师和在职教师）的培养质量。	1	2	3	4	5
7.学科教学知识是一门具有自身规定性和学术性的知识类型。	1	2	3	4	5
8.学科教学论教师的专业发展模式应当不同于从事学科专业教学与研究的大学教师。	1	2	3	4	5
9.学科教学论教师应该对职前教师和在职教师的专业发展负有责任。	1	2	3	4	5

续表

项目	非常不赞成	比较不赞成	不确定	比较赞成	非常赞成
10.我认为自己较好地履行了作为教师教育者应当承担的专业职责。	1	2	3	4	5
11.由于缺乏有组织的对学科教学论教师的培训,"自我研究"是学科教学论教师专业发展最主要的途径。	1	2	3	4	5
12.学科教学论的学术性往往被学科专业的学术性所遮蔽。	1	2	3	4	5
13.在学科专业学院(如生命科学学院、化学化工学院、文学院……),我往往将自己混同于学科专业教师,而忘记了我是学科教学论教师。	1	2	3	4	5
14.面向实践、参与实践是建构学科教学论教师专业身份的重要基础。	1	2	3	4	5
15.与中小学校教师合作开展课堂教学实践与研究,是促进学科教学论教师专业发展的重要途径。	1	2	3	4	5
16.提高学科教学论教师的专业实践能力离不开与中小学教师之间的合作。	1	2	3	4	5
17.学科教学论教师应该在类似于"教师教育学院"这样的教师专业学院平台上寻求专业发展。	1	2	3	4	5
18.深入到中小学课堂情境与中小学教师深度合作,是提高学科教学论教师专业实践水平的重要途径。	1	2	3	4	5

附录3 学科专业教师问卷

学科专业教师对学科教学论教师专业身份认同的调查问卷

指导语(略)。

一、基本信息

1. 您的年龄?(   )

A.20~29 岁　　　　　B.30~39 岁　　　　　C.40~49 岁

D.50~59 岁　　　　　E.>60 岁

2. 您所在学校的类型?(   )

A.全国重点高校("985"或"211"高校)　　　B.省属重点高校

C.省属新建高校(2000 年后升本的高校)　　　D.其他类型高校

3. 您现在所从事的是何种专业学科的教学与研究工作?(   )

A.语文　　B.数学　　C.英语　　D.物理　　E.化学

F.生物　　G.地理　　H.历史　　I.政治　　J.音乐

K.体育　　L.美术　　M.其他

4. 您现在的职称？（　　　）

A.助教　　　B.讲师　　　C.副教授　　　D.教授

E.非教学系列职称

5. 您以前是否从事过学科教学论课程的教学工作？

A.从事过　　B.没有从事过

二、调查项目（请根据您的真实情况将相应的数字画√）

项目	非常不赞成	比较不赞成	不确定	比较赞成	非常赞成
1.学科教学论教师应当肩负起推动教师教育事业科学发展的时代使命。	1	2	3	4	5
2.学科教学论学科建设是学科教学论教师在大学中获得专业身份认同的重要支撑。	1	2	3	4	5
3.学科教学论教师应该具有不同于其他大学教师的专业发展路径，比如，中小学教学经历对于学科教学论教师的专业发展更加重要。	1	2	3	4	5
4.与中小学校教师合作开展课堂教学实践与研究，是促进学科教学论教师专业发展的重要途径。	1	2	3	4	5
5.学科教学论教师的专业发展特别需要研究中小学课堂教学，而不是纯粹的理论研究。	1	2	3	4	5
6.学科教学论课程能够有效地建构职前教师的学科教学知识。	1	2	3	4	5
7.学科教学论教师应当通过发展中小学教师（含职前教师和在职教师）的学科教学知识和能力履行其责任。	1	2	3	4	5
8.深入到中小学课堂情境与中小学教师深度合作，是提高学科教学论教师专业实践水平的重要途径。	1	2	3	4	5
9.学科专业学院（如生命科学学院、化学化工学院、文学院……）不是学科教学论教师最理想的专业发展环境。	1	2	3	4	5
10.学科教学论的学术性体现在"学科教学"而不是"学科专业"。	1	2	3	4	5
11.明确组织归属是学科教学论教师建立专业身份认同的前提。也就是说，从组织身份上能够明确地回答"我是谁"。	1	2	3	4	5
12.学科教学论教师应该在类似于"教师教育学院"这样的教师专业学院平台上寻求专业发展。	1	2	3	4	5
13.学科教学论教师的学术研究往往侧重理论探讨，而远离了中小学课堂教学。	1	2	3	4	5
14.在教师教育学院平台上建设学科教学论学科，更有利于提高学科教学论学科的学术地位。在"教师教育"二级学科下建设学科教学论学科更有利于提高教师教育质量，而不是"课程与教学论"下的三级学科。	1	2	3	4	5
15.学科教学论教师的专业身份应当具有鲜明的实践指向。	1	2	3	4	5
16.改进学科教学论教师的专业实践离不开与中小学教师之间的合作。	1	2	3	4	5
17.学科教学知识是影响中小学教师课堂教学效果最重要的知识。	1	2	3	4	5
18.从现实情况来看，学科教学论教师往往忽视了自己作为教师教育者的专业身份。	1	2	3	4	5

附录4 职前教师问卷

职前教师对学科教学论教师专业身份认同的调查问卷

指导语（略）。

一、基本信息

1. 您就读学校的类型？（　　　）

A.全国重点高校（"985"或"211"高校）　　　B.省属重点高校

C.省属新建高校（2000年后升本的高校）　　　D.其他

2. 您是哪个专业的师范生？（　　　）

A.语文　　B.数学　　C.英语　　D.物理　　E.化学　　F.生物

G.地理　　H.历史　　I.政治　　J.音乐　　K.体育　　L.美术

M.其他

3. 您现在的年级？（　　　）

A.大一　　　　　B.大二　　　　　C.大三　　　　　D.大四

二、调查项目（请根据您的真实情况将相应的数字画√）

项目	非常不赞成	比较不赞成	不确定	比较赞成	非常赞成
1.学科教学论教师应当肩负起推动教师教育事业科学发展的时代使命。	1	2	3	4	5
2.学科教学论教师的专业发展应当主要通过研究自我专业行为来实现。	1	2	3	4	5
3.学科教学论教师归属于学科专业学院遮蔽了教师教育的专业性，往往以学科（如文学、化学、物理……）的专业性代替了学科教学的专业性。	1	2	3	4	5
4.学科教学知识是学科内容、教学情境与教学方法的结晶，它本身是一门具有自身规定性和学术性的知识类型。	1	2	3	4	5
5.明确的组织归属应当是学科教学论教师建立专业身份认同的前提。	1	2	3	4	5
6.学科教学学术研究应当是促进学科教学论教师专业发展的重要方式。	1	2	3	4	5
7.对于中小学教师而言，知道教什么固然重要，但更重要的是，要知道如何教。	1	2	3	4	5
8.学科教学论教师的学术研究应当是以学科内容如何教为主题，而不是学科内容本身。	1	2	3	4	5
9.学科教学论教师应该具有不同于其他大学教师的专业发展路径。	1	2	3	4	5
10.我们往往不能轻易地区分出学科教学论教师和学科专业教师，他们之间并没有显著的身份差别。	1	2	3	4	5

续表

项目	非常不赞成	比较不赞成	不确定	比较赞成	非常赞成
11.学科教学论教师应该对职前教师和在职教师的专业发展负有责任。	1	2	3	4	5
12.学科教学论教师需要在类似于"教师教育学院"这样的专门机构中获得其教师教育者的专业身份。	1	2	3	4	5
13.大学应该为学科教学论教师的专业发展提供持续的支持。	1	2	3	4	5
14.学科教学论教师的专业责任是提高中小学教师（含职前的师范生和在职中小学教师）的培养质量。	1	2	3	4	5
15.学科教学论教师应当通过发展教师的学科教学知识和能力履行其肩负的专业职责。	1	2	3	4	5
16.加强与中小学校的合作，是促进学科教学论教师专业发展的重要途径。	1	2	3	4	5

附录 5　中小学教师问卷

中小学教师对学科教学论教师专业身份认同的调查问卷

指导语（略）。

一、基本信息

1. 您本科毕业院校的学校类型？（　　　）

A.全国重点高校（"985"或"211"高校）　　　B.省属重点高校

C.省属新建高校（2000 年后升本的高校）　　　D.其他教育机构

2. 您的教龄？（　　　）

A.0～3 年　　　B.4～10 年　　　C.11～15 年　　　D.16～20 年

E.20 年以上

3. 您现在的任教学科？（　　　）

A.语文　　　B.数学　　　C.英语　　　D.物理

E.化学　　　F.生物　　　G.地理　　　H.历史

I.政治　　　J.音乐　　　K.体育　　　L.美术

M.其他

4. 您任教的学段？（　　　）

A.小学　　　B.初中　　　C.高中

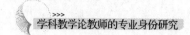

二、调查项目（请根据您的真实情况将相应的数字画√）

项目	非常不赞成	比较不赞成	不确定	比较赞成	非常赞成
1.学科教学论教师一般以普通大学教师为典范，而远离了中小学教师的职业生存状态。	1	2	3	4	5
2.学科教学论的学术地位是学科教学论教师建构专业身份的重要前提。	1	2	3	4	5
3.学科教学学术研究是促进学科教学论教师专业发展的重要方式。	1	2	3	4	5
4.由于学科教学论教师的教学方式缺乏实践性，所以，学科教学法课程往往不能有效增强我们的课堂教学能力。	1	2	3	4	5
5.学科教学知识是一门具有自身规定性和学术性的知识类型。	1	2	3	4	5
6.学科教学知识是影响中小学教师课堂教学效果最重要的知识。	1	2	3	4	5
7.学科教学论教师的课堂教学往往侧重于学科理论体系的建构而轻视中小学课堂教学实践。	1	2	3	4	5
8.我们往往不能轻易地区分出学科教学论教师和学科专业教师。	1	2	3	4	5
9.我们往往用学科专业水平来衡量学科教学论教师的专业水平。	1	2	3	4	5
10.学科教学论教师应该具有不同于其他大学教师的专业发展路径。	1	2	3	4	5
11.学科教学论教师往往并没有从提高学生的课堂教学实践能力出发，组织学科教学法课程学习任务。	1	2	3	4	5
12.明确的组织归属是学科教学论教师建立专业身份认同的前提条件。	1	2	3	4	5
13.学科教学论教师的专业发展主要通过研究自我专业行为来实现。	1	2	3	4	5
14.学科教学论教师需要在类似于教师教育学院这样的专门机构中获得其教师教育者的专业身份。	1	2	3	4	5
15.大学中的学科教学论教师很少与中小学教师进行合作研究。	1	2	3	4	5
16.学科教学论教师通过发展教师的学科教学知识和能力履行其责任。	1	2	3	4	5
17.学科教学论课程对提高师范生的学科教学能力具有重要作用。	1	2	3	4	5
18.学科教学论学科建设是学科教学论教师建构专业身份的重要途径。	1	2	3	4	5
19.大学应该为学科教学论教师的专业发展提供持续的支持。	1	2	3	4	5
20.学科教学论教师归属于学科专业学院遮蔽了教师教育的专业性。	1	2	3	4	5

后　记

一位书法界的朋友告诉我，练习书法是一条不归路。之所以如此，是因为没法定义"成功"。在我看来，学术研究也是一条不归路，因为同样没法定义"成功"，甚至不能去想那些所谓的有关"成功"的事情，它需要有一颗静得下、坐得住的平常心。我非常庆幸自己能够走在这条路上。幸运的是，做着自己喜欢做的事情，并乐意把它当作毕生追求的事业来做。回想起来，与教育的结缘受益于张继华和冯文全两位教授的启蒙。张老师第一次指点我如何做学术研究的情景还历历在目，冯老师在硕士课程上鞭辟入里的哲学思考始终让我记忆犹新。六年前，我怀着一个追求学术的梦想前往西南大学，在那里，追寻张学敏教授进行博士学习，从此与教师教育研究结下了缘分。本书是我六年来对中国教师教育改革的观察、思考与研究的一个成果。

世纪之交，中国教师教育体系经历了一场由封闭到开放的转型，教师教育生态斗转星移。师范院校的转型究竟对教师教育发挥了多大的正向功能，尚需存疑。其重要影响之一是，教师教育责任的分散化和教师教育者身份的模糊化。在现代大学制度框架下举办教师教育，谁是专业的教师教育者？这是我六年来探索的核心主题。它像魔力棒一样吸引着我，让我欲罢不能。按照我们的理解，学科专业教师和教育专业教师都难以称得上专业的教师教育者，在学科专业与教育专业之间成功跨界的学科教学论教师最有可能成为专业的教师教育者。但是，学科教学论教师在学科专业和教育专业之间、学科专业学院与教育专业学院之间彷徨不定，对教师教育者专业身份的自我认同陷入了迷茫。教师教育的科学发展需要学科教学论教师的专业发展，他们迫切地需要找到一条可行的出路。我对此热切关注并苦苦追寻。

在研究和写作过程中，北京师范大学朱旭东教授、华中师范大学范先佐教授和西南大学张学敏教授、朱德全教授、易连云教授、陈恩伦教授、孙振东教授、么加利教授、徐学福教授、杨挺教授等给予了大量的指导；西南大学教师教育学院陈智老师、西华师范大学教师教育学院冯光伟老师和教务处邓永兵老师、绵阳师范学院教务处谭军老师帮我收集了丰富的数据资料；绵阳师范学院谭小宏教授既是我敬重的领导，也是我尊敬的师长，更是我信任的朋友，对本书的研究提供了许多帮助和支持。为了更好地完成研究工作，我参考了大量教师教育及相关学科领域的研究成果，这些专家和学者的智慧为我提供了重要的思想启迪。在此，向所有为我提供了学术滋养的师长们致以最诚挚的谢意！

在本书的写作和修改期间，妻子张华平主动承担了大部分的家务，还在生活上给予我无微不至的关怀，让我可以全身心地投入到工作中。聪明可爱的儿子总是能够以优异的学习表现来表达对父亲的支持。没有他们作为我的坚强后盾，本书的最终完成恐怕还遥遥无期。在此，向我最爱的人说声谢谢！

本书系绵阳师范学院科研启动项目（QD2014B002）的最终成果、教育部人文社科青年基金项目（14YJC880017）的中期研究成果，还得到了绵阳师范学院学术著作出版基金的资助。感谢各级各部门领导和同事的鼎力支持！书稿最终得以付梓，科学出版社付艳分社长、朱丽娜编辑等给予了热情的帮助和辛勤付出，在此一并致谢！

限于学识水平和研究能力，书中难免有疏漏之处，恳请各位同仁批评指正。

侯小兵

2016 年 5 月 22 日于四川绵阳